七个一百人才精选丛书
荆楚理工学院重点学科建设经费资助

唐代厅壁记汇编

黄俊杰 钟小红 纂辑

钦定四库全书

邑耳

然则壁记之由作出当是国朝以来始自台省遂流郡

官盛写壁记以记当厅作时前后迁除出入寔以成俗

美人材抑扬阙闶殊失记事之本意韦氏两京记云郎

体赏其说事详雅不为苟饰而近时作记多措浮辞褒

其作意盖欲著前政履历而发将来健羡焉故为记之

朝廷百司诸厅皆有壁记叙官秩创置及迁授始末原

壁记

封氏闻见记 卷五 四

凤凰出版社

图书在版编目（CIP）数据

唐代厅壁记汇编 / 黄俊杰，钟小红纂辑. -- 南京：凤凰出版社，2020.7
ISBN 978-7-5506-3209-7

Ⅰ. ①唐… Ⅱ. ①黄… ②钟… Ⅲ. ①国家行政机关—行政建筑—碑文—汇编—中国—唐代 Ⅳ. ①K877.42

中国版本图书馆CIP数据核字(2020)第099792号

书　　　名	唐代厅壁记汇编
纂　　　辑	黄俊杰　钟小红
责 任 编 辑	樊　昕
装 帧 设 计	陈贵子
出 版 发 行	凤凰出版社（原江苏古籍出版社） 发行部电话025-83223462
出版社地址	江苏省南京市中央路165号，邮编：210009
出版社网址	http://www.fhcbs.com
照　　　排	南京凯建文化发展有限公司
印　　　刷	扬州皓宇图文印刷有限公司 江苏省扬州市食品工业园连心路68号，邮编：225002
开　　　本	880毫米×1230毫米　1/32
印　　　张	10.25
字　　　数	266千字
版　　　次	2020年7月第1版
印　　　次	2020年7月第1次印刷
标 准 书 号	ISBN 978-7-5506-3209-7
定　　　价	68.00元

（本书凡印装错误可向承印厂调换，电话：0514-87825262）

目 录

前 言 ·· 1

卷 一

孙 逖 ·· 1
 吏部尚书壁记 ·· 1
 鸿胪少卿壁记 ·· 2
李 华 ·· 3
 中书政事堂记 ·· 3
 御史大夫厅壁记 ·· 4
 御史中丞厅壁记 ·· 5
 著作郎厅壁记 ·· 6
 杭州刺史厅壁记 ·· 7
 衢州刺史厅壁记 ·· 8
 常州刺史厅壁记 ·· 9
 寿州刺史厅壁记 ·· 10
 京兆府员外参军厅壁记 ·· 11
 河南府参军厅壁记 ·· 12
 安阳县令厅壁记 ·· 13
 临湍县令厅壁记 ·· 13
李 白 ·· 15
 兖州任城县令厅壁记 ·· 15

卷 二 …… 17
杜 颜 …… 17
兵部尚书壁记 …… 17
陈章甫 …… 19
亳州纠曹厅壁记 …… 19
元 结 …… 20
道州刺史厅壁记 …… 20
独孤及 …… 21
吏部郎中厅壁记 …… 21
太常少卿厅壁记 …… 22
江州刺史厅壁记 …… 22
张 景 …… 24
河南县尉厅壁记 …… 24
杨 炎 …… 25
河西节度使厅壁记 …… 25
于 邵 …… 26
汉源县令厅壁记 …… 26
李 翰 …… 28
淮南节度行军司马厅壁记 …… 28
程 浩 …… 30
相州公宴堂记 …… 30
乔 潭 …… 32
饶阳县令厅壁记 …… 32
会昌主簿厅壁记 …… 32
赵 憬 …… 34
鄂州新厅记 …… 34
马 总 …… 36
郓州刺史厅壁记 …… 36

卷 三 ································ 38

权德舆 ································ 38
昭文馆大学士壁记 ················ 38
吏部员外郎南曹厅壁记 ············ 39
司门员外郎壁记 ·················· 40
秘书郎厅壁记 ···················· 40
京兆少尹西厅壁记 ················ 41
黔州观察使新厅记 ················ 42

戴叔伦 ································ 44
江西节度观察判官壁记 ············ 44
抚州刺史厅壁记 ·················· 44

梁 肃 ································ 45
河南府仓曹参军厅壁记 ············ 45
吴县令厅壁记 ···················· 45
郑县尉厅壁记 ···················· 46

崔元翰 ································ 47
判曹食堂壁记 ···················· 47

顾 况 ································ 49
宋州刺史厅壁记 ·················· 49
湖州刺史厅壁记 ·················· 50
嘉兴监记 ························ 50
华亭县令延陵包公壁记 ············ 51
宛陵公署记 ······················ 52

李 观 ································ 53
浙西观察判官厅壁记 ·············· 53
常州军事判官厅壁记 ·············· 54

卷 四 ··· 55
韩 愈 ··· 55
徐泗豪三州节度掌书记厅石记 ············· 55
蓝田县丞厅壁记 ························· 56
记宜城驿 ································ 56
柳宗元 ··· 58
监祭使壁记 ····························· 58
四门助教厅壁记 ························· 59
武功县丞厅壁记 ························· 60
盩厔县新食堂记 ························· 60
诸使兼御史中丞厅壁记 ··················· 61
馆驿使壁记 ····························· 62
岭南节度飨军堂记 ······················· 63
邠宁进奏院记 ··························· 64
兴州江运记 ····························· 65
欧阳詹 ··· 67
泉州六曹新都堂记 ······················· 67
右街副使厅壁记 ························· 68
同州韩城县西尉厅壁记 ··················· 69

卷 五 ··· 71
刘禹锡 ··· 71
天平军节度使厅壁记 ····················· 71
山南西道节度使厅壁记 ··················· 72
夔州刺史厅壁记 ························· 73
连州刺史厅壁记 ························· 73
和州刺史厅壁记 ························· 74
郑州刺史东厅壁记 ······················· 75

汴州刺史厅壁记 ·· 76
管城新驿记 ·· 77
山南西道新修驿路记 ·· 77
复荆门县记 ·· 78
韦 纾 ·· 80
栝郡厅壁记 ·· 80
李直方 ·· 81
邠州节度使院壁记 ·· 81
吕 温 ·· 82
道州刺史厅后记 ·· 82
湖南都团练副使厅壁记 ······································ 82
虢州三堂记 ·· 83

卷 六 ·· 86
元 稹 ·· 86
翰林承旨学士厅壁记 ·· 86
白居易 ·· 88
江州司马厅记 ·· 88
许昌县令新厅壁记 ·· 89
皇甫湜 ·· 90
吉州庐陵县令厅壁记 ·· 90
吉州刺史厅壁记 ·· 91
睦州录事参军厅壁记 ·· 92
荆南节度判官厅壁记 ·· 92
符 载 ·· 93
邓州刺史厅壁记 ·· 93
江州录事参军厅壁记 ·· 95

李德裕 ·· 96
　掌书记厅壁记 ·· 96
韦处厚 ·· 98
　翰林院厅壁记 ·· 98
吕　让 ···100
　楚州刺史厅记 ··100
吴武陵 ···102
　阳朔县厅壁题名 ··102
杜元颖 ···104
　翰林院使壁记 ··104

卷　七 ··106
沈亚之 ···106
　栎阳兵法尉厅记 ··106
　鳌屋县丞厅壁记 ··107
　栎阳县丞小厅壁记 ···108
　解县令厅壁记 ··108
　河中府参军厅记 ··109
　东渭桥给纳使新厅记 ··109
　寿州团练副使厅壁记 ··110
　陇州刺史厅记 ··111
　华州新葺设厅记 ··112
　杭州场壁记 ···112
　谪掾江斋记 ···113
　淮南都梁山仓记 ··114
刘宽夫 ···116
　汴州纠曹厅壁记 ··116
　邠州节度使院新建食堂记 ··································117

卷 八 119

杜 牧 119
- 同州澄城县户工仓尉厅壁记 119
- 淮南监军使院厅壁记 120
- 池州造刻漏记 121
- 宋州宁陵县记 121

丁居晦 123
- 重修承旨学士壁记 123

郑处诲 124
- 邠州节度使厅记 124

韦宗卿 126
- 简州刺史厅壁记 126

蔡词立 127
- 虔州孔目院食堂记 127

窦滴 128
- 池州重建大厅壁记 128

杨夔 129
- 湖州录事参军新厅记 129
- 乌程县修建廨宇记 130

沈颜 134
- 宣州重建小厅记 134

薛文美 136
- 泾县小厅记 136

刘仁赡 138
- 袁州厅壁记 138

罗隐 140
- 镇海军使院记 140

裴祎 141

巴州刺史厅壁记……………………………………… 141
　彦　熙………………………………………………… 142
　　常定政事楼厅记……………………………………… 142
　阙　名………………………………………………… 143
　　茂州都督府壁记……………………………………… 143
　阙　名………………………………………………… 144
　　南唐泰州大厅题名壁记……………………………… 144

作者史传资料………………………………………… 145
　孙　逖………………………………………………… 145
　李　华………………………………………………… 147
　李　白………………………………………………… 148
　杜　颀………………………………………………… 151
　陈章甫………………………………………………… 151
　元　结………………………………………………… 151
　独孤及………………………………………………… 155
　张　景………………………………………………… 157
　杨　炎………………………………………………… 157
　于　邵………………………………………………… 166
　李　翰………………………………………………… 167
　程　浩………………………………………………… 169
　乔　潭………………………………………………… 169
　赵　憬………………………………………………… 169
　马　总………………………………………………… 174
　权德舆………………………………………………… 175
　戴叔伦………………………………………………… 181
　梁　肃………………………………………………… 182
　崔元翰………………………………………………… 182

顾　况	183
李　观	184
韩　愈	185
柳宗元	198
欧阳詹	206
刘禹锡	207
韦　纾	212
李直方	213
吕　温	213
元　稹	213
白居易	226
皇甫湜	242
符　载	243
李德裕	244
韦处厚	270
吕　让	276
吴武陵	276
杜元颖	279
沈亚之	280
刘宽夫	280
杜　牧	281
丁居晦	285
郑处诲	286
韦宗卿	286
蔡词立	286
窦　潏	286
杨　夔	287
沈　颜	287

薛文美 ·· 287
刘仁赡 ·· 287
罗　隐 ·· 289
裴　祎 ·· 291
彦　熙 ·· 291

壁记相关评论资料 ····································· 292

附：唐人厅壁记考论 ··································· 299

后记 ·· 311

前　言

　　所谓"厅壁"是指中央或地方官府衙门厅堂的墙壁,写在它上面的文字就是"厅壁记"。"厅壁记"的内容主要记述官府机构的由来、历史沿革及现状,还会记录历任官员的姓名、经历和政绩,有的地方"厅壁记"还会记载当地的地理沿革与风土人情,所有这些内容都是为了供后任官员参考,以便更好地施政。正如唐人马总所说:"其所记者,不唯备迁授,书名氏,将以彰善识恶,而劝戒存焉。其土风物宜,前政往绩,不俟咨耆访耋,搜籍索图,一升斯堂,皆可辨喻"(《郓州刺史厅壁记》)。唐人封演《封氏闻见记》卷五中亦载:"朝廷百司诸厅皆有壁记,叙官秩创置及迁授始末,原其作意,盖欲著前政履历,而发将来健羡焉。故为记之体,贵其说事详雅,不为苟饰。"查考唐以前文章之总集(如清人严可均所辑《全上古三代秦汉三国六朝文》),未见有此体,所以"厅壁记"应肇始于唐代。宋人所编《文苑英华》开始载录"厅壁"这一类文章,其卷七九七至卷八〇六将"厅壁记"分为十七类,有中书、翰林、尚书省、御史台、寺监、府署(附街)、藩镇(观察附)、州郡(上中下)、监军使(给纳使附)、使院、幕职(上下)、州上佐、州官(上下)、县令(上下)、县丞、簿尉(上下)、宴飨等名目,共计82篇,所收皆为唐人之作,所记范围涵盖中央官府与地方官府,已较为齐备。"厅壁记"在唐代已成为一种重要的文体,写作"厅壁记"的文人多为一时文章魁首。

　　就属性而言,"厅壁记"本属于官方的文字记录,具有存史性质,似乎应该重视实录,但事实并非如此。许多早期的"厅壁记"在叙述地理沿革与地方风物时或能求实,但在讲述官员事迹时,却往往褒多于贬,或自炫,或媚人,或雕琢文字、炫耀文采。唐人吕温《道州刺史厅后记》中说:"壁记非古也。若冠绶命秩之差,则有格令在;山川风物之辨,则有图牒在。所以为之记者,岂不欲述理道列贤不肖以训于后,庶中人以上得化其心焉。代之作者,率异于是,或夸学名数,或务工为文。居其官而自记者则媚己,不居其官而代人记者则媚人。春秋之旨,盖委地矣。"封演也说:"近时作记,多措浮辞,褒美人材,抑扬阀阅,殊失记事之本意。"(《封氏闻见记》卷五)作为较早关注厅壁记的同代人,他们可谓深知其弊。可是,这种媚己媚人的现象在唐代中后期的壁记中已经发生变化,而且即便唐人壁记多有浮辞虚美之处,但毕竟受体例限制,仍在机构沿革、地方史事、人物生平、撰写本末与作者交游等方面具有一定的文献价值,不容忽视。

今所汇纂厅壁记凡 126 篇,作者 54 人,其中多有《文苑英华》所未收者。如刘禹锡诸篇壁记《文苑英华》皆未载,皇甫湜亦仅收《庐陵县令厅壁记》1 篇(本编收 4 篇)。其他如张景《河南县尉厅壁记》、李翰《淮南节度行军司马厅壁记》、马总《郓州刺史厅壁记》、崔元翰《判曹食堂壁记》、韦纾《栝郡厅壁记》、吕温《虢州三堂记》、李德裕《掌书记厅壁记》、吴武陵《阳朔县厅壁题名》、沈亚之《栎阳兵法尉厅记》《谪掾江斋记》、杜牧《池州造刻漏记》《宋州宁陵县记》、窦潏《池州重建大厅壁记》、刘仁赡《袁州厅壁记》诸篇亦未见,今皆据《全唐文》补入。亦有见于《文苑英华》之"公署""馆驿""河渠"者,如顾况《宛陵公署记》《嘉兴监记》、沈亚之《杭州场壁记》《淮南都梁山仓记》、柳宗元《馆驿使壁记》《兴州江运记》等,考虑到其官府机构的性质,可备查考,亦斟酌录入。此外,《文苑英华》与《全唐文》人名与篇名相异之处,皆以《全唐文》为准。如《全唐文》之"郑处诲",《文苑英华》作"郑处晦";皇甫湜《吉州庐陵县令厅壁记》,《文苑英华》作"《庐陵县令厅壁记》";杜牧《同州澄城县户工仓尉厅壁记》,《文苑英华》作"《同州澄城县功仓户尉厅壁记》"等。其余"厅壁记"题名作"壁记"者亦多有,不一一列述。另外,还有记载在《舆地纪胜》《蜀中名胜记》与《云麓漫钞》等方志笔记中的《茂州都督府壁记》(阙名)、《南唐泰州大厅题名壁记》(阙名)、戴叔伦《江西节度观察判官壁记》和《抚州刺史厅壁记》、彦熙《常定政事楼厅记》、裴祎《巴州刺史厅壁记》、韦宗卿《简州刺史壁记》等，虽然文或有阙，但也都属厅壁记，被陈尚君先生收入《全唐文补编》，今一并纂入。

从时间上来看，孙逖作于开元二十二年的《吏部尚书厅壁记》是现在所能见到的最早的唐人壁记。早期壁记的叙述方式是：首先描写官府的由来，再记述历任(或现任)官员的姓名、经历，最后表彰官员的政绩①。但天宝以后，李华、元结等人的厅壁记多能关注社会问题，安史之乱后文人所写的"厅壁记"或多或少都会提及战乱时候的情形，尤其是地方官府的厅壁记。这些厅壁记从内容上看，"既彰善而不党，亦指恶而不诬，直举胸臆"(吕温《道州刺史厅后记》)，从形式上看，"写得有声有色，不落常套，不同凡响"(褚斌杰《中国古代文体概论》)，所以能产生韩愈《蓝田县丞厅壁记》这样别具一格的传记作品。从此，具有文体意义的厅壁记才得以诞生。

完整的厅壁记有两个部分，即职官授受年月表和记文。如于邵《汉源县令厅壁记》就是如此。封演所说的壁记，包括了记体文，而独孤及等人所说的壁记，则只指简单记事的职官授受表，即所谓"但用名氏岁月，书于公堂"。从功能上看，厅壁记主要具有史记与劝惩的功能，此外，还有些篇目体现出抒情言志、装饰美化的功能，也暗含粉饰太平的意味。从机构级别上看，唐代厅壁记有中央和地方之分；从作者身份上看，有自作与他作之别。从文体语言上看，厅壁记的语言要求"体要"、省净，往往"直书"其事，讲究"实录"。

大致可把唐代的厅壁记分作前后两期：初、盛唐为前期，以李华等为代表；中晚唐为后期，以沈亚之等为代表。宋以后，厅壁记虽仍

---

① [韩]赵殷尚《"厅壁记"的源流以及李华、元结的革新》，《文献》2006年第4期，第34页。

有余响,但不复唐代之盛,古文八大家中,宋六家虽有记文二百余篇,然厅壁记不过四篇。壁记之式微,由此可见一斑①。

　　本编所录唐人厅壁记,主要采自《文苑英华》《全唐文》及《全唐文补编》。文章据作者归类,作者又以年代为序,汇编之后附作者史传、古今评论壁记资料及编者壁记考论一篇。作者史传源出两唐书本传及《唐才子传》,三书皆见则均录出,可互相参阅。其传记见于《唐才子传》者,另可取傅璇琮等先生所撰《唐才子传校笺》核检。览此编,则与官厅相关之官制演变、地理沿革、史事年月历历在目,庶几有裨于深研者也。其馀如私人园林亭阁之记文,或如皇甫湜浯溪题壁记等游览题壁之文,当日亦必为壁记之属,因其与当时职官、政事、地理、风物关系不甚紧密,皆未录入。

---

　　① 刘兴超《论唐代厅壁记》,《四川大学学报》2008 年第 3 期,第 133—137 页。

卷 一

孙 逖

逖,潞州涉县人。开元初,应哲人奇士举,授山阴尉,迁秘书正字。十年,应制登文藻鸿丽科,拜左拾遗,转左补阙,累拜中书舍人。天宝三载,权判刑部侍郎。病风,求散秩,改太子左庶子,转太子詹事。上元中卒。广德二年,赠尚书右仆射,谥曰文。(《全唐文》卷三百八小传)

吏部尚书壁记

吏部尚书,在周为太宰之职。其建设徒属,敷陈事典,则周官备之矣。秦灭古法,始置尚书。汉增其制,创立选部,故灵帝以梁鹄为选部尚书是矣。魏改选部尚书为吏部尚书,自晋宋至于北齐皆因之。宇文朝依周官置大冢宰卿一人,盖其任也。隋革周制,复曰吏部尚书。皇朝龙朔二年改为司列太常伯,咸亨元年复为吏部,光宅元年改为天官尚书,神龙元年又为吏部尚书。综九流之要,为六官之长,位尊任重,实在于兹。自武德已来,多以宰相兼领。一彼一此,更为出入。才难,不其然乎?

皇帝在位之二十二年,缺其官,选于众,乃命武都公自兵部尚书拜焉。公地惟宗英,才则人杰,忠孝自律,矜严成宪。式是轨度,谅惟衡石,国之利也,所及远哉!

天监有唐,俾多吉士,践此位者,四十八人,嘉名已著于国史,故事宜存于台阁。系以日月,自得春秋之义;记其代迁,更是公卿之表。以备官学,列为壁记焉。(《全唐文》卷三百十二)

鸿胪少卿壁记

鸿胪,《汉官》:掌蛮夷归义者,致其饔饩,辨其等威。在周为大行人,在秦为典客,在汉为鸿胪,其属有译官及郡邸丞长。洎后魏太和中,九寺各置少卿两员,掌副卿事。亦由《传》称亚卿,《书》载三少,制位或差于伯仲,受任同归于师长。成务赞礼,择贤而居,即其义也。

帝唐亮采立政,稽古命官,柔服远人,绥厥有众,肃慎来贺,渠搜即叙。示之以干羽,通之以冠带。允谐是职,岂易其人?非夫野王之政理,玄成之经术,德儒之明识,元方之令望,则曷由臻兹?

兰陵萧公,朝之俊德,触邪秉宪,人之雅重,草议为郎。入掌王言,出膺方牧,帝咨惟允,公实来斯。且有皇华之命,适表兼人之美。乃求旧官守,敷陈代迁。明授任之有章,示名器之无假。自嗣圣以后,记于壁焉。(《全唐文》卷三百十二)

李 华

华,字遐叔,赵州赞皇人。开元二十三年进士。天宝中累转侍御史、礼吏二部员外郎。禄山陷京师,伪署为凤阁舍人。贼平,贬杭州司户参军。上元中以左补阙、司封员外郎召,不拜。李岘领选江南,表置幕府,擢检校吏部员外郎。大历初卒。(《全唐文》卷三百十四小传)

中书政事堂记

政事堂者,自武德以来,常于门下省议事,即以议事之所,谓之政事堂。故长孙无忌起复授司空,房元龄起复授左仆射,魏徵授太子太师,皆知门下省事。至高宗光宅元年,裴炎自侍中除中书令,执事宰相笔,乃迁政事堂于中书省。

记曰:政事堂者,君不可以枉道于天,反道于地;覆道于社稷,无道于黎元,此堂得以议之。臣不可悖道于君,逆道于仁,黩道于货,乱道于刑;克一方之命,变王者之制,此堂得以易之。兵不可以擅兴,权不可以擅与,货不可以擅蓄,王泽不可以擅夺,君恩不可以擅间,私仇不可以擅报,公爵不可以擅私,此堂得以诛之。事不可以轻入重,罪不可以生入死,法不可以剥害于人,财不可以擅加于赋,情不可以委之于幸,乱不可以启之于萌。法紊不赏,爵紊不封,闻荒不救,见馑不矜,逆谏自贤,违道变古,此堂得以杀之。故曰庙堂之上、樽俎之前,有兵有刑,有挺有刃,有斧钺,有鸩毒,有夷族,有破家。登此堂者,得以行之。故伊尹放太甲之不嗣,周公逐管、蔡之不义,霍光废昌邑之乱,梁公正庐陵之位。

自君弱臣强之后,宰相主生杀之柄,天子掩九重之耳。燮理化为

权衡，论思变成机务，倾身祸败，不可胜数。列国有传，青史有名，可以为终身之诫。无罪记云。（《全唐文》卷三百十六）

御史大夫厅壁记

君以文明照临百官。官纠其邪，职在邦宪。由京师而端下国，王化所系，不唯威刑。御史大夫其任也，用舍决于天心，得失震于人听。举直错枉，果而不挠，则公卿屏气，道路生风。率其属以正于朝，瞻我衣冠，不仁者远。苟异于是，为君子羞。政之雄雌，与德轻重，故名公在位，天下仰赖焉。

秦官有御史大夫，在汉为三公，职副丞相。丞相阙则大夫迁，或名司空，或复旧号，史足征也。议大政必下丞相、御史。其廷署古曰府，近曰台。其衣冠章绶，品秩所视，载于甲令。

圣朝臣唐虞高尚之贤，内周汉不宾之俗。登人于五福，荐乐于九歌。帝德广运而瑞草生，天威震动而神羊至，故柱石骨鲠之老更拜焉。距义宁至先天，登宰相者十二人，以本官参政事者十三人，故相任者四人，藉威声以棱徼外、按戎律者八人。官或改称大司、宪台，或分为左右肃政。罢置不恒，从所宜也。开元、天宝中，刑措不用，元元休息。由是务简益重，地清弥尊，任难其人，多举勋德。至宰辅者四人，宰辅兼者二人，故相任者一人，兼节度者九人，异姓封王者二人。

尊号加孝德之明年，乐成公自尚书左丞兼文部迁，崇德也。昭融礼经，嗣续文雅。张仲孝友，山甫明哲。风度可以师长人伦，动静可以训齐天下。乔岳镇定，嘉量平均。心为百行之宗，体备四时之气。《雅》有之曰："文武吉甫，万邦为宪。"乐成有焉。

至若教行于无讼之前，虑辨于未萌之始，未萌而虑，则求烦不获；无讼而教，则何用不臧？宽细瑕为大体，复故事为新政。小人畏法，君子夷心，无隐情于国家，无愧辞于神道，堂堂乎大雅之素也。

初，厅壁列先政之名，记而不叙。公以为艰难之选，将俟后人，谓华尝备属僚，或知故实。授简之恩至，属词之艺寡。无以允副非常之待，所报者直质而少文。天宝十四载六月十五日记。(《全唐文》卷三百十六)

御史中丞厅壁记

皇帝受天明命，垂五十年，大道成俗，黎人于变。百官设而无事，三辟存而不论，振古未然也。犹以为成岁资于降霜，律人本于持宪。宪司之拜，九核名实，王猷其远乎？夫察风俗，平冤滞，踣邪佞，延俊贤，云谁司之？职惟御史。

御史亚长曰中丞，贰大夫以领其属。士匄为伯游之佐，司马乃令尹之偏，古之制也。汉仪：大夫，副丞相，以备其阙。参维国纲，鲜临府事，故中丞专焉。意者殄凶人之豪，挟君子之道。各行其志，无所牵束。行止与大臣绝位，指顾则周行振耸，政体宜之。晋、宋、元魏以还，无御史大夫，由是中丞威望愈尊，礼有加等，如火烈烈，如霜肃杀，不可犯也。

属时清无狱，朝尚宽政，行苇忠厚，王化根源。周室仁及草木，而恺悌流乎颂声；汉文雅好黄老，而公卿耻言人过。举盛德而仪刑著矣，焉用察察觖觖，以恂生人哉？欲以此道行于军旅，故东西幕府皆兼大夫，馀军多假宪司之号，圣皇之志也。

天宝中，君臣于道德之间，又新其化，以尚书左丞张公为大夫，少府大卿庾公为中丞。天下翕然，名教知劝。大夫睦中丞也，羽翮得清风之助；中丞奉大夫也，律吕本黄钟之宫。耆儒硕老，罕云遇此盛矣。二公中和备体，沉潜经德，易直且武，温文而清。遵王路以整多方，由夫身而贞百度，此外尽馀事也。

古之制记者，先诸德而后诸事。至若命官之始，省复之代，名号冠绫之差，禄秩位员之数，辞尚体要，况皆知之。今不书，省文也。华昧学浅艺，承命维谷。群言之首，非所克堪。然故吏也，勉以酬德。

天宝十四载九月十日记。(《全唐文》卷三百十六)

著作郎厅壁记

　　化成天下，莫尚乎文。文之大司，是为国史。职在褒贬惩劝，区别昏明。故《駉牧》颂于鲁侯，《祈招》讽于楚子。史官之任有述作，盖王者之元符、生人之极教也。

　　昔沮诵、仓颉，为黄帝史臣。文字以兴，其来尚矣。若南正、北正，建于颛顼；羲氏、和氏，命于唐尧。更虞夏商，代序天地。周官宗伯之属，有太史正岁年以序事，小史奠系代辨昭穆，内史受纳访以诏王听理，外史达书名于四方。前志所载，有左史记事。或箴王之阙，或司过于朝，所典不同，其纳君于善一也。《传》曰"天子有日官"，则史逸、史伯是也；"诸侯有日御"，则裨灶、子韦是也。倚相在楚，南史在齐，董狐在晋，邦之司直也。其事举则三灵不愿，其政息则百度惟危，故先王贵之。至于汉廷，参用周礼。太史公既殁，其子迁，缄金匮石室之文焉。降及东京永平中，特诏班固著作东观，继其事者，杨彪、蔡邕。由是太史但掌天文、律历而已。

　　《小雅》寝周，圣人生鲁。道尊而文武将坠，德至而天地不通。感于获麟，叹于与蜡。爰制国典，丘明传之。因历象以正时元，假鬼神而讨有罪。善人劝焉，淫人惧焉。百代之英，所由用也。向若前代阙能文之史，旷记事之官，虽禹舜之烈，无闻焉。有国有家，何以直道而行也？

　　魏太和年，肇以著作名官，为中书属。晋元康年，改隶秘书。朝服单衣介帻。始亲职，必选名臣。传历宋、齐、梁、陈，官品第六。元魏、高齐、周、隋，秩从五品。魏则王沈以侍中兼之，卫凯以尚书带之。至于有晋，若史材之美，陈寿自佐郎迁；元舅之尊，庾亮以中书领。宋则徐爰、何承天，齐则沈约、裴子野，梁则陆云公、姚察，陈则顾野王、张正见，后魏则崔光、高允，北齐则邢子才、魏收，周则苏亮、柳虬，隋则虞绰、王劭，皆一朝名选也。

贞观初，诏梁国文昭公、郑国文贞公统英儒盛才，修五代史。天子亲垂笔削，与《春秋》合符，巍巍乎史氏之光耀也！因是开馆于内，别立史官，多以著作郎领带其职，而旧史所掌，唯碑志、祭祝之文在焉。然以其能综群言，且居百乘，出典下国，转为郎官，经纬斯文，昭宣有政，或上迁秘书少监，或擢拜中书舍人，固不易其任也。

天命元圣，降而为唐。唐之建官，罔非俊乂。若虞永兴德函大雅，魏侍中才高王佐，郑吏部绝韵锵鸣，崔司业雄词飞动，皆历焉。今上兼帝王之极功，总文武之能事。思所以比崇轩皞，绍美唐虞，润色乎大猷，发明乎皇道。问谁献箴，则宾客崔氏；问谁执简，则恒传吴公。胡谕德游刃诗骚，韦庶子贯珠今古。济济多士，时惟秉文，盛矣哉！同风乎《雅》《颂》也。名岳已迁，别封天柱。旧章不改，尚列周官。登陟蓬莱之峰，循环藏室之奥，从容简贵，信君子保明宏道之司欤！

今大著作清河崔公名杰，天宝三载自秘书郎拜。阅天禄之图书，践人文之苑囿。澡身于三德，研虑于六经。执谦而光，好善能泽。惠风吟于秀水，明月镜于安流。代为元臣，家曰茂绪。壮宫室者，必邓林之条干乎？以儒雅之姿，从班、蔡之后，挥绰令誉，达于清朝，则百禄随之，曷其有极矣！

先是，命官之记，不列于斋，以华职忝末班，与闻前志。拜命之辱，敢叙官之守云。时天宝七载二月辛亥记。（《全唐文》卷三百十六）

杭州刺史厅壁记

唐虞之代，四岳十二牧，分掌诸侯。宗周有方伯、连帅之职。秦有监郡。汉魏以还，初曰部刺史，后曰州牧。近代罢州牧，复为郡太守。太守、刺史，无恒其称，职同九卿，假以符节。虽亲如鲁、卫，贵若周、召，任切安人，往往除拜。天宝中，朝廷以尚书郎人物之高选，二千石元元之性命，始以省郎临大部。若密迩京师，或控压冲会，万商所聚，百贷所殖，将择良吏，重难之。

杭州,东南名郡,后汉分会稽为吴郡,钱塘属。隋平陈,置此州。咽喉吴越,势雄江海。国家阜成兆人,户口日益,增领九县。所临莅者,多当时名公。宋丞相、刘仆射、崔尚书之讦谟大政,其间刘尚书、裴给事之盛德远业,魏左丞、苏吏部之公望,遗爱在人。韦太原、崔河南、刘右丞、侯中丞节制方隅。有事以来,承制权假以相国元公。旬朔之间,生人受赐,由是望甲馀州。名士良将,递临此部。况郊海门,池浙江。三山动摇于掌端,灵涛喷激于城下。水牵卉服,陆控山夷。骈樯二十里,开肆三万室。

近岁灾沴繁兴,寇盗连起。百战之后,城池独存。王师雷动,元恶授首。乳哺疲人,分命贤哲。诏以兵部郎中范阳卢公幼平为之。公体仁而清,直方简亮;文以辅德,武以静人;澄旷有清江之姿,巍峨有秋山之状。麾幢戾止,未逾三月,降者迁忠义,归者喜生育。旌次让利,辕门无声,人咸曰休哉!以卿佐之才,遵王泽,敷德政,吾见其为公为侯,福履宜之,未见其极也。

刺史冠服印绶,甲令载之,故不书。词尚体要,古史之遗也。永泰元年七月二十五日记。(《全唐文》卷三百十六)

衢州刺史厅壁记

有汉以还,州统郡,郡或连十城,州或部十郡。江南多大郡,如会稽、丹阳,镇领遐阔,分置部都尉。自富春而南太末一县抵于建安,今此州,即古会稽西部之地也。虽官明吏修,如旷阻何?厥后相因,损益无恒,时更乱离,罢置纷糅。

圣朝字育元元,纳于大中。自卫公累单于、英公灭句丽,天下和平,户口繁衍。元圣溥《行苇》《蓼萧》之泽于下,廷延公卿,议割州邑。谓疆与府近,则易为理;人与吏亲,则易为安。以婺州封畛为广,分置衢州,领六县,犹为大郡。近岁析玉山全邑,洎须江南乡益信州而不为寡。去年江湖不登,兹境稍穰。故浙右流离,多就遗秉,凡增万馀室而不为众。

吴越地卑,而此方高厚,居者无疾,人斯永年。名山大川,既丽且清,俗尚文学,有古遗风。国朝不以州领郡,郡与州更相为号,迁复从宜,事之当也,置观察之司而董临之。此州长吏之选,甲于他部。忠贞之老,则武威公李仆射杰;亲贤之望,则信安郡王祎。遗政行为故事,名位光于屋壁。开元、天宝中,始以尚书郎超拜名郡,贺兰大夫为之,李郎中为之。

自逆胡悖天地之慈,犯雷霆之诛,贺兰起北海之师,郎中佐浙东之幕,有文有武,家颂户歌。元恶天讨,馀凶稔罪。皇恩示以铁钺之威,未即大刑,以为不教人战,是谓弃之。乃分诸州,置节度以镇之。州有防御军,刺史为之使,俾与夫持节某州诸军事名实副焉。以此州密迩山阴,爰隶浙东。厅事冯高,戟户临江,武文左右,麾幢成列。千夫长、百夫长,上寮郡掾,属邑官吏,进退无声,趋拜风生。仕不登州,谈不为荣。

凡为州者,儒不毅勇则顿威,攻守所由败也;勇不儒和则失人,邦国所由困也。故二千石之任,方今为难。至尊垂忧勤于兆人,延俊义于高位。以苏州刺史陈郡殷公,文可以成政,武可以安人;明断良谋,忠在王室。其理也,宽不容慝,严不拒情;清白贯于神明,简易契于黄老。德必有邻,歌声宜继,由是命公典此邦也。至若建置城府之年月,升降品第之等差,风俗贡赋之宜,男女提封之数,图牒备矣,老幼传之。今之所书,略举勋德也。

元年建寅月二十一日,左补阙赵郡李华于江州附述。(《全唐文》卷三百十六)

常州刺史厅壁记

晋分丹阳为毗陵,后改为晋陵。隋置常熟县,创常州理之。无何,常熟隶苏州,始于晋陵置常州。当楚越之襟束,居三吴之高爽。

基地恒穰，故有嘉称。领五县，版图十馀万。望高地剧，此关外名邦。

自狂虏肆乱，江湖流毒，地荒人亡，十里一室。天子诏宰政，审可以安人者，以工部侍郎赞皇公览允（一作充），帝俞，拜为此邦。昔齐人闻石相将至，举国大理。赞皇东辕，明诏先下，吏愉人泰，如时之春，视之犹身，归者遍野。赞皇公以为易简本乎悠久，久于其道而化成，封章上请，求理三岁。诏书宠异，进品正议大夫，优贤报功，于时为盛。

自吴通上国，越盟诸夏，秦裂郡国，智如伍员，才若鸱夷，以及我国家贤良，临州者甚众。未有浚河渠，引大江；漕有馀之波，溉不足之川，沟延申浦，至于城下；废二埭之隘，促数州之程，海夷浮舶，弦发望至。出古人创物之智，见君子济众之心。大矣哉！一境清净，无为而理。此举大略也。

汉制：刺史部领郡国，迁为太守；太守课最，入为公卿。及魏晋以来，或称州牧。国朝州刺史、郡太守更相为名。亲贤如宁、岐，弼谐如狄、宋，皆拜焉。在部视侯伯，入朝亚卿尹。其车服皂盖朱幡、华虫七旒、进贤两梁冠、玉佩青绶。古有铜兽竹使符，太守不假节，刺史临兵则持节。今虽无事，亦称使持节，戒不虞也。降铜鱼诏书合之，代兽符也。

夫子门人，高第者众，唯称雍也可为诸侯。至矣哉！古之为理，本于德行。赞皇公秉心宣猷，尽瘁王室，恺悌君子，民之父母。为王者辅，宜哉！

永泰二年二月庚戌，赞皇公从子检校吏部员外郎华述。（《全唐文》卷三百十六）

寿州刺史厅壁记

《禹贡》淮海，惟扬州、彭蠡、三江在焉。汉文帝封淮南王长子安为王，都寿春，即此州也。两汉扬州刺史治于此州，埤坛犹在。后魏卢潜为扬州，亦镇于兹。潜有惠政，时人比之羊祜。厥后州境，或南或北，随人推迁。国朝一家天下，华夷如一。寿春郡在淮南，隶扬州，其风俗山川，可得而知也。

某年，以兼侍御史扬州司马独孤问俗为寿州刺史。公有德政，理外如内；易不遗物，周不害通；忠孝简于王室，廉平闻于天下；刚克以顺，柔谨而肃。公理州三年，迁御史中丞，镇江夏。工部郎中楚州张纬之代公为州牧，某部郎中韦延安代张典此州，佥有政闻。故书其事，以慰楚人之心。(《全唐文》卷三百十六)

京兆府员外参军厅壁记

东汉中平以来，王室多难，元臣统戎。括群才而不遗，征众虑而从善，故公府置参军事。虽位高八命，权重三军，苟好谋而成，亦参于幕下。迄于魏氏，沿汉旧章。洎有晋将殄夫全吴，石苞责礼于孙楚，由是府朝致敬，稍用下寮。逮南北分于帝郊，华夷寝于王泽，而此官之选，益以众矣。及隋平江岭，唐有天下，圣人贵因循而重改作，思豫备而戒不虞。故因其名而降之秩，则殷周之损益可知也。至若两京垂戎于四方，府吏同体于郎署，非夫公卿盛德之允、才望当仁之流，不可膺其任。

今王国多士，贤能岁益。职员之外，犹以命之。取类乎律吕起于黄钟，沧浪发于清汉，人皆以为美也。赵郡李谭，碣石峰峦，蘩台桢干。婴年闻礼，敬睦传于家庭；绮岁入官，名节动于寮友。敏以经德，清而达和。自怀济众之心，仍有封侯之骨。嘉鱼在藻，良马食苗。知其人，有其位。千云萌于甲拆，贯革兆于机张。且曰清阶，因之故事，则钟繇、李允、魏舒、王遵，事炳于前代；韦仆射、李大夫、陆少保、杜尚书，功宣于盛朝。叔父侍郎发迹于河南，黄门顾公渐羽于京兆。骥子蹑乘黄之皂，鹓雏入威凤之巢。荣縻九霄，纵游千里，其可必也。

夫其职谐易简，道在中和。高步同于列仙，弹冠预于朝会。若乃簿书堆案,则誉发彀中;醽醁蒲壶,亦名高方外。动静皆适,刚柔两持,是以为从事者,所贵师古之事。车服盘盂,毕闻旌记,用垂后代,饰布德音。况朝之命官,阙而不载?以华闻于旧史,请以直书。故略其所知,疑殆颇阙云尔。(《全唐文》卷三百十六)

河南府参军厅壁记

文与武,邦之大司。参以弥纶而果于折中,军以厉禁而阙其暴蔑。弥纶之谓文,厉禁之谓武。居一称而兼二义,参军有焉。

汉车骑将军张温行司空,专征关右。始征幽州刺史陶谦参军事,由是上将之府,以为常仪。魏骠骑将军石苞镇扬州,晋文王命孙楚参苞军事。宾主降礼,始于孙、石。时方用武,则军师之谋主;天下乂安,则府公之属吏。盖因府郡之长,使持节领诸军,故虽列曹,悉以参军为号。若以汉晋侪于圣代,郡国比于神州,则理乱不侔,而小大相妨矣。

参军自国朝以来,跻盛位者数十人。远则仆射韦公,师保中朝;今则中丞蒋公,澄清东夏。用贤而衣冠焯叙,踵武而声度相邻。选部所以较卿佐之才、举公侯之胄,是以慎署斯职,而要其德艺。《传》所谓"仕而优则学,学而优则仕"。处下僚而无咎悔,从吏道而获安闲。差池鹓鹭之间,宴息风云之外矣。

京兆韦昱,门高器全。其文也,若英敷华;其武也,长剑淬锷。朗玉调律,鸷禽乘秋。服楚傅之训诫,传汉相之经术。每从容府中,或有异政。虽不吾以,必预咨谋。如川决防,如竹迎刃。夫然,则贵与寿、功与名,非斯人而谁获?君子之所贵者,名位不失其人,声闻不忘于后。故搜录官族,第其迁授,俾将来俊茂,有所观焉。

时天宝九载九月十三日记。(《全唐文》卷三百十六)

安阳县令厅壁记

　　令长之位，详于《汉官》；土地之宜，列于《禹贡》。谈者备矣，而词人略焉，则此官之职守、此境之风俗可知也。
　　国朝之有天下，淇漳之间，于京师为近；守宰之寄，于元元最亲。故授署此官，延至王庭。曲蒙睿渥，制令褒赐，与内官同法，清贯往往超拜。天宝以来，东北隅节度，位冠诸侯。按数军钲鼓，兼本道连帅。以河北贡篚征税，半乎九州；边于山戎，岁备勍寇。每置长吏，朝廷特难之。或操尚亏渝，或中涂迁换，或流亡未复，或委罪刑书。由是使臣慎简其人，密表陈请。钟恩光于异土，萃人物于东州。不然，何公方振羽青云，胡为而在此堂也？
　　公以德行文学，为人伦羡慕。清而道艺，邻于昔贤。自登封主簿，抚有兹邑，以西门沉巫为不仁，仲康解绶为能断，酌古中道，为今令图。下车无何，休闻四塞。他疆之人父母之，居尸祝之。则境内之欢，可以心见。君子哉！至若由身立政，谋近及远。邑人趋拜，静闻堂上之琴；军师往来，潜预幕中之画。所利者大，岂惟安阳？夫然，则繁缨曲县，衮甸四牡，人所愿也，于公宜之。
　　记事者，志盛德而旌善人。今特书公何，尊王命，其春秋之义欤！天宝十载记。（《全唐文》卷三百十六）

临湍县令厅壁记

　　邓为天下肩闼、两都南蔽。秦汉以来，多封将相姻戚，故其人益豪。疆内全邑，曰南阳，曰穰，曰临湍，盖古新城也。穰，州府所理，吏不暇息。南阳，领户既寡，奸侠所归。惟临湍境清，人间从仕者所乐。开元，裂此乡三千户为菊潭县。天宝、至德之间，狂虏南侵，南阳为战地。地荒人散，千里无烟。犹以邮置之冲，往复王命。权置官吏，招集疲人。如寒资裘,如馁并食。圣朝临下有赫,哀抚兆人。诛元凶,清天下,诏方镇选良吏。平昌孟威字承颜,自左骁卫兵曹参军本道,节度使表为此县。始至,户不盈百。为政七月,尽室而归者千馀家。难矣哉!

古之为政者,先诸人,后诸身。先其人则人不劳,后其身则身自逸。承颜勤恤老幼而休息之,损有馀补不足而煦育之。人谕其心,则不劳而理矣。古之求士者,观诸其家,知乃为政。承颜奉版舆,冒旁尘,北越巩洛,归家于汉上。又以清白之禄,为甘旨之资。臣子之道卓然,则其馀可知也。令长品秩章绶,人皆知之,故不书。今所书,议能也。

宝应二年七月甲辰,左补阙李华记。(《全唐文》卷三百十六)

李 白

白,字太白,兴圣皇帝九世孙。白生,梦长庚星,因以命之。举有道,不应。天宝初至长安。贺知章言于玄宗,召见金銮殿。论当世事,奏颂一篇,诏供奉翰林。忤高力士,摘其诗,激杨贵妃。帝欲官白,妃辄沮之。白遂求还山,乃赐金放还。安禄山反,永王璘辟为府僚。璘起兵,逃还彭泽。璘败,长流夜郎,会赦还。代宗立,以左拾遗召,白已先卒,年六十馀。文集二十卷。(《全唐文》卷三百四十七小传)

兖州任城县令厅壁记

风姓之后,国为任城,盖秦之古县也。在《禹贡》则南徐之分,当周成乃东鲁之邦。自伯禽至于倾公,三十四代,遭楚荡灭,因属楚焉。炎汉之后,更为郡县。隋开皇三年,废高平郡,移任城于旧居。邑虽屡迁,井则不改。

鲁境七百里,郡有十一县(《英华》云十三县),任城当其要冲。东盘琅琊,西控钜野,北走厥国,南驰互乡。青帝太昊之遗墟,白衣尚书之旧里也。土俗古远,风流清高,贤良间生,掩映天下。

地博厚,川疏明。汉则名王分茅,魏则天人列土。所以代变豪侈,家传文章。君子以才雄自高,小人则鄙朴难治。况其城池爽垲,邑屋丰润。香阁倚日,凌丹霄而欲飞;石桥横波,惊彩虹而不去。其雄丽块圠,有如此焉。故万商往来,四海绵历,实泉货之橐籥,为英髦之咽喉。故资大贤,以主东道,制我美锦,不易其人。

今乡二十六,户一万三千三百七十一(《英华》云一十七)。帝择明德,以贺季真宰之。公温恭克修,俨硕有立。季野备四时之气,士元非百里之才。拨烦弥闲,剖剧无滞。镝百发克破于杨叶,刀一鼓必合于《桑林》。宽猛相济,韦弦适中。一之岁肃而教之,二之岁惠而安之,三之岁富而乐之。然后青衿向训,黄发礼履。耒耜就役,农无游手之夫;杼轴和鸣,机罕嚬蛾之女。物不知化,陶然自春。权豪锄纵暴之心,黠吏返淳和之性。行者让于道路,任者并于轻重。扶老携幼,尊尊亲亲,千载百年,再复鲁道。非神明博远,孰能契于此乎?

白探奇东蒙,窃听舆论,辄记于壁,垂之将来。俾后贤之操刀,知贺公之绝迹者也。(《全唐文》卷三百五十)

卷 二

杜 頠

頠,开元十五年进士。(《全唐文》卷三百五十八小传)

兵部尚书壁记

《周官》"大司马",即今兵部尚书官属,掌邦国之政。以九法封国,以九伐正邦,以籍我畿,以倡我牧。宏有万类,阜成兆民,讦谟戎马之事,密勿钧衡之地。

自我唐受命迄于今,居夏官者众焉,或列于台阶者盖寡矣。所以任必以亲以德,以勖以贤,穆如清风,翼我元化。率惟兹有典,用保乂有邦。二十一年冬十二月,诏工部尚书李公典之。政敷于时,道济于物,优游学府,蔚为词宗。以公族之英,受亲贤之寄。属冢宰虚位,官吏要才,载委天衡,是掌邦理。东巡岁夏四月,皇帝将崇厥德、报厥功,乃命再从兄开府仪同三司持节朔方节度副大使兼礼部尚书上柱国信安郡王祎。礼乐天付,衣冠人秀;忠以匡济,文以经纶;谋明道高,功格化洽;昭乃王度,简于帝心;九命可以见其贤,四征可以观其绩。

镇朔方以无方之讨,八年而北虏平;攻右堡以不阵之师,一旬而戎狄服。榆关之役,用兵以奇,故杖钺而兵胜;大河之战,戒军以严,故坐帷而军捷。建奉常之礼,则神人协、上下和;从夏卿之政,则万国平、六卿睦。辨九州之国,知其奸宄,同其贯利;掌六马之物,驾理以则,讲献以时;握五兵之要,以辨功理,以待军事。此九职,司马政之所统也。王勤政以和,是以戎翰允辑。振旅以蒐,茇舍以苗,理兵以狝,大阅以狩。此四田,司马教之所被也。王敦教以就礼,是以祀典孔明。初则以法,示其令也;终则以伐,明其德也。

九功惟叙,九叙惟歌,是用陈既往之烈,系今来之美,以书于壁。(《全唐文》卷三百五十八)

陈章甫

章甫,开元中进士。(《全唐文》卷三百七十三小传)

亳州纠曹厅壁记

《汉官仪》:郡主簿,秩四百石,纲纪一郡,纠整不法。岳牧无政,苍生有瘼,则天子责我;污吏侵人,奸声载路,则使臣责我;吏不述职,曹有留事,则二千石责我;役夺人时,官有虐典,则黎元怨我。由此观之,录事参军,待责之府也。所以天官署吏,独难其人。触邪外台,礼隆其秩。由斯赏拔,多至重官。谯亳都上应星火,《禹贡》属徐州分野。

陇西李公,负王佐之才,所以顾盼厅壁,叹曰:"官犹四序,功成者去。屋壁无记,吾将安仰?"始编旧政,令余叙之。天宝九载七月十日记。(《全唐文》卷三七三)

元 结

结,河南人。天宝十三载进士,擢右金吾兵曹参军,摄监察御史,为山南西道节度参谋。以讨史思明功迁监察御史里行,进水部员外郎。代宗立,拜道州刺史。进容管经略使,加左金吾卫将军。卒年五十,赠礼部侍郎。(《全唐文》卷三百八十小传)

道州刺史厅壁记

天下太平,方千里之内,生植齿类,刺史能存亡休戚之。天下兵兴,方千里之内,能保黎庶,能攘患难,在刺史耳。凡刺史若无文武才略,若不清廉肃下,若不明惠公直,则一州生类,皆受其害。

於戏! 自至此州,见井邑丘墟,生人几尽。试问其故,不觉涕下。前辈刺史,或有贪猥昏弱,不分是非,但以衣服饮食为事。数年之间,苍生蒙以私欲,侵夺兼之。公家驱迫,非奸恶强富,殆无存者。问之耆老,前后刺史,能恤养贫弱,专守法令,有徐公履道、李公廙而已。遍问诸公,善或不及徐、李二公,恶有不堪说者。故为此记,与刺史作戒。

自置州以来,诸公改授、迁黜年月,则旧记存焉。(《全唐文》卷三百八十二)

独孤及

及,字至之,河南洛阳人。天宝末以道举高第,补华阴尉。代宗立,以左拾遗召。迁礼部员外郎,历濠、舒二州刺史,加检校司封郎中,徙常州刺史。卒年五十三,谥曰宪。著有《毗陵集》。(《全唐文》卷三百八十四小传)

吏部郎中厅壁记

太微五帝星座后十五星曰郎位,秦汉之君,则而象之,乃建郎官。至魏世祖分尚书曹为六,郎各六人。今之吏部,魏之选曹也。掌选举铨核,以正公卿、大夫、士、群吏之品位。凡废置之柄,官府之序,岁终令天下郡县会计致事,而郎官起草立议,操而成之,然后尚书受成于郎中。

郎中之选,非楚金百炼、旅弓六钧弗与也。故居官者不由选曹而进,罔以见其才之馀地。亦犹剑刀之刃,未尝刳大轵、切大玉,则虽曰"我且必为镆铘",人犹疑之。由其途而升,必骤周三台,翰飞两掖。登喉舌、秉刀尺者什六七,诸曹郎莫敌也。

岁在乙巳,河南贺若公用贞干谅直,实莅厥位。往岁公为员外郎也,东曹朗然如得水镜;治馀杭也,吴人熙熙若逢阳春。今也来斯,八法在手,操割成务,弥纶旧章,悉如初政。

尝以前哲轨躅,我之韦弦,而武德以来,廨署鼎新者数,官曹易名者五。若姓不表,年不纪,是废德也,将来何观?故谨而列之,俾我曹之春秋存乎座右。其选部司列天官文部之目,各因其所革时之先后,冠于其首,以为志云。(《全唐文》卷三百八十九)

太常少卿厅壁记

太常掌玉帛、钟鼓,等威文物,以报本乎天地、神祇、人鬼。凡吉凶宾军嘉之礼,唐虞谓之秩宗,周谓之宗伯,秦谓之奉常,汉谓之太常,其掌一也。

后魏太和十五年,始建少卿官。少,小也。用别二卿大小之序。亦犹宗伯有小宗伯,列国有上卿下卿,郡有守丞,亦位亚一等,以少参长,而佐其成务焉。故事,自御史中丞、给事中、中书舍人迁秩为亚卿者,必于是司。故官因职雄,地以人贵,馀八卿不敢与太常齿。

广德中,上尤审官,注意礼乐。其选也,以才能不以资,以恩泽不以劳。谓李公卿材也,是用超拜。公将以忠孝敬慎,肃恭神人,且懋其官府政令,俾无不恪。方议酌前贤之遗尘而损益之,乃瞻屋壁,所记漫灭。于是夏五月己丑,皆姓而名之。使如珠之贯,盱衡指顾,俨若对面。曰:"贤者吾得而师之,不贤者吾韦而弦之。贤远乎哉?"

既进牍,然后命博士河南独孤及为之志。(《全唐文》卷三百八十九)

江州刺史厅壁记

古者国有史氏,君举必书,倚相、董狐、史鰌、史嚚,即其人也。秦已来,国化为郡,史官废职,策牍之制寝灭。记事者但用名氏岁月,书于公堂。而《春秋》《梼杌》,存乎屋壁,其来旧矣。

是州也,在荆之域,于浔之阳。江从岷山东注渤澥,洪涛至是派分为九。而庐山、溢水,周于雉蝶;洞庭、彭蠡,为之襟带。故自晋元康讫于梁陈,出入五代,四百馀载,世称雄镇,且曰天府。匪亲匪贤,莫荷其寄。唐有天下,六合一轨,设险斯废,惟民是恤。则命官择任,与列郡等矣。至德已来,戎马生而楚氛恶。犹以是邦咽喉秦吴、跨蹑荆徐，而提封万井，歧路五裂。每使臣计郡县之财入，调军府之储峙，玺节旁午，羽书络绎，走闽禺而驰于越，必出此路。而防虞供亿，功倍他郡，故亦大其任而难其人。

今年春，渤海封公继践厥位。夫为政，犹工之攻木也。得于手，应于心，则盘曲拥肿，迎刃而解。况美材乎？故公以发硎之利，导胜残之俗。布政三月，而人从乂。每叹曰："茫茫旧壤，千载在目。观乎版筑，则灌婴之业，朗而存焉；披乎图牒，则温太真、庾元规之车尘，若可窥焉。义宁以来，百四十有九载。纂斯位者，风声相聆，轨躅相蹑，前贤后贤，累累如贯珠。善恶成败，我之元龟。酌而行之，吾师存焉。"于是征诸故老，鸠其名氏之存者，凡若干人，揭而书之，以为《九江郡国志》。（《全唐文》卷三百八十九）

张 景

景,开元时擢书判拔萃科,官侍御史。(《全唐文》卷三百九十七小传)

河南县尉厅壁记

县尉能御盗,而不能使民不为盗。盗贼息,非尉之能;盗贼繁,过不在乎尉矣。上失其平,下苦其情;弱者困死,强者偷生,道之常也。岂乐盗哉?无竭民力,民心安益;无尽民物,民利丰实。居乡聚族,有良有睦;履诈迹伪,有责有愧,民之常也。孰肯为盗哉?故曰能与过,不在乎尉,在时政之得失尔。若夫平斗讼,慑凶狡,惟盗是御者,尉之职也。苟失其人,则贪残诬枉,民不胜弊,反甚于盗焉。今郡县至广,庸不知所得者几何人哉!

太原王昭度,字世范,登进士第,为河南尉。尉之职,无所不举焉,然诚不足展世范之才。顾其所得,亦斯民幸矣。世范于景有旧,因求记刻于厅壁,庶有信于后,于是乎书。(《全唐文》卷三百九十七)

杨 炎

炎,字公南,凤翔天兴人。肃宗朝礼部郎中知制诰,迁中书舍人。德宗立,拜门下侍郎同中书门下平章事。转中书侍郎,罢为左仆射。贬崖州,赐死,年五十五。后诏复官,谥肃愍,左丞孔戣驳之,更曰平厉。(《全唐文》卷四百二十一小传)

河西节度使厅壁记

皇帝肇建节制之任,位以上将,主四方之兵。济河而西,五侯四将,十有六县。大海磅礴乎终始,山河回流其左右;旄头虎力之劲,剑服穹庐之长;煌煌乎长毂千乘,横合万里,皆主乎是邦。故秦已上为戎都,汉已下为巨防。有城府襟带焉,有良将大勋焉,有五都污杂焉。其风悍,其国险。鲜车龙服,嚣然相荡。非古之战守,曷以成其业而树其风者哉?

昔在武德之初,上用雄武大才,则我陇西李王肃明乎神化,大冢宰宇文公、驸马乔公出将我前军。中兴之后,循吏继作,则馆陶侯郭公、爽鸠氏司马公、相国韦公、萧公庶绩交修,以被升平之化。当今王室多故,云海沸腾,则仆射哥舒公以纵横之奇,判总军国,其意者将复用雄武大才乎!

君子曰:武德之官,神以略,其化成;中兴之政,俭以行,其俗阜;当今之理,动以阃,其人安。宜乎尽天下之才,随质文之变,以永来裔,大康乎斯。

时天宝十二年夏六月记。(《全唐文》卷四百二十一)

于　邵

邵，字相门，京兆万年人。天宝末进士，授崇文馆校书郎。累迁兵部郎中，拜谏议大夫知制诰，再迁礼部侍郎。贞元初，除太子宾客。出为杭州刺史，以疾请告。贬衢州别驾，移江州。卒年八十一。（《全唐文》卷四百二十三小传）

汉源县令厅壁记

周克殷，列爵惟五，实分子男之位。洎秦汉以降，或令或长，虽小有差，其揆一也。皆铜印墨绶，秩六百石。非理道之君，爱人如子，则不能为官择人矣。国家坐进此道，至于忧勤，爰增禄秩，以劝能者。

皇帝观兵朔方之岁，始上禄县，更名汉源。将复禹旧绩，以从人欲。其山川形势，土地风俗，近镐千里，华风不间。多乎哉！盖小国以聚大国之义也。且夫南呀蜀门，东豁雍畤，西走连碛，北逾大漠。四郊憧憧者，于是乎终。故有狱市之烦，供亿之费，上咨郡府，下用临恤。非贞固不足以干事，非廉慎不足以率人。清静则可乎不扰，忠恕则可乎求瘼。

时谓京兆韦子，当公府之选，推而有之。至于今，人易受赐，邑则称理。闻之见之，政参乎前。从事虽疲于改易，用举自多于颖脱。我则无，贰不其难乎？嗟乎！绊骥已久，及瓜将代，顾此屋壁，何其寥寂！前芳无闻，后进奚睹？记者，史家之流也，亦所以发挥厅事，启迪人物。

又知韦公授受之始，其或继者，从而记之，前后相映，光采洽人。乾元三年孟夏之日记。

开元中，有柴希言自滏阳县尉拜，以清白名闻。迁洛水县令。

天宝中，有郭瞻自永康县尉拜，甚有能事。秩满，游河朔。遇乱，未知所适。

至德中，有郭伯阳自某官拜，恂恂如也。迁洋州司马。

其馀日月某，通名氏失之，不得次于公之列耳。(《全唐文》卷四百二十九)

李 翰

翰,字子羽。第进士,上元中,官卫县尉。入为侍御史,累迁左补阙翰林学士。大历中,卒。(《全唐文》卷四百三十小传)

淮南节度行军司马厅壁记

司马,盖元武之官号。《周官》大司马,掌王之六军,将皆命卿。诸侯大国三军,次国二军,小国一军,将亦命卿。军有司马,见于古矣。周衰,惟晋秉礼尊主,屡因大蒐,以正三军。鄢陵之役,韩厥为司马;鸡泽之会,魏绛为司马。绛将新军,张老代之。盖今之行军司马,出于周制矣。秦罢侯,铄天下之兵。列郡不复有军,军司马由此废矣。汉制:将军不常置。四夷背诞,则命将征之。赵充国以军司马从贰师,班超以军司马从窦固讨虏,皆其职也。自魏至周,南北分王,建置不同。时方战争,众军恒设。凡将军杖节镇仍开府者,以将军开府居刺史者,皆有其官,随将废置。隋开皇混一天下,省罢众军,司马之官不专武事,废为州吏员矣。国家修唐虞大同之化,庭周汉不宾之俗,边虽有防,示不久设。

军出于内谓之将,镇于外谓之使,佐其职者谓之行军司马。行军司马之职,弼戎政,掌武事。居常,习蒐狩之礼;有役,申战阵之法。凡军之攻,战之备,列于器械者,辨其贤良。凡军之材,食之用,颁于卒乘者,均其赐予。合其军书契之要,比其军符籍之伍。赏罚得议,号令得闻,三军以之声气行之哉。虽主武,盖文之职也。旧制:朱衣铜印墨绶。开元故事,多选台郎为之。

淮南节度行军司马尚书户部郎中兼侍御史王公,以经邦纬俗之才,佐淮夷方面之寄,敦诗说礼之学,当节府大贤之举。政协乎邦要,虑通乎事微。奉中权之旗鼓,戒群帅之铙镯。师律既和,军容丕肃。淮南之府,有功宣王室,身佩侯印,将门良家,藩国贵种,以礼绥之则恭。淮南之众,有吴楚锐士,燕韩劲卒,奇材剑客,猿臂虬须,以恩抚之则顺。淮南之地,提封千里,征令百役,税以足食,赋以足兵,以宽征之则安。淮南之冲,南走闽越,北通幽朔,关梁不闭,朝聘相望,以欢交之则固。

自韦公统戎旅,王公翼戎行,威加于大,则将不骄;惠及于细,则卒不惰。减役轻敛,则人不困;待宾省旅,则境不危。堂堂然混一体以为力,雄雄然鼓众心以为气。封疆之外,隐如敌国;封疆之内,不知有军。古人云"悬势于上,而下自定;置器于平,而物自安"者,盖用是也。兹所谓销患于未形,制危于未萌。伐谋之功,大于积甲山齐;攻心之术,强于虎贲百万。彼善师不阵,未战先胜,却军于谈笑之际,折冲于樽俎之间,今古一时也。

夫举善人以行其教,大则四海服,小则邦国宁。舜举皋陶,蛮夷率服,帝王之事也。秦任百里奚,巴戎致贡,诸侯之举也。国侨为政,乃子皮之功;晋侯勤王,信魏绛之力。任贤用善,合契同德,盛府有焉。

翰获庇于有礼之俗,遂安于无虞之境。书绩示后,岂待命乎?扬州本大都督府,亲王居中,长史理人,有府号而无兵甲。至德初,羯胡难作,始以长史为节度,而有行军司马。古者敬其事,则命以始。乃自初置,列叙之于壁云。

大历五祀夏五月丁丑记。(《全唐文》卷四百三十)

程 浩

浩,代宗朝官驾部郎中。(《全唐文》卷四百四十三小传)

相州公宴堂记

公宴堂昭俭也,高平王尚犹侈焉。先是,王师出征,边邃告衅。百战侠骨,委于溪涧;九迁殇魂,飞在草莽。上闻而怜之,诏我薛公为刑部尚书兼御史大夫,保鳌于东,建节于邺也。

时兵不满百,马惟数驷,府微栖粮,家仅馀堵。公乃扫除秕政,济活人命。一年而墙宇兴,二年而耕稼盛,日就月将,遂臻夫小康。崇其宴堂者,不得已而营也。

岂无默幕?尚尔能可久;岂无丹楹?爱尔不愆素;岂无错石?所虑转他山;岂无货财?所重仍旧贯。其始也,经构侏儒,回移栾栌,率取诸大壮,未暇于全模。其终也,巍然云横,烁以星铺,礼行于九宾,并坐于千夫。不设窗户,且防于壅闭;不加剞劂,且陋夫华皖。水之以视其平坦,墨之以视其方直。役也应时,宜其善颂,成之匪日,所谓悦使。

若军中凯乐,群下胥宴。六佾咸在,三悬既张,清酤引淮,芳馔罗岳。自上而王侯公伯,迨下而皁隶庖翟。进则酣而不荒,退则服之无斁。及四贤讲德,七子会文,拂羽扇而纳凉,挥素琴而待月。对水得江湖之性,卷帘见天地之心。寂寂无哗,绰绰有裕。相与先评所职,次征他词,骤扬厥懿,徐攻其短。君子以为薛公义诱于众,仁和于物,诱进则众洽,和同则物安。俾夫耸善观过,罔不由斯堂也。向使卑不合度,俭不中礼,适足尤孟孙之室美,讽夷吾之山节。

浩耽静辞蒲，脂车访旧。入境而七德有馀，及庭而三叹不足。幸承君之惠顾，又因此以贺之。操觚斐然，于是乎记。时大历三年六月旬有五日也。(《全唐文》卷四百四十三)

乔 潭

潭,字源,梁人。天宝十三年进士。官陆浑尉。(《全唐文》卷四百五十一小传)

饶阳县令厅壁记

千里之外,设方伯帅其属。属有长,今之县尹焉。故县之庶富,尹以贤杰,不可冗而庸也。自齐桓匡合,制我饶阳,历战国以还,遂美其城邑。西迤全赵,东拒河间,燕之南郊,冀之北土,其有吕尚之遗风乎?多奇士,好带剑佩服;多佳人,善弹弦跕躧。其地房口,近击柝之虞;其川潩洰,有泛舟之役。广轮七十里,编户二万计。行或击毂,市或驾肩。日中奇赢,杂弊为窳。机女狭其幅利,染工多其奸色。业不可废,讼由是兴。非夫宽猛以济之,则不能用乂宵人。课居异政,固亦明已。

我茂宰裴公,河汾鼎族,公卿门子。识经之,文纬之。教才设而耆幼归心,刑不施而权豪敛迹。惠行为膏雨,令出为清风,君子谓裴公,于是乎君子。其高蹈近密,翰飞清冥,未可涯也。余味之久矣,岂县公能事,而屋壁不书?召彼故老,询于前政。莫知其数,远者阙如。权舆先天,置郡之后。凡名士改转,列于左偏。庶几将来,亦克用劝。(《全唐文》卷四百五十一)

会昌主簿厅壁记

会昌,行在也,新邑作焉。主簿,纠曹也,我公吏焉。公名挚,字某,由秘书正字而拜。初,蒙泉秘涌于山下,阴火潜燃于地中,是开汤池。以御宿获灵符之三载,有诏留之,冠新丰、渭南而为畿县。以明年复诏广之,齿万年、长安而为京邑。非良才无以纾剧,非美诚无以钧贤。邑改其名,官迁其秩,宜矣。

北陆寒苦,东郊豫游。万乘入郊,百司在宇。温泉之宫齐乎下,集灵之台祷乎上。物或过求,难于抱影;事或倚办,急于奔星。虽务分官联,而我实纲纪。编王侯于尺籍,总豪猾于伍符,皆此之自阙(疑)。以简书追胥,以薄书诘盗,皆此之自决。县大夫无能专达,野司寇不获仅成,咸在公之钤键矣。不言而政每游刃,不速而人常应弦。申之以丰盈甚都,加之以藻丽尤绝。非郑桓公之迈德,不存孝孙;非少宗伯之允文,不有令德。

吁怀兹邑,必复康侯。进吾往也,夫仰东井,仓期天帝。山木冬繁,其浴日之温流乎;水云昼积,其濯龙之灵液乎。矧乃才之甚,器之甚,游泳恩波,膏沐圣泽,将濯轩拖红,顾盼千里,岂俟辞蒲而阶渐,我君子谓是言也。

潭忝以词赋见知春官,钦惟教忠,即簿领之能事;敢序施政,有门人之直词。乙酉岁杪,志于南轩之东壁,谁谓来者不承乎权舆?(《全唐文》卷四百五十一)

赵　憬

憬,字退翁,渭州陇西人。宝应中,以褐衣上疏,试江夏尉,累拜给事中。贞元四年,迁尚书左丞。八年,拜中书侍郎同中书门下平章事,徙门下侍郎。十二年卒,年六十一。赠太子太傅,谥曰贞宪。(《全唐文》卷四百五十五小传)

鄂州新厅记

自昔秦置郡有守,汉魏以降因之,其秩二千石。虽有监刺,而宰制威福之重,盖古之诸侯。鄂在楚为国,秦为县,吴为江夏郡。绵历至宋,乃维八郡置郢州。及齐,更郢为鄂。隋氏披其郡,犹谓之州。官则刺史,而政无条刺之法矣。

皇朝沿袭旧制,或为郡,或为州。剖符责成,其实乃太守之职。前代建置所理之处,其城不恒。今之州,即旧城于江夏。吴仲谋经营之,程普始守之。当荆吴江汉之卫要,为藩镇固护之雄制。

天宝以前,四方无虞。第据编户众寡,等衰州望,鄂是以齿于下。后戎狄乱华,宇县沸腾。屯兵阻险,斯称巨防。朝廷寻州陟列,将寄勋贤之重。广德二年,遂联岳、沔事,置三州都团练使。大历八年,加观察处置使。十四年六月,二使废,特置当州防御使,且属于江西。国家姑务省官息人,而终虑咽喉襟带之地,思典守者。既轻其权矣,复欲俾任重,尤难其选。是年十月,乃命秘书少监兼侍御史李公授之。

公名兼,陇西人也。到官三年之五月,使改为三州防御使,江、岳隶焉。仍领元戎之副,董江西诸军,锐师以伐叛于襄阳,既而克平。九月,就加散骑常侍,防御洎州如旧。

公之莅鄂也，今兹四年。以清德诚信为教化，以至公深仁为字育，则廛闾里间，侨旧咏歌。如婴儿之得乳母，馁夫之逢稔岁。理军施令，其士卒欢庆亦如之，但加乎肃畏而已。由是所防二千馀里，洞庭、彭蠡在其间。水舟陆车，山薮坞野，皆我长城之内。用是，加之王人络绎，天书继至。三军万户以为禁，而耆老惧去，不得而借也。

　　初，刺史有小大之厅，其度甚卑。或门屏迫近，或廊庑狭隘。将吏参集，回旋逼侧，绵历年代，未遑革之。厅之左二曰府舍，摧坏空旷。公乃划阔其地，作为新厅。大厦既立，长廊以二，则俭而规法，结构殊精。因士卒忘劳之力，出货财足用之羡，经营有成，井邑莫知。惟昔之公门，今为外入，而遂东广开崇墉，北达于里门。棨戟森列，戎徒俨卫。每飨士誓众，骈罗广庭，萧墙之阴，旗旄缤纷。威容克振，君子谓之智。

　　憬将赴京师，目睹嘉谋，辄纪新厅之壁，庶允朝选之盛。时旧厅有都团练观察使记，刺史无记，曩贤名氏，多所阙焉。是用求访遗者，得之必书，盖李公之志也。来哲继踵，冀增辉于此堂。时建中三年十有一月也。（《全唐文》卷四百五十五）

马 总

总,字会元,扶风人。元和初,为虔州刺史,入为刑部侍郎,历淮西忠武天平军节度使。长庆二年,加检校尚书左仆射,入为户部尚书。三年卒。赠右仆射,谥曰懿。(《全唐文》卷四百八十一小传)

郓州刺史厅壁记

唐受天修命,用古道理。仁覆德载,与二侔大;宏煦丕冒,与三并曜。继明嗣睿,万叶其始于十一圣;圣谟熙载,千祀其初于十四岁。

岁二月丁巳,平巨寇,复齐鲁地。三月己丑,乃命臣总授节分阃,抚安馀众,且理于郓,而观察曹濮。故荷皇泽,来濯污俗。人既沐浴,咸以洁清;物无夭伤,各遂性命。不化化,不楸楸,感圣德也。岂待守臣施诸政术,而革讹止谬乎?于以见周公、太公之遗风,仲尼之礼教,有所不泯者焉。何以言之?先是,元凶事犹未顺,唯此邦众,尚或率从。及显逆谋,多不为用,其所宠任,皆亡命之徒与皂隶耳。故义声一呼,厥众咸应。乃知斯人可与为顺,不可与为逆,此其明验与?

夫州郡厅事之有壁记,虽非古制,而行之已久。其所记者,不唯备迁授,书名氏,将以彰善识恶,而劝戒存焉。其土风物宜,前政往绩,不俟咨耆访耋,搜籍索图,一升斯堂,皆可辨喻。

原兹邦域,其来远矣。曰太昊之墟,曰鲁之须句,曰汉之东平,曰今之郓州,其地一也。武德中,为总管府,亦为都督府,而蒋曹戴濮兖五州隶焉。贞观初,废府复为州。八年,始自郓城移于是,就高爽也。

自逆帅攘据,罔率训典,改易升降,名称溷淆,盖无取焉。今以平寇之初,魏博田公奉诏权兼勾当,则位同正牧,宜书为首,亦春秋始鲁隐公,贤之也。其国初以来刺史名氏及迁改之次既遭蔑弃,难以究详,访诸史官,异日备于东壁。

时圣历元和,纪号己亥,直岁十二月己卯,检校礼部尚书兼郓州刺史御史大夫马总记。(《全唐文》卷四百八十一)

卷 三

权德舆

德舆,字载之,天水略阳人。贞元时,累官礼部侍郎,转户部。元和五年,拜礼部尚书同中书门下平章事,罢为本官检校吏部尚书留守东都。封扶风郡公,拜太常卿,徙刑部尚书,出镇兴元。卒年六十。赠左仆射,谥曰文。(《全唐文》卷四百八十三小传)

昭文馆大学士壁记

圣人南面以理天下,在崇起教化,缉熙于光明。太宗文皇帝敷文德,建皇极,始于宏文殿侧创宏文馆,藏书以实之,思与大雅闳达之伦,切劘理道,金玉王度。盛选重名虞世南、褚亮而下,为之学士,更直密侍于其中,其论思应对,或至夜艾,诞章远猷,讲议启迪。武德、贞观之泽,洽于元元,厥有助焉。其后,徙于门下省。景龙初,始置大学士,名命益重,多以宰司处之。所以登闳古先,腴润大政,则汉廷之金马、石渠、兰台、延阁,方斯陋矣。

按《六典》,常令给事中一人判馆事。每二府爰立,则统于黄枢,而或置或否,不为恒制。后二十年间,斯职阙焉。前年秋八月,今河中司空公居之。今年夏五月,相国萧公居之。

公粹清庄重,山立泉塞;苞孔门之四教,蕴洪范之三德;静若彝器,扣如黄钟。由小司徒升左辅,乃莅斯职。于是戒官师,稽宪令。贵游青衿,辨志乐群,皆循其方而逊其业。且以左户之羡财百万,附益而修饰之。公署书府,静深华敞。清禁之内,辅臣攸居,宜乎舒六艺而调四气于此室也。初,公之王父考功府君,在中宗朝为直学士,懿文含章,休有厥声。至公则聿修之宏大,贻厥之昌阜,尽在是矣。

至若命馆之名,再为修文,终为昭文。改复岁月,传诸故志。前贤名氏,宜列屋壁。公以德舆交代于中台之任,踊跃于大冶之中,惠然授简,使得论次。自景龙二年李赵公峤始受命为大学士,至公凡若干人,楬而书之。所以备文馆之故实,广台臣之年表。抑公之命也,不敢辞焉。

元和二年秋九月记。(《全唐文》卷四百九十四)

吏部员外郎南曹厅壁记

汉廷尚书郎辨章制度,主文章起草之任。东汉方冠以曹名,用诸曹功次超卓者,转迁选部。魏晋以还,其任寖剧。国家纪律昭明,官修其方。凡荐绅之伦,未命为大夫者,满岁皆调于毂下。启事赋录,必先有司。

初,上元中,天官赵郡李敬元号为称职,以覆视官簿,差次裁成。端本肇末,不得不重,乃请外郎一人颛南曹之任。其后,或诏同曹郎分主之,或诏他曹郎权居之,皆难其才而慎斯举也。大抵膺是命者,多士必属耳目焉,以其公私能否之闻,不可遏也。以事之委会,吏之奇衺,因缘诡故,中若市道。居之者通则阔略,守或深刻。苟成绩于是,则翰飞不暇。登二掖,赞六职,得之夷易,疾若传置。

太原王仲舒,字宏中。温毅廉直,清方敦实,风概资才,迈乎群伦。贞元十年冬,繇诸侯部从事贤良对策,历左右谏列仪曹考功郎。十八年,实受斯命,类能故也。于是用心坚明忠恕,循理官业,程品具举,尤违自绝。然后以状之成,质于冢宰、小宰。罢遣者不谶,受禄者不诬。恢恢然投其虚而芒刃不顿,君子以宏中之道为折中矣。

昔《春秋》书士縠曰:"堪其事也。"《鲁语》曰:"署,所以朝夕虔君命也。"今因官署而举事任,春秋丘明之志也。至若龙朔、咸亨,改复之说,此皆不书。(《全唐文》卷四百九十四)

司门员外郎壁记

《周官》司门为司徒之属,今为司寇之属。员外郎于周为上士,后数更其名。至隋为承务郎,武德初方定为今制,秩从六品上。大凡自汉魏以还,典曹理事,虽时有污崇,官有轻重,或百职耗废,杂而多端,而郎位皭然,未尝有卤莽进越非其任者。盖宗公贵仕,多由此涂出。所以储明才,练官业,必于是焉。方今车书尉候,通道旁午,而斯任尤剧。

彭城仲子陵,修词而筮仕,说经有师道,自博士祠部郎稍迁于兹。且以南辕铨藻之勤,久次而后至,循(一作修)性自牧,闇然君子之道也。况大雅之匪懈,孔门之政事,古谊家法,久于讲贯,遵修砥砺,其可量耶?至若门关出入之籍,设险闲邪之义,讥而不征,守而不紊,列在令典,端如贯珠,故可略于此。

仲侯以故志屋壁之隙坏磨灭,使鄙夫书而补之。贞元辛巳岁夏六月记。(《全唐文》卷四百九十四)

秘书郎厅壁记

按《六典》,秘书郎四人,从六品上,分掌四部书,以甲乙丙丁为之目。昔汉武帝聚天下文籍于广内,谓之中秘书。魏晋之际,秘书与中书,或分或合,故云职近日月,宜居三台之上。丞郎之位,与南宫相亚,历代辨论,与时轻重。国初,思汉廷延阁之制,薄江左贵游之选,始以岑江陵、虞永兴、褚河南迭为之，厥后彬彬多文学之士。然则先王之法制，官师之训典，九流百氏，如贯珠然。学与仕皆优，而旋相为用者，其在兹乎！

今年春，荥阳郑君具瞻自泾阳尉承诏授任。郑君质重而有敏行，坦夷而含明识，且今中书相君之令弟也。方以结绶满岁，调于选部。言吏资者，积三迁而后至。今超居之，有以见择贤审官，与怡怡绰绰之道，为尽美矣。

在晋，郑默领中外三阁，始删烦文，而朱紫不杂。开元初，君之王考颍川府君、叔祖刑部府君皆繇礼官博士继登其任。诸父诸兄，或解巾以司仇校，或功次而奉朝请，含章筮仕，多在于斯。犹桓公、武公之代为卿士，盖善于其职而宜之之义也。

谓鄙人尝学旧史，能知书府官业之所繇，是俾编次郎位，彰施屋壁。时贞元庚辰秋七月记。(《全唐文》卷四百九十四)

京兆少尹西厅壁记

汉制：三辅丞，秩六百石。至东汉，秩千石。魏晋为京兆郡，则曰治中。至隋则曰司马，又曰赞治。国家沿前代之故，再更其名。至开元初，命为少尹。其员二，其品四。纲纪众务，而分贰之。上助官师表则之重，而佐其慈惠；下董掾史属城之理，而推其功善。大积而不挠，中行而有伦，和协辑睦，宣明教令。非文行政事之全者，不得居之。

贞元十六年春二月，诏弘农杨于陵字达夫自吏部郎中莅其职。先是，达夫之佐元侯也，四入御史府；登天台也，五为剧曹郎。懿文菁华，履行直温，折中宪令，克勤细大。是宜典司名命，列侍左右，而犹以吏理扬历于浩穰之府。抑天之爱人，俾覆露于毂下耶？或姑阅其能，而将大授之耶？

初，西厅，少尹视事之堂。大历中，其长黎氏，以胜势之近，取为亭沼,故移创于是。自后厥官罕备,居之者不推本所代,而斯宇寖废。及达夫之拜未浃旬,其僚继之。于是达夫征缺员以循旧常,宏必茸以办攸处,用宿其业而修其方。凡所颛督,武备厩置、刑书纠禁、工徒启塞、三右曹之事,大凡天子县内之理,无不赞也,无不抗也。

称职者,或退其品而选于近侍,或进其材而擢为大吏。佐六官,分十联,皆其迁次然也。以旧记湮落,虑失其传,今断自太极元年而下,列其名氏岁月,俾风采相属,且为故志云。(《全唐文》卷四百九十四)

黔州观察使新厅记

古者诸侯路寝,成则考之。今刺史颁诏条,而都府兼支郡。辩章命令,必有攸处。置者位之表也,一方之所属目焉。

黔中为楚西南徼道,在汉为武陵。庄跻循江以略地,唐蒙浮船以制越。五溪襟束,为一都会。长人者急之则愁扰以走险,缓之则横猾而犯禁。故分命者得持节按部而辑绥之,视他邦授律之不若也。

元和二年夏六月,制诏商州刺史陇西李君,以中执法剖符兹土。凡四使十五郡五十馀城;裔夷岩险,以州部修贡职者,又数倍焉。察廉经理,招徕教化,以柔远人,以布王泽。

先是,兵火焚如之后,公堂庳陋,飨士接宾,礼容不称。君乃规崇构,开华轩;西厢东序,靓深宏敞;广厦翼张,长梁翚飞;修廊股引,丽谯对起;自堂徂庭,陛降攸宁。耀旨爽乎光明,宣慈和以洽平。君子谓福黔人,于此堂也,信矣。

李君敏肃而才,代为宗室吏师。先尚书尝繇大农赋政于此。凡七易守臣,而君嗣其职,老壮感泣,犹郑人宜桓武之世焉。君之长寿安也,则泉曰喷玉;在湖也,则亭曰白蘋;在商也,则馆曰丹水。皆得胜概,流为咏歌。及兹,则兴事任力,休嘉宏大。此物此志,惠于斯人,其他可知也,其陟明可前知也。

书事以志美,其古史记之遗乎?三年冬十月,兵部侍郎权德舆记。(《全唐文》卷四百九十四)

戴叔伦

叔伦，字幼公，润州金坛人。释褐秘书省正字，累官祠部郎中，拜抚州刺史，封谯县男，迁容管经略使。贞元五年卒，年五十八。（《全唐文》卷五百十小传）

江西节度观察判官壁记

开元二十年，四方都会之州各置采访使，以总覆囚按察之任。使臣有土，自此始也。乾元二年，天下聚兵，罢采访而加防御。寻代之以专征，而讨逆伐叛，则以节度主之。其间复置观察，而悉与三使并。（《云麓漫钞》卷八。此据陈尚君《全唐文补编》下册第2121页《全唐文再补》卷三）

抚州刺史厅壁记

汉置十三郡刺史，以察举天下非法。通籍殿中，乘传奏事，居靡定处，权不牧人。（同前）

梁 肃

肃,字敬之,一字宽中,世居陆浑。建中初,中文辞清丽科,擢太子校书郎,累转右补阙、翰林学士、皇太子诸王侍读。卒年四十一。赠礼部郎中。(《全唐文》卷五百十七小传)

河南府仓曹参军厅壁记

仓曹掾禄秩位次,载于甲令。在汉魏间,与参军事,其职各异,五府州及郡皆有其官。北齐天保中,又授参军以系官曹之号,盖取夫以文吏而参武事。隋由之,国家亦因之。

河南府领二十六县,为主东郡,环地千里。邦畿之内,征赋之入,凡蓄聚之物,皆于其司。一郡之移用,郡吏之稍食,又出焉。故其务殷,其事积,常为他曹剧。居之者不勤则废,不廉则败,不明则耗敚干没之患生。其职或擢登南宫及御史府,故有司常综其名实,考其功绩,然后授之。

伊阳张君、阌乡李君,今并为其官。李以贞固称,张用文敏著。予谓命官之职事与二掾之才美,不可以不纪,遂直笔书之。其两曹位次,与前政名氏,端如贯珠,列于记之左右。(《全唐文》卷五百十九)

吴县令厅壁记

在春秋时,列国各有属邑。其主者,鲁谓之宰,楚谓之尹,晋谓之大夫。秦时,天下始置令长,宅一同之内,操赏罚之柄。有民人焉,有社稷焉,风俗成败本乎身,黎元安否系乎政,其体大矣。

自京口南被于浙河,望县十数,而吴为大。国家当上元之际,中夏多难,衣冠南避,寓于兹土,参编户之一。由是人俗舛杂,号为难治。加以州将有握兵按部之重,邑居当水陆交驰之会,承上抚下之勤,征赋邮传之繁,百倍他县,夥乎其中,不可胜纪。

大历十一年,天官精选可以长民者,于是范阳卢公由太原府祁县令为之。公外宽内明,敬事而信,政本于仁,饰身以文。下车三年,阖境之人,安土乐义,而不知安乐之所从来,盖平之以和也。士君子立身,论道之通塞,不论位之升降。吴县下畿服一等,公俯而为之。抑选部为官择人,而公履道从政,所由然也。

予知公者,敢录其实,书于东序,以播其令闻。时十四年二月甲子,翰林学士梁肃记。(《全唐文》卷五百十九)

郑县尉厅壁记

自华而东,东距洛师,抗雄都,临大道,其县有七。若壤接天府,号因旧国,郑为之首,又斜瞵其六焉。天官每铨士补吏,常属意于此。三科之选,其人尤精。比畿服之偏者,难易相隔,不啻数等,其地望可知也。

元年春,光正之后,贤侯才子曰兰陵萧倕,以贞敏恪慎,再命为尉。掌仓曹出纳,与工德修饰之事。事举职修,而令名随之。暇日谓予曰:"是邑之作非旧也,初在于州东北隅。广德中,以贼臣周智光以河潼叛。放暴兵爇官寺,且胁诱将吏,生立已祠,而栋宇斯崇。及王师致诛,牧民者从便宜而重改作,乃刷灭凶慝之遗尘,徙而治焉。是厅盖祠之馀也。"

嘻!曩者凭而为妖,今乃即而为政。合于大顺,用鉴将来,是宜书之,以告昧者。予于是著之屋壁,且以纪夫人之美。若风俗疆土与置邑之年代,分于尉今监察御史黎逢尝编为《郑志》,藏在州府中,可覆视也,故不书。

时御史中丞董公为邦之三载,秋九月,安定梁肃记。(《全唐文》卷五百十九)

崔元翰

元翰,名鹏,以字行,博陵人。举进士,应博学宏词、贤良方正、直言极谏科三举,皆甲第。累迁礼部员外郎知制诰,终比部郎中。(《全唐文》卷五百二十三小传)

判曹食堂壁记

古之上贤,必有禄秩之给,有烹饪之养,所以优之也。汉时尚书诸曹郎,太官供膳;春秋时,齐大夫公膳日双鸡。然则天子诸侯于其公卿大夫,盖皆日有饔饩。有唐太宗文皇帝克定天下,方勤于治,命庶官日出而视事,日中而退朝。既而晏归,则宜朝食,于是朝者食之廊庑下。遂命其馀官司洎诸郡邑,咸因材赋而兴利事。取其奇羡之积以具庖厨,谓为本钱,杂有遗法。列曹掾史之于郡上丞诸曹郎,推本其位,又诸侯大夫之比。其有食也,于古义最为近之。凡联事者,因于会食,遂以议政。比其同异,齐其疾徐,会斯有堂矣。则堂之作,不专在饮食,亦有政教之大端焉。

越州号为中府,连帅治所,监六郡,督诸军。视其馆穀之冲,广轮之度,则弥地竟海,重山阻江。铜盐材竹之货殖,舟车包篚之委输,固已被四方而盈二都矣。其人处险而怙富,易扰而难理。事之纷错,差于他州,而亚于荆、扬、幽、益诸府,旧矣。故其设官之制,剧曹皆二人。而纪纲之职,亦分为两,以统其事。以其府署之内,建旆设旄之盛,飞缨荐绅之众,堂皇闱闼之壮,而食堂之制,陋而不称。

期年,故太子少师皇甫公来临是邦,始更而广之。居丽谯之西偏,背崇墉以南向。而其栋梁栭桷,则皆松柏梗楠。纵施五筵,衡容八几。洞以二门,挟以四窗。有爽垲之美,无湿燠之患。颐神宁体,君子攸处。

后二岁,而御史大夫崔公为之备食器,增食物,虞人之献禽者必分焉。故其鼎俎有刍豢之羊豕,田获之麋鹿;鳖蜃鲌鮞之异,橘柚笋蒲之新,庶物丰矣。

由饮食以观礼,由礼以观祸福,由议事以观政,由政以观黜陟,则书其善恶而记其事,宜在此堂。乃列其名氏,系以年月,叙之于后,各以其职相从云。(《全唐文》卷五百二十三)

顾 况

况,字逋翁,苏州人。至德二年进士。以校书郎征,迁著作郎,贬饶州司户参军。(《全唐文》卷五百二十八小传)

宋州刺史厅壁记

商丘之地,辰火之宿,孟诸之湄,阏伯所迁,微子所封之国也。厥贡绨绐,厥篚纤纩。有蒙、卢二门,有雎、涣二水。炊骨易子,陨星退鹢;仲尼之伐树,子罕之弃甲,皆此地焉。梁孝王时,四方游士邹生、枚叟、相如之徒,朝夕晏处,更唱迭和。天寒水冻,酒作诗滴,是有文雅之台。清泠之地,雁鹜之所栖集,园苑三百馀里,制度法于长安。汉末,始置为睢阳郡,皇家大臣房梁公尝牧此州。

今相国彭城刘公勋德有光,亦典此郡。前破李灵曜,后破李希烈,为梁开路。而东方诸侯,井赋盐泉,所入岁约三千万缗,商在其外。明年,西朝天子,天子嘉之。俾平水土,乃拜司空。俾敷五教,乃拜司徒。入参大政,出曜威武。范阳君以智略佐之,由御史中丞行军司马节度留后而领于是邦。幕府得人,于斯为盛。下车之日,无土不殖。桑麦翳野,舟舻织川,城高以坚,士选以饱。《诗》所谓"谁谓宋远"、"谁谓河广"者矣。

自贞观以来,列名氏者,以房梁公为首,存乎东壁。大历之后,继声躅者,宜司徒公为首,遂刊于座右。贞元五年四月十九日记。(《全唐文》卷五百二十九)

湖州刺史厅壁记

江表大郡,吴兴为一。夏属扬州,秦属会稽,汉属吴郡,吴为吴兴郡。其野星纪,其薮具区,其贡橘柚、纤缟、茶纻。其英灵所诞,山泽所通,舟车所会,物土所产,雄于楚越,虽临淄之富不若也。其冠簪之盛,汉晋以来,敌天下三分之一。其刺史沿革不同,或称太守,或称内史,或称都督。他州或否,如鲁史、晋乘,侯牧一也。

其鸿名大德,在晋则顾府君秘、秘子众、陆玩、陆纳、谢安、谢万、王羲之、坦之、献之,在宋则谢庄、张永、褚彦回,在齐则王僧虔,在梁则柳恽、张谡,在陈则吴明彻,在隋则李德林。国朝则周择从令闻也,颜鲁公忠烈也,袁给事高说正也,刘员外全白文翰也。洎于顿大夫,作塘贮水,溉田三千顷。

今使君词,唐景皇帝七代之孙。先公尚书先公大夫奕叶之勋,有功于民,公实嗣之。孔悝铭鼎,天下重器。天王褒拔于公陟襄阳节度,李公陟当道观察,统诸道盐铁转运。二牧既陟,唯公盘桓。鸿鹄不飞,飞即摩汉。其逋者复,其危者安,其忧者泰,所谓善缉。于是拓郛櫌莱,就便除害。政之馀力,作消暑楼于南端,复亭署于白蘋洲。聿兴废土,光明敞豁,涌出溪谷。

其旧记,吏部李侍郎纾撰。其图经,竟陵陆鸿渐撰。使君命况总两家之说,俶落晋、宋,讫于我唐。凡一百九十七人,及历代良二千石,仪形略也。铺张屋壁,设作存劝,竦神告人,《春秋》不朽之义也。

贞元十有五年十二月哉生魄,华阳山人顾况述。(《全唐文》卷五百二十九)

嘉兴监记

正德利用,阜财足食,国之本也。天宝末,天下兵起。乾元初,上司奏议,宜以盐铁之职,总以社稷之臣,斡乎山海之利,以富人也。淮海闽骆,其监十焉,嘉兴为首。朝廷以是蠲贷恒赋,实乎大内。大臣奉法,为事选人,拔其贤干,升于宪署。以宣原赒光华之宠,趋其署者,如好鸟之栖茂林。相国刘公,尝以大监小州不相若也,故其职员不忝乎爵秩,其刀布必倍于租入。

渤海高君日伦,世以勋烈,缓步阔视,胸襟洞开。中有方略,不循进级,故一廷评,于兹二纪。倾酒定交,掷金市义,不饵不仁之粟。前使张侍郎滂、王尚书纬,总其卜式、弘羊之计,遂有采山煮海之役。十年六监,兴课特优,至是未期,从百万至三百万。盐(一作监)人贾人,各得其所。故端介之节,风彩自高,继夫漕运,波委陆溢。此天下之利器也,可示人乎?夫以步光莫耶,切玉如泥,刺钟无声,不以一割均其铦钝。君子以知人则哲,无德不酬,鸿飞九霄,骥骋千里。

前秘书省著作佐郎顾况,美使臣之得人,贞元十七年岁在辛巳正月朔记。(《全唐文》卷五百二十九)

华亭县令延陵包公壁记

陶氏之隐诰云,张、李二君,勤行仁义,异代同德。

庆钟包君,鲍靓通灵之士。秦有包丘,汉有包咸,世为学官。随晋南渡,今为延陵人也。《隋书·儒林传》:包恺、包愉兄弟,皆治《汉书》,从子弟千馀人,树碑纪德。

惟皇六叶,鸿胪宣力于王室,著作垂名于当代。起居祭酒,声隐都野,与翰林供奉晁析其流派。君辟秀才,以文字自附,尝梦入冥府,浃时而苏。根于修短有开之兆,言地下之法,峻于人间,颇符干宝《搜神》之事。随难奉天,重围暗解,上抚其背,而春官亦以宾礼待之。及为华亭,有辟田增户均赋爱人之政。《语》曰:"千室之邑,百乘之家,由也可使治其赋。"而君实有之。

旧章壁记,记其官叙,野史之流也。平原之谷水昆山、鲈鱼莼菜、

海错陆产,彼何人而不知？今记其异,庶有补于化耳。(《全唐文》卷五百二十九)

宛陵公署记

博陵崔公端宪台出九江,涉吴换虢,三牧作乂,仁声上腾,上褒之以宣、歙等州团练观察采石军使。内栖茂行,外传纯德。德铺生人,生人受赐。所部无事,缉乎井屋。高栋大庑,楼传高亭,署以崇牙,虔君命也。略五千架,圬墁赭垩,烛乎一川,竹钉木屑,皆适所用,前镇未之有也。其辟一士,未尝不当其任；其裁一简,未尝不以忧人为心。兵马使南阳张伯阳,承公指挥,应接不暇,广而不费,华而中俭,堡有严柝,封有巨防。巢洞之寇,化为平民。铜官战马、牛渚姑熟之隘,笼波络谷,莫不帖焉。夫宣户五十万,一户二丁,不待募于旁郡,而宣力之半已五十万矣。蹠劲弩,耀雄戟,吞敌如脯,戎心不启。其或有启戎心,备锐而袭之。淮海之援,过宾之宠,亦所以补凡例也。

庚辰年正月下旬日,前秘书著作郎顾况记。(《全唐文》卷五百二十九)

李　观

观,字元宾,检校吏部员外郎华从子。贞元中,举博学宏词,授太子校书郎。卒年二十九。(《全唐文》卷五百三十二小传)

浙西观察判官厅壁记

观闻国朝置观察判官故事于今之老成人,则曰:"迩乎哉!"乃本而言之。

厥自兵兴,上忧天下列郡无纲纪文章,是用命忠臣登车为观察使而镇抚其民人,今来亦三纪于兹。古者所谓出连城守,今则大者或十数城,或七八城,小者或四五城。观其所以,察其所由,使乱不得长,使理不得渝,犹川之有防,犹户之有枢。其系厚矣,其临高矣。其下宾佐,实有常任。其大者曰观察判官,一人,谋以济美,佐以成能,必求贤者,礼而居之。无则阙如,不苟其人。

允矣乎!浙右之疆,包流山川,控带六州,天下之盛府也。国之盈虚,于是乎在。太原王公廉察之七年,署监察御史李公士举为观察判官。公从事浙右十有馀年,能事备乎游章,光烈灼乎简书。始从韩公,多辨疑狱,多释冤囚,疑似得昭,纠纷得宁,四方翕然,籍甚于公。后从王公,盛德日新,六州人殷,奸宄易容,民不淳良,吏不廉清,无日无之。公乘䡏车,日往月还,剖断善恶,明白可观。六州之士,为颂作歌,天下名贤,罕不咨嗟。九年冬,苏州刺史有丁忧去官,连城命公来抚吴。德化惏人,如春之和,吴人乐康。

嗟乎!夫有其任、无其事,十有八九,岂虚耳哉?非其任、有其事,如公之作者,百无一二焉。议者以为视公之为佐,可谓忠于佐矣;视公之断狱,可谓敏于狱矣;视公之理人,可谓达于理矣。谅哉!有以颂连城之表贤,有以见吴人之多幸,有以见李公之攸宜矣。从侄观拜命而书,愧为公羞。

九年十一月十四日记。(《全唐文》卷五百三十四)

常州军事判官厅壁记

常州,列郡也,天下有紧,我居其一焉。军事,亟务也,天下有三,我备其属焉。于是求厥人,任厥事,观厥能,不亦难乎?则汝南袁德师,今在选焉。

夫三军称帅,万夫之望。诚不若也,其于辑睦,亦何贰焉?夫大臣开幕,多士委质。诚不若也,其于裨补,亦何贰焉?袁生恢恢然,晳晳然,宽而有纪,明而无邻,行饰以贞,言饰以温。

始韦公以给事匪躬之故,出釐是邦,生方尉于义兴,褒然见嘉,乃殊常寮。军事之机,议之堂上;军事之宜,开之府中,诚旧制也。韦公答其人以礼,盛其居以华,扬其智以文,美焉哉!韦公遇生以善,生报韦公以诚。

某尝闻:生,南阳公之孙也。夫维嵩之于天下,非常之山也;黄河之于地中,非常之川也;南阳之于时,非常之人也。嵩以乔,天盖之;河以流,地载之;南阳大忠,以子孙嗣之。六年冬,皇帝郊昊天,理百神,修废继绝,求旧惟新。生以寻南阳之孙,一命兹官。九年冬,复命袭爵南阳公。某以为古人曰:"赏延于世。"又曰:"善人虽十世,犹将宥之。"其是之谓也。是年十一月,某赴京师,自苏州至常州,会袁生。引厅前轩,如翚斯飞;植竹新栏,如凤斯食。乃白府公留为记,韦公欢然不见逆。

且自天下称兵,三四十年间,拥旄曰使持节,曰州使,曰节度,曰团练,有副使判官。大历中,宰臣常公以为费,不能去其大,而去其细,乃罢团练。今之军判官,犹是也。命某记书其事,实始于今。请以生之官氏冠乎将来,非以媚生也,愿以光乎非常之人后也。

记之年月,在乎记中。(《全唐文》卷五百三十四)

卷 四

韩 愈

愈,字退之,邓州南阳人,贞元八年进士。宪宗朝,累官刑部侍郎。贬潮州刺史,移袁州。征为国子祭酒,迁京兆尹兼御史大夫,拜吏部侍郎。长庆四年卒,年五十七。赠礼部尚书,谥曰文。(《全唐文》卷五百四十七小传)

徐泗豪三州节度掌书记厅石记

书记之任亦难矣!元戎整齐三军之士,统理所部之甿,以镇守邦国,赞天子施教化,而又外与宾客四邻交;其朝觐、聘问、慰荐、祭祀、祈祝之文,与所部之政,三军之号令升黜,凡文辞之事,皆出书记。非闳辨通敏兼人之才,莫宜居之。然皆元戎自辟,然后命于天子。苟其帅之不文,则其所辟或不当,亦其理宜也。

南阳公自御史大夫、豪、寿、庐三州观察使授节移镇徐州,历十一年,而掌书记者凡三人:其一人曰高阳许孟容,入仕于王朝,今为尚书礼部郎中;其一人曰京兆杜兼,今为尚书礼部员外郎、观察判官;其一人陇西李博,自前乡贡进士授秘书省校书郎,方为之。南阳公文章称天下,其所辟实所谓闳辨通敏兼人之才者也。后之人苟未知南阳公之文章,吾请观于三君子;苟未知三君子之文章,吾请观于南阳公可知矣;蔚乎其相章,炳乎其相辉;志同而气合,鱼川泳而鸟云飞也。

愈乐是宾主之相得也,故请刻石以记之,而陷置于壁间,俾来者得以览观焉。(《全唐文》卷五百五十七)

蓝田县丞厅壁记

丞之职所以贰令,于一邑无所不当问。其下主簿、尉,主簿、尉乃有分职。丞位高而逼,例以嫌不可否事。文书行,吏抱成案诣丞,卷其前,钳以左手,右手摘纸尾,雁鹜行以进,平立睨丞曰:"当署!"丞涉笔占位署,惟谨,目吏,问"可不可",吏曰"得",则退,不敢略省,漫不知何事。官虽尊,力势反出主簿、尉下。谚数慢,必曰"丞",至以相訾謷。丞之设,岂端使然哉!

博陵崔斯立种学绩文,以蓄其有,浓涵演迤,日大以肆。贞元初,挟其能,战艺于京师,再进再屈(阙一字)人。元和初,以前大理评事言得失黜官,再转而为丞兹邑。始至,喟曰:"官无卑,顾材不足塞职。"既噤不得施用,又喟曰:"丞哉,丞哉!余不负丞,而丞负余。"则尽枿去牙角,一蹾故迹,破崖岸而为之。

丞厅故有记,坏漏污不可读,斯立易楹与瓦,墁治壁,悉书前任人名氏。庭有老槐四行,南墙巨竹千梃,俨立若相持,水㶁㶁循除鸣,斯立痛扫溉,对树二松,日哦其间。有问者,辄对曰:"余方有公事,子姑去。"

考功郎中知制诰韩愈记。(《全唐文》卷五百五十七)

记宜城驿

此驿置在古宜城内。驿东北有井,传是昭王井,有灵异,至今人莫汲。驿前水,传是白起堰西山下涧灌此,城坏,楚人多死,流城东陂,臭闻远近,因号其陂"臭陂";有蛟害人,渔者避之。井东北数十步,有楚昭王庙,有旧时高木万株,多不得其名,历代莫敢翦伐,尤多古松大竹。于太傅帅襄阳,迁宜城县,并改造南境数驿,材木取足此林。旧庙屋极宏盛,今惟草屋一区。然问左侧人,尚云:"每岁十月,民相率聚祭其前。"庙后小城,盖王居也。其内处偏高,广员八九十亩,号"殿城",当是王朝内之所也,多砖,可为书砚。自小城内地,今皆属甄氏。甄氏于小城北立墅以居。甄氏有节行,其子逢,以学行为助教。

元和十四年二月二日题。(《全唐文》卷五百五十七)

柳宗元

宗元,字子厚,河东人。贞元九年进士,又中博学宏词科。贞元十九年,为监察御史里行。顺宗朝,擢礼部员外郎。坐党王叔文,贬邵州刺史,再贬永州司马,移柳州刺史。元和十四年卒,年四十七。(《全唐文》卷五百六十九小传)

监祭使壁记

《礼·檀弓》曰:祭礼,与其敬不足而礼有馀也,不若礼不足而敬有馀也。是必礼与敬皆足,而后祭之义行焉。

《周礼》:祭仆视祭祀有司百官之戒具,诛其不敬者。汉以待御史监祠。《唐开元礼》:凡大祠若干,中祠若干,咸以御史监视,祠官有不如仪者以闻。其刻印移书,则曰监祭使。宝应中,尤异其礼,更号祠祭使,俄复其初。又制,凡供祠之吏,虽当斋戒,得以决罚,由是礼与敬无不足者。

圣人之于祭祀,非必神之也,盖亦附之教焉。事于天地,示有尊也,不肃则无以教敬;事于宗庙,示广孝也,不肃则无以教爱;事于有功烈者,示报德也,不肃则无以劝善。凡肃之道,自法制始。奉法守制,由御史出者也。故将有事焉,则祠部上其日,吏部上其官,奉制书以来告,然后颁于有司,以谨百事。太常修其礼,光禄合其物,百工之役,先一日咸至于祠而考阅焉。御史会公卿有司,执简而临之,故其粢盛牲牢酒醴菜果之馔,必实于庖厨;钟鼓笙竽琴瑟夏击之乐,箽簴缀兆之数,必具于庭内;樽彝罍洗俎豆馣斝之器,必洁于坛堂之上。奉奠之士,赞礼之童,乐工舞师洎执殳而卫者,咸引数("引数"一作"列若")其实,设楚朴于堂下,以修官刑,而群吏莫敢不备物,罗奏牍于几上，以严天宪，而众官莫敢不尽诚。而祭之日，先升立于西阶之上，以待卒事。其礼之周旋，乐之节奏，必周知之，退而视其燔燎瘗埋，终之以敬也。居常则饬四方祀贡之物，以时登于王府。服器之修具，祠宇之缮理，牛羊毛涤之节，三宫御廪之实，毕备而听命焉。

旧以监察御史之长居是职，贞元十九年十二月，御史多缺，予班在三人之下，进而领焉。明年，中山刘禹锡始复旧制。由礼与敬以临其人，而官事益理，制令有不宜于时者，必复于上，革而正之。于是始为记，求簿书，得为是职者若干人书焉。（《全唐文》卷五百八十）

四门助教厅壁记

周人置虞庠于四郊，以养国老，教胄子。《祭统》曰：天子设四学。盖其制也。《易传·太初篇》曰：天子旦入东学，昼入南学，夕入西学，暮入北学。蔡邕引之，以定明堂之位焉。《大戴礼·保傅篇》曰：帝入东学以贵仁，入南学以贵信，入西学以贵德，入北学以贵爵。贾生述之，以明太子之教焉。故曰为大教之宫，而四学具焉。参明堂之政，原大教之极，其建置之道宏也。

后魏大和中，立学于四门，置助教二十人。隋氏始隶于国子，而降置五人。皇朝始合于太学，又省至三人。员位弥简，其官尤难，非儒之通者不列也。四门学之制，掌国之上士、中士、下士凡三等，侯、伯、子、男凡四等。其子孙之为胄子者，及庶士、庶人之子为俊士者，使执其业而居其次，就师儒之官而考正焉。助教之职，佐博士以掌鼓箧榎楚之政令，分其人而教育之，其有通经力学者，必于岁之杪，升于礼部，听简试焉。课生徒之进退，必酌于中道，非博雅庄敬之流，固不得临于是，故有去而升于朝者。贺秘书由是为博士，归散骑由是为左拾遗。旧制，以拾遗为八品清官，故必以名实者居于其位。

贞元中，王化既成，经籍少间，有司命太学之官，颇以为易。专名誉、好文章者，咸耻为学官。至是，河东柳立始以前进士求署兹职，天水武儒衡、闽中欧阳詹又继之。是岁，为四门助教凡三人，皆文士，京师以为异。余与立同祖于方舆公，与武公（"武公"一作"武君"）同升于礼部，与欧阳生同志于文。四门助教署未尝纪前人名氏，余故为之记，而由夫三子者始。（《全唐文》卷五百八十）

武功县丞厅壁记

《殷颂》曰："邦畿千里。"周制，千里之内曰甸服。《穀梁》谓之寰内诸侯，为王内臣，其制甚重。今京兆尹理京师部二十有三县，幅员之广，其犹古也。县吏之长曰令，曰丞。丞之位，正八品下，盖丞述六职以辅其令也。秦、汉有丞相，今（一作令）尚书有左右丞，御史有中丞，至于九卿之列，亦皆有丞，下以达天下之县。政有大小，其旨同也。

武功为甸内大县，按其图，古后稷封有斄之地。秦作四十一县，斄、美阳、武功各异，至是合焉。盖尝为稷州，已而复县。其土疆沃美高厚，有丘陵坟衍之大；其植物丰畅茂遂，有柜柘藿菽之宜。其人善树艺，其俗有礼让，宜乎其《大雅》之遗烈焉。

贞元十五年，改邑于南里，既成新城，凡官署旧记，壁坏文逸，而未克继之者。后三年，而颍川陈南仲居是官，邑人宜之，号为简靖，因其族子存持地图以来谒余为记。夫以武功疆理之大，人徒之多，而陈生以简靖辅其理，斯固难矣。汉高帝尝诏天下，凡以战得爵，七大夫公乘以上，令、丞与抗礼，故为吏益难。今天子崇武念功，与汉初相类，分禁旅以守县道，武功为多。陈生为丞于是，而又职盗贼。其为理无败事，吾庸可以度哉！为之记云。（《全唐文》卷五百八十）

盩厔县新食堂记

贞元十八年五月某日，新作食堂于县内之右，始会食也。

自兵兴以来，西郊捍戎，县为军垒，二十有六年，群吏咸寓于外。兵去邑荒，栋宇倾圮，又十有九年，不克以居。由是县之联事，离散而不属，凡其官僚，罕或觏见。及是，主簿某病之，于是且掌工役之任，俾复其邑居。廪库既成，学校既修，取其馀材，以构斯堂。其上栋，自南而北者，二十有二尺。周阿峻严，列楹齐同。其饰之文质，阶之高下，视邑之大小与群吏之品秩，不陋不盈。高山在前，流水在下，可以俯仰，可以宴乐。堂既成，得羡财，可以为食本，月权其赢，羞膳以充。乃合群吏于兹新堂，升降坐起，以班先后，始正位秩之叙；礼仪笑语，讲议往复，始会政事之要；筵席肃庄，笾豆静嘉，燔炮烹饪，益以酒醴，始获僚友之乐。

卒事而退，举欣欣焉，曰："惟礼食之来古也，今京师百官，咸有斯制。甸服亦王之内邑，且官有联属，则宜统会以齐之也。向之离而今之合，其得失也远甚。我是以肃焉而庄，衎焉而和，群疑以亡，嘉言以彰，旨乎其在此堂也。不惟其馨香醉饱之谓，某之力也夫！宜伐石以志，使是道也不替于后。"乃列其事来告，使余书之。（《全唐文》卷五百八十）

诸使兼御史中丞厅壁记

古者，交政于四方谓之使。今之制，受命临戎，职无所统属者，亦谓之使。凡使之号，盖专焉而行其道者也。开元以来，其制愈重，故取御史之名而加焉。至于今若干年，其兼中丞者若干人。其使绝域，统兵戎，按州部，专货食，而柔远人，固王略，齐风俗，和关石，大者戡复于内，拓定于外，皆得以壮其威，张其声，其用远矣。假是名以莅厥职，而尊严若是，况乎总宪度于朝端，树风声于天下，其所以翼于君、正于人者，尤可以知也。

武公以厚德在位，甚宜其官。视其署，有记诸使中丞者，而多阙漏，于是求其故于诏制，而又质于史氏，增益备具，遂命其属书之。且

曰：由其号而观其实，后之居于斯者，有以敬于事。(《全唐文》卷五百八十)

馆驿使壁记

凡万国之会，四夷之来，天下之道途，毕出于邦畿之内。奉贡输赋、修职于王都者，入于近关，则皆重足错毂，以听有司之命。征令赐予、布政于下国者，出于甸服，而后按行成列，以就诸侯之馆。故馆驿之制，于千里之内尤重。

自万年至于渭南，其驿六，其蔽曰华州，其关曰潼关。自华而北界于栎阳，其驿六，其蔽曰同州，其关曰蒲津。自灞而南至于蓝田，其驿六，其蔽曰商州，其关曰武关。自长安至于盩厔，其驿十有一，其蔽曰洋州，其关曰华阳。自武功而西至于好畤，其驿三，其蔽曰凤翔府，其关曰陇关。自渭而北至于华原，其驿九，其蔽曰坊州。自咸阳而西至于奉天，其驿六，其蔽曰邠州。由四海之内，总而合之，以至于关；由关之内，束而会之，以至于王都。华人夷人往复而授馆者，旁午而至，传吏奉符而阅其数，县吏执牍而书其物。告至告去之役，不绝于道；寓望迎劳之礼，无旷于日。而春秋朝陵之邑，皆有传馆。其饮饫饩馈，咸出于丰给；缮完筑复，必归于整顿。列其田租，布其货利，权其入而用其积，于是有出纳奇赢之数，勾会考校之政。

大历十四年，始命御史为之使，俾考其成，以质于尚书。季月之晦，必合其簿书，以视其等列，而校其信宿，必称其制。有不当者，反之于官。尸其事者有劳焉，则复于天子而优升之。劳大者增其官，其次者降其调之数，又其次犹异其考绩。官有不职，则以告而罪之，故月受俸二万于太府。史五人，承符者二人，皆有食焉。

先是，假废官之印而用之。贞元十九年，南阳韩泰告于上，始铸使印而正其名。然其嗣当斯职，未尝有记之者。追而求之，盖数岁而往则失之矣。今余为之记，遂以韩氏为首。且曰修其职，故首之也。

(《全唐文》卷五百八十)

岭南节度飨军堂记

唐制,岭南为五府,府部州以十数。其大小之戎,号令之用,则听于节度使焉。其外大海多蛮夷,由流求、诃陵,西抵大夏、康居,环水而国以百数,则统于押蕃舶使焉。内之幅员万里,以执秩拱稽,时听教命;外之羁属数万里,以译言赘宝,岁帅贡职。合二使之重,以治于广州,故宾军之事,宜无与校大。且宾有牲牢饔饩,嘉乐好礼,以同远合疏;军有犒馈宴飨,劳旋勤归,以群力一心。于是治也,闱闼阶序,不可与他邦类,必厚栋大梁,夷庭高门,然后可以上充于揖让,下周于步武。

今御史大夫扶风公廉广州,且专二使,增德以来远人,申威以修戎政。大飨宴合乐,从其丰盈。先是,为堂于治城西北陬,其位公北向,宾众南向,奏部伎于其西,视泉池于其东。隅奥庳仄,庭庑下陋,日未及晡,则赫炎当目,汗眩更起,而礼莫克终。故凡大宴飨、大宾旅,则寓于外垒,仪型不称。公于是始斥其制,为堂南面,横八楹,纵十楹,飨宴之位,化为东序,西又如之。其外更衣之次,膳食之宇,列观以游目,偶亭以展声,弥望极顾,莫究其往。泉池之旧,增浚益植,以暇以息,如在林壑。问工焉取,则师舆是供;问役焉取,则蛮隶是征;问材焉取,则隙宇是迁。或益其阙,伐山浮海,农贾拱手,张目视具。

乃十月甲子克成,公命飨于新堂。幢牙葺纛,金节析羽,筛旗旟旐,咸饰于下。鼓以鼖晋,金以铎铙。公与监军使肃上宾,延群僚,将校士吏,咸次于位。卉裳鬻衣,胡夷蜑蛮,睢盱就列者,千人以上。铏鼎体节,燔炮戕炙,羽鳞狸互之物,沉泛醍盎之齐,均饫于卒士。兴王之舞,服夷之伎,揳击吹鼓之音,飞腾幻怪之容,寰观于远迩。礼成乐遍,以叙而贺,且曰:"是邦临护之大,五人合之。非是堂之制,不可以备物;非公之德,不可以容众。旷于往初,肇自今兹,太和有人,以观远方,古之戎政,其曷用加此!"

华元,名大夫也,杀羊而御者不及;霍去病,良将军也,馀肉而士有饥色。犹克称能,以垂到今。矧兹具美,其道不废,愿勒于金石,以永示后祀。遂相与来告,且乞辞。某让不获,乃刻于兹石。(《全唐文》卷五百八十)

邠宁进奏院记

凡诸侯述职之礼,必有栋宇建于京师。朝觐为修容之地,会计为交政之所。其在周典,则皆邑以具汤沐;其在汉制,则皆邸以奉朝请。唐兴因之,则皆院以备进奏,政以之成,礼于是具,由旧章也。

皇帝宅位十一载,悼边氓之未乂,恶凶房之犹阻,博求群臣,以朗宁王张公为能。俾其建节剖符,守股肱之郡,统爪牙之职,董制三军,抚柔万人。乃新斯院,宏我旧制。高其闳闼,壮其门闾。以奉王制,以修古典,至敬也;以尊朝觐,以率贡职,至忠也。执忠与敬,臣道毕矣。公尝鸣珮执玉,展礼天朝。又尝伐叛获丑,献功魏阙。其馀归时事,修常职,宾属受辞而来使,旅赍奉章而上谒。稽疑于大宰,质政于有司,下及奔走之臣、传递之役,川流环运,以达教令。大凡展采于中都,率由是焉。故领斯院者,必获历闾阖、登太清,仰万乘之威,而通内外之事。王宫九关而不间,辕门十舍而如近,斯乃军府之要枢,邠宁之能政也。

惟公端明而厚,温裕而肃,宏略特出,大志高迈。施德下邑,而黎人咸怀;设险西陲,而戎虏伏息。茂功溢于太常,盛烈动于人听,则斯院之设,乃他政之末者也。赞公于他政之末,故词不周德;称公于天子之都,故礼不称位,斯古道也。

贞元十二年十月六日,河东柳宗元为记。(《全唐文》卷五百八十)

兴州江运记

　　御史大夫严公牧于梁五年,嗣天子举周汉进律增秩之典,以亲诸侯,谓公有功德理行,就加礼部尚书。是年四月,使中谒者来锡公命。宾僚吏属,将校卒士,鳌老童孺,填溢公门,舞跃欢呼,愿建碑纪德,垂亿万祀。公固不许,退而相与怨咨,遑遑如不饮食。于是西鄙之人,密以公刊山导江之事,愿刻岩石。曰:

　　惟梁之西,其蔽曰某山,其守曰兴州。兴州之西为戎居,岁备亭障,实以精卒。以道之险隘,兵困于食,守用不固。公患之曰:"吾尝为兴州,凡其土人之故,吾能知之。自长举北至于青泥山,又西抵于成州,过栗亭川,逾宝井堡,崖谷峻隘,十里百折,负重而上,若蹈利刃。盛秋水潦,穷冬雨雪,深泥积水,相辅为害。颠踣腾藉,血流栈道。糗粮刍藁,填谷委山。马牛群畜,相藉物故。馌夫毕力,守卒延颈,嗷嗷之声,其可哀也。若是者,绵三百里而馀。自长举之西,可以导江而下,二百里而至,昔之人莫得知也。吾受命于君而育斯人,其可已乎?"乃出军府之币,以备器用,即山僦功。由是转巨石,仆大木,焚以炎火,沃以食醯,攉其坚刚,化为灰烬。畲锸之下,易甚朽坏,乃辟乃垦,乃宣乃理。随山之曲直以休人力,顺地之高下以杀湍悍。厥功既成,咸如其素。于是决去壅土,疏导江涛,万夫呼抃,莫不如志。雷腾云奔,百里一瞬,既会既远,淡为安流。烝徒讴歌,枕卧而至,戍人无虞,专力待寇。

　　惟我公之功,畴可俦也!而无以酬德,致其大愿,又不可得命。矧公之始来,属当恶岁,府庾甚虚,器备甚殚,饥馑昏札,死徙充路。赖公节用爱人,克安而生,老穷有养,幼乳以遂,不问不使,咸得其志。公命鼓铸,库有利兵;公命屯田,师有馀粮;选徒练旅,有众孔武;平刑议狱,有众不黩;增石为防,膏我稻粱;岁无凶灾,家有积仓;传馆是饰,旅忘其归;杠梁以成,人不履危。若是者,皆以戎隙帅士而为之,不出四方之力,而百役已就。且我西鄙之职官,故不能具举。惟公和恒直方,廉毅信让,敦尚儒学,抑损贵位,率忠与仁,以厚其诚。其有可以安利于人者,行之坚勇,不俟终日。其兴功济物,如此其大也。

昔之为国者,惟水事为重。故有障大泽,勤其官而受封国者矣。西门遗利,史起兴叹;白圭壅邻,孟子不与。公能夷险休劳,以惠万代,其功烈尤章章焉不可盖也。是用假辞,谒工勒而存之,用永宪于后祀。(《全唐文》卷五百八十)

欧阳詹

詹,字行周,泉州晋江人。举进士,为国子监四门助教。卒年四十馀。(《全唐文》卷五百九十五小传)

泉州六曹新都堂记

贞元八年,刺史安定席公为邦之二祀。冬,造六曹之都堂,公表微而虑远也。天子建六官以纪纲天下,分刺史六司,用经纬封中,犹天之有四时,而人之有四肢:一时不若,则岁罔成功;一肢不和,则体莫全用。公以六司之掾如股肱,思安之,与身之安也。火流定中,将坏城郭,亲览廨宇。首视斯署,既隤而隘,非凝神揆务之所。日抚人民,不则有国,营宫室,是亦为政。乃量羡府以度用,指斯宇而命易。又曰:"处湫居卑,非智也;烦人蠹财,非仁也。吾欲全仁而就智,葳事者志之。"有司于是审基址,程广袤。山节藻棁,僭也,削而不取;土阶茅檐,逼也,革而是捐。非约非丰,允执厥中。然后计其材,量日力,山木则酬之如市,人功则税之若时。物乐民愿,未旬而毕。飞梁五道而通负,连楣六接以都豁;阳轩遐引,阴室旁启;挹以重屏,翼以回廊;晻黔黔以秘邃,屹崇崇而宏敞。夏处其达,则炎天以凉;冬居其隩,则凄风以温。足以宁肌静心,以釐厥职者也。

夫哲人有作,不唯利身,在利人;不惟利今,在利后。相斯堂者,公侯卿士,礼隔殊品,公不之降也,斯不亦利人不唯利于身欤?坚壮固护,存延千祀,人不之逮也,斯不亦利后不唯利于今欤?睹斯堂,见公之意,时某处某乙为司功,某处某乙为司户、司仓、司法、司兵、司田,皆外庄内融,怀材抱忠,无回邪以茌下,有謇谔以承上,当时之彦也。请列于记左,庶后之君子,睹名访德,知夫是日堂有人焉。(《全

唐文》卷五百九十七）

右街副使厅壁记

　　使有副。副之言继也，其一继之辅也，所以继其或缺；而又辅其违焉，其亦总使之务欤？皇街使之副，其职大矣。天子外有六合，故内辟六街以达之，彼为庭除，此为堂室。静诸外必先诸内，乃置使以清之，我唐新典也。盖以警正天衢，纠逖王慝，领环游式曷之卒，专扞撽徽循之令。
　　夫京师，豪杰英俊之都会，蛮夷戎狄之来萃，排轮重足，冯众多挠。我防则户，伊动必由；我察则目，伊瑕必见。由是九城之中，乘避贵，负敬长。金玉可拾，遗则犹土；幼弱可欺，遇则如伤。出门若有宾，让路若有神。云兴乌合而无暴，自东自西以咸萃。憧憧焉斯焉而能在其中，悖悖焉斯焉而谨在其中。六合澄晏，六街源之，则街使之功，副使攸同也。
　　贞元八年，上以元舅兵部尚书大金吾濮阳公兼右街使，俾访忠良以自佐。濮阳公先以节行选，次以材能择，加之以更历，因之以故旧，得建州别驾前尚衣奉御高阳许公以闻。上素知公名，即日召见。敷对器实，有符曩声，当锡紫绶金章于殿庭，而允其请。濮阳公本官用视兹佐得人，街之政悉以相付。公静而敏，清而贞，坚钥禁枢，深锄事根。不诫而部伍增肃，不按而逵陌倍理。日出作，日入息。三条四出，风恬月静。职斯有述，公此无怍。迁蕲州别驾，副使如故，旌其劳，且藉能也。
　　夫迹以行生，言由事立。公鳌斯署之绩，得国家建斯署之义，遂书其义，昭其绩，为公厅之壁记云。其或接公之武践兹位者，任是既重，德亦无轻，列云之左，虽百代可也。（《全唐文》卷五百九十七）

同州韩城县西尉厅壁记

《说文》曰："尉，畏也，亦慰也，主也。故字从尸、示、寸。"寸者，寸量礼度以敬上；示者，示陈教令以谕下；尸者，典职司以居位。敬上所谓畏，谕下所谓慰，居位所谓主。全兹三者，以莅王爵，则仕义周，是以古之人嘉用尉字为官号。陶唐有太尉，周有军尉，秦亦有太尉、舆尉、东、南尉。洎汉则复命县掾曰尉，自是以名。至于我唐无或易，所命善也。

我唐极天启宇，穷地辟土，列县出于五千，分为七等：第一曰赤，次赤曰畿，次畿曰望，次望曰紧，次紧曰上，次上曰中，次中曰下。赤县仅二十，万年为之最；畿县仅于百，渭南为之最；望县出于百，郑县为之最；紧县出于百，夏阳为之最；上县仅三百，韩城为之最。上之最次于紧之最，非最之紧无与焉；紧之最次于望之最，非最之望无与焉；望之最次于畿之最，非最之畿无与焉；畿之最次于赤之最，非最之赤无与焉。最之县长于馀县，如麟凤五灵之长于群灵也。数长不数类，则韩城之称，与万年、渭南、郑县、夏阳并。自紧而上，簿尉皆再命三命已往而授，资历至之而至也。上县而下，则自解褐授。

韩城既上县之最，簿尉解褐之贵者，唯三员伺其阙，非年年之有。或一员之阙，天下皆知之。授之日亦皆知之，曰某人授韩城尉。是其人则颂，非其人则诽。虽一命之官，其为人尚也如此，则主司慎择才地精美。

县亦有六曹，尉二人。一判功、户、仓，其署曰东厅；一判兵、法、士，其署曰西厅。兹厅，兵、法、士之厅也。根之州，则司兵、司法、司士尽在；形之国，即兵部、刑部、工部尽在。兵主武，法主刑，士主工。今武未大威，务尚繁；刑未大措，讼尚生；工与人兴，无时休。州县司或双曹，六人分其职，国则部属僚，八九十人分其职。一人理六人、八九十人之理，虽大小有异，而揆绪不殊。其绪不殊，其官不易。能至于易者,则人无敢易之。人无敢易之,则国必重之。国重之,则践洪钧大柄,所由乎此也。

贞元十五年春,余友人荥阳郑伯义授焉。郑自上,累叶声名,为天下闻。郑以明经登科,又三举进士,屈于命,词学亦流辈推内行第一。其受命之年,五月,余诣焉;十月,又诣焉,见东厅有记,西厅无记,因请书其姓氏,序于左。其或先于郑,芳馨犹在者,亦得之;至于郑,系于郑谱皆系之。若土壤广狭,物产有无,尉非得主,不敢僭序。

(《全唐文》卷五百九十七)

卷 五

刘禹锡

禹锡,字梦得,彭城人。贞元九年进士,又登博学宏词科。顺宗朝,擢屯田员外郎。宪宗立,贬连州刺史。开成中,官至太子宾客分司。会昌二年卒,年七十一。赠户部尚书。(《全唐文》卷五百九十九小传)

天平军节度使厅壁记

元和十四年春二月,王师平河南负固之地十有二州,宪宗视地图户版,俾参其地。三月,有诏:其以曹、濮隶郓为一隅,按部三郡,统兵三万。乃新其军,锡号天平。盖承天威以平暴悖,志动扬休,在称为雄,新邦始徕,污俗犹用。朝廷革之以渐,故命功臣或办吏以帅焉。大和三年冬,天平监军使以故侯病闻,上方注意治本,乃以牙璋玉节鼎右仆射官称赐东都留守令狐公曰:"予择文武惟汝兼,前年镇汴州有显庸,往年弼宪宗有素贵。徒得君重,刚吾四支。"公西拜稽首,登车有耀。不逾旬,抵治所,夹清河而域之。

惟郓州在春秋为须句之国,涉汉为济东,盖《禹贡》兖州之域。宣精在上,奎为文宿;画野在下,鲁为儒乡。故其人知书,风俗信厚。天宝末,大憨起于幽都,房将因兵锋取其地,右勇左德,积六十年。公之来思,如古医之治剧病,宣泄颐养,气还神复。大凡抗诏条国,式于身以先之。示菲约以裕人,信赏罚以格物。物力日完,人风自移。涉月报政,逾年鼎治。牙门之容,暨暨而恭;垒门之容,仡仡而和;里门之容,阗阗而遂。劳者以安,去者以归。分星不摇,田祖降福。凡革前非、罢供第无名钱岁钜万,菽粟如之,锦缯且千两。去苛法急征、毁家偿租之令,故流庸自占四万室。众无吁咨,和气乃来。三田仍稔,草木咸瑞。岂偶尔哉?

初,斯堂西墉有《刺史记》,而元戎雄尊之位虚其左方,岂有待邪?公命愚志之,俾来者仰公知变风之自。大和五年四月二十六日记。(《全唐文》卷六百六)

山南西道节度使厅壁记

文皇帝初元,始画天下为十道。古荆、梁之地,举曰山南,厥后析为东、西。天汉之邦,实居右部。按梁州为都督治所,领十有五州,县道带蛮夷,山川扼陇蜀,故二千石有采访防御之名。兵兴多故,其任益重。澄清节钺,二柄兼委。

建中末,德宗南巡狩,偃翠华而徘徊,箫勺之音,洽于巴、汉。戡难清宫,六龙言旋,乃下诏复除征繇,升州为府。等威班制,与岐、益同。地既尊大,用人随异。故自兴元至大和,五十年间,以勋庸佩相印者三,以谟明历真相者九,由台席授钺未几复入相者再焉。磊落震耀,冠于天下。去年夏四月,今丞相赵郡公征还泰阶,遂命左仆射燉煌公往践其武。曩之真相,及公而十焉。

初,公自河阳节度使入操国柄。其后,镇宣武以礼悛犷悍,治天平以清去掊克,居大卤以仁苏荐饥。今来是都,蹑二三大君子之躅,道同气协,无所改更,如鼓和琴,布指成韵。羌夷砥平,旱麓发生;人无左言,乐有夏声。俗既富庶,居多闲暇,圜视府局,素阙者补之。

先是，公堂尝为行殿，人不敢斥，别营侯居。应门有阋，棨戟未具。公乃条白上言，诏下有司，可其奏。军门肃清，方有眉目，趋而入者耸然生敬焉。惟梁，山国也，其节用虎。出扬其威，入贮宜洁。旧处仄陋，黩其雄棱。公遂分宅之别斋，且据便地，署曰节室，卜刚日乃迁焉。敬君命而壹民心，军中增气而知礼。

戟衣既垂，师节既严，流眄屋壁，见前修之名氏列于座右。第以梁州刺史鼎兴元尹记与今称谓不合，因发函进牍于不佞，且曰："我已饰东壁，以新志累子。"于是按南梁故事，起自始登斋坛之后为记云。时开成二年岁在丁巳春二月某日记。（《全唐文》卷六百六）

夔州刺史厅壁记

夔在春秋为子国，楚并为楚九县之一。秦为鱼复，汉为固陵，蜀为巴东，梁为信州。初城于瀼西，后周大总管龙门王公述登白帝叹曰："此奇势可居。"遂移府于今治所。是岁建德五年。隋初，杨素以越公领总管，又张大之。唐兴，武德二年诏书，其以信州为夔州。七年，增名都督府，督黔、巫一十九郡。开元中，犹领七州。天宝初，罢州置郡，号云安。至德二年，命嗣道王炼为太守，赐之旌节，统峡中五郡军事。乾元初，复为州，偃节于有司，第以防御使为称。寻罢，以支郡隶江陵。按版图方轮不足当通邑，而今秩与上郡齿，特以带蛮夷故也。故相国安阳公乾曜尝参军事，修图经，言风俗甚备。今以郡国更名之所以然著于壁云。凡名殊必以国，事建必以年，谨始也。

长庆二年五月一日，刺史中山刘禹锡记。（《全唐文》卷六百六）

连州刺史厅壁记

此郡于天文与荆州同星分，田壤制与番禺相犬牙，观民风与长沙同祖习，故尝隶三府，中而别合，乃今最久而安，得人统也。按宋高祖世始析郴之桂阳为小桂郡，后以州统县，更名如今，其制谊也。

郡从岭，州从山，而县从其郡。邑东之望曰顺山，由顺以降，无名而相钦者以万数，回环郁绕，迭高争秀，西北朝拱于九疑。城下之浸曰湟水，由湟之外，交流而合输以百数，沧涟汩㵗，挈山为渠，东南入于海。山秀而高，灵液渗漉，故石钟乳为天下甲，岁贡三百铢。原鲜而膴，卉物柔泽，故纻蕉为三服贵，岁贡十笥。林富桂桧，土宜陶旊，故候居以壮闻。石伴琅玕，水孕金碧，故境物以丽闻。环峰密林，激清储阴，海风殴温，交战不胜，触石转柯，化为凉飔。城压赭冈，踞高负阳。土伯嘘湿，抵坚而散。袭山逗谷，化为鲜云。故罕罹呕泄之患，亟有华皓之齿。信荒服之善部，而炎裔之凉地也。

永贞元年，予始以尚书员外郎坐党累，出补兹郡。居无何，吏议以是迁也不足偿其责，故道贬为朗州司马。后十年，诏书征还，抵京师，俄复前命，佩故印绶而南。曩之骑竹马北向相徯者，咸仕郡县，巾鞲来迎。下车之日，私喑且笑。既视事，得前二千石名姓于壁端，宰臣王晙、幸卿刘晃、儒官严士元、闻人韩泰佥拜焉。或久于其治，功利存乎人民；或不之厌官，翘禺载于歌谣。余不佞，从群公之后。肇武德距于今，凡五十有七人，所举者四君子，犹振裘之于领袖焉。

元和十一年七月二十四日，刺史中山刘某记。（《全唐文》卷六百六）

和州刺史厅壁记

历阳，古扬州之邑，于天文直南斗魁下，在春秋实句吴之封，后为楚所取。秦并天下，以隶九江，而亦为九江治所。晋平吴，复隶淮南。至永兴初，自析为郡，益之以乌江。宋台建，目为南豫州，又益之以龙亢。梁之亡也，北齐图霸功，拥贞阳侯以归，王僧辩来迎，会于兹地，二国和协，故更名和州。陈、隋间无所革，国朝因隋。武德中，更龙亢为含山。初，开元诏书以口算，第郡县为三品，是为下州。元和中，复命有司参校之,遂进品第一。

按见户万八千有奇,输缗钱十六万,岁贡纤纻二筐,吴牛苏二钧,糁鱓九罋,茅蒐七千两。镇曰梁山,浸曰历湖,田艺四谷,豢全六扰。庐有旨酒,庖有腴鱼。神仙故事,在郊在薮。元元有台,彭铿有洞。名山曰鸡笼,名坞曰濡须。异有血阛,祥有沸井。城高而坚,亚父所营。州师五百,环峙于东。南濒江,划中流为水疆,揭旗树葮,十有六戍。自孙权距陈,出入六代,常为宿兵之地,多以材能人处之。本朝混一,号为善部。然用人差轻,非复曩时之比也。

始余以尚书郎得谴刺连山,今也由巴东来牧。考前二邦之籍与版图,才什五六,而地征三之。究其所从来,生植有本。女工尚完坚,一经一纬,无文章交错之奇;男夫尚垦辟,功苦恋本,无即山近盐之逸。市无嗤眩,工无雕彤,无游人异物以迁其志。副征令者率非外求,凡百为一出于农桑故也。由是而言,瘠天下者其在多巧乎!宝历元年六月二十一日,刺史中山刘某记。(《全唐文》卷六百六)

郑州刺史东厅壁记

古诸侯之居,公私皆曰寝,其他室曰便坐。今凡视事之所皆曰厅,其他室以辨方为称。今年郑州刺史杨君作东厅,既成而落之,且以书抵余为记。

按国章,以甲乙第方域,大凡环天子之居为雄州。郑实迩王畿,故望雄。视其版多贵人,且当大逵,故务剧。君侯始来三日,司税掾举七县董租之吏累百,君曰:此百賸也。悉罢之。用户符而输入益办。司贡掾举梨林之征请户晓,君曰:尽弛之勿籍。用平贾而果益精。里无吏迹,民去痼疾。授牒占租,如临诅盟。土毛人力,日夕相长。故周岁而完焉,比年而愈肥。虽军兴馈挽旁午,大将牙旗往复相踵,而里中清夷,鸡犬音和。

人既宁而物有馀,政既成而日多暇。圜视旧宇,宜有以更之,且书得时，亦以谨始。因列名氏授受，月而日之，庶乎继践于兹者知贯珠之首。其山望泽浸、土风甿俗，与前贤之耿光，备于正位，有天宝中词人杜颀之文在。大和四年某月日。（《全唐文》卷六百六）

汴州刺史厅壁记

本朝以浚仪为汴州刺史治所。自隋酾新渠，吸黄河而东行，州含其枢，为天下剧。内屏王室，东雄诸侯。居无事时，常带廉察使。兵兴以还，益以节旄。用人得否，系国轻重。长庆四年，诏书命河南尹燉煌令狐公来莅来刺，锡之介圭、使印、兵符，汴人交贺，肴醑腾贵。

惟是邦始都于魏惠王，始郡于宇文周。星躔回环，天驷垂光。地为四战，故其俗右武；人具五都，故其气习豪。公自为宰相时，已熟四方之利病。凡所庋止，参然前知。既视事三日，挹群吏与之言曰："吾食止圭田，吾用止公入。凡他给过制伤廉浼洁者悉罢之，一归乎公藏。凡曲防苛禁不情乖体者悉划之，一出乎令典。凡关征船算夺时专利者悉更之，一遵乎诏条。"然后刑丽事而详，赏以时而均。兴学以劝艺，示宽以化勇。居数月，而汴州人恂恂然无复故态。明年大成。议者若曰："奕奕浚都，国之咽颐。咀清咽和，旁畅四支。东夏黠马，由我以肥。"是浚之治，非所泽于所履而已。

初，公七代祖在隋为纳言。大业中，持节居此，亦号刺史。距今馀二百年，公实能似。既拜阙，发鱼书，合左右契，由阼阶跻，遌蹱前武。歆然如闻其馨香，肃然如睹其形容。信乎！君子之泽远而有光辉也。

他日，命游梁客志之，书于厅事。谨按前贤之在此堂者，张平原首之，陆氏撰《节度使记》，揭于东壁，详矣。今公命为刺史记，书于右端，谨月而日之，以公为冠。大和元年夏五月某日记。（《全唐文》卷六百六）

管城新驿记

大和二年闰三月,荥阳守归厚上言:"臣治所直天下大逵,肘武牢而咽东夏,谁何宜谨,启闭宜度。先是驿于城中,驿邊不时,四门牡键,通夕弗禁。请更于外隊,永永便安。"制曰:可。守臣奉诏,无征命,无夺时,糜羡财,募游手,逮八月既望,新驿成。郑人胥说,琢石而记曰:

在兑之方,面元负阳,门衔周道,墙阴行桑(一作墙荫行栗),境胜于外也。远购名材,旁延世工,暨涂宣晢,瓴甓刚滑,术精于内也。蘧庐有甲乙,床帐有冬夏,庭容牙节,庑卧囊橐,示礼而不恩也。内庖外厩,高仓邃库,积薪就阳,峙刍就燥,有素而不愆也。主吏有第,役夫有区,师行者有飨亭,孥行者有别邸。周以高墉,乃楼其门。劳迎展蠲洁之敬,饯别起登临之思。溱洧波澜,嵩丘云烟,四时万象,来觐于我。走毂奔蹄,遄征急宣,入而忘劳,出必屡顾,其传舍之尤乎!

太守姓杨氏,字贞一,华阴弘农人。郑为雄州,非闻人大吏不得在其选。夫驿之宜迁于外也,前此二千石尝言之而重改作,若贞一可谓果于从政而决行其言,惜乎未施于大也。(《全唐文》卷六百六)

山南西道新修驿路记

开成四年,梁州牧缺,上玩其印,凝旒深思曰:"伊尔卿族归氏,以文儒再世居喉舌。今天官贰卿融能嗣其耿光,尝自内庭历南台,尹毂下,政事以试,可为元侯。"乃付印绶,进秩大宗伯兼御史大夫,玉节兽符,镇于妫墟。公拜手稽首曰:"臣融敢扬王休于天汉之域!"

既莅止,咨于群执事,求急病者先之。咸曰:"华阳黑水,昔称丑地,近者尝为王所。百态丕变,人风邑屋与山水,俱一都之会,自为善部矣。惟驿邐之途,欹危隘束,其丑尚存,使如周道,在公颐指耳。"于是，因年有秋，因府无事，军逸农隙，人思贾馀，乃悬垦山刊木之佣，募其力；揆攒凿撞柲之用，庀其工；具舁辇畚插之器，膺其要。鼙鼓以程之，糇醪以犒之。说使之令既下，奋行之徒坌集。

我之提封踞右扶风，触剑阁千一百里。自散关抵褒城，次舍十有五，牙门将贾黯董之；自褒而南，逾利州至于剑门，次舍十有七，同节度副使石文颖董之。两将受命，分曹星驰。并山当蹊，顽石万状：坳者垤者，兀者铦者，磊落倾欹，波翻兽蹲。炽炭以烘之，严醯以沃之，溃为埃煤，一箒可扫。栈阁盘虚，下临谽谺。层崖峭绝，枘木亘铁。因而广之，限以钩栏。狭径深陉，衔尾相接。从而拓之，方驾从容。急宣之骑，宵夜不惑。郄曲棱层，一朝坦夷。

兴役得时，国人不知。由是驶行者忘其劳，吉行者徐其驱，孥行者家以安，货行者肩不病，徒行者足不茧，乘行者蹄不刜。公谈私咏，溢于人听。伊彼金其牛而诱之以利，曷若我子其民而来之以义乎？既讫役，南梁人书事于牍，请纪之以附于史官地里志。（《全唐文》卷六百六）

复荆门县记

直故郢北走之道，其聚邑曰荆门。揭起重关，殿于乐都。名视县内之制，居殷形束之要，故吏师重焉。通外夷之底贡，会南藩之述职，故宾礼繁焉。其肇允经营，实王孙昌夔居荆以表之，命行名建，而缔构之弗暇。无几何，有由勇爵而授赤社于兹者，徼驰名于省壹，谓相沿为非智，因请罢去其号，发践更以董之。有司不能端究事本，循空言而可其奏。由是分地征以归它邑，野之人有回远之叹；废文吏而颛戍督，行之旅有谁何之囏。是利不及下也，黎民病之。自鄂而南，斯为画疆，抵郡之路，贯其七舍。持瑞节而衔急宣之使，盖阴相交，遂使服缦胡者备问俗之对，执刀匕者申饩牵之礼。是敬之不及宾也，君子病之。如是几二十岁距。

永贞元年，江陵尹裴公政成上游，德及矜人，大建长利，俾无遗害。乃外济群欲，内张全模；周图经制，条白于状。昌言既从，公议攸同；忘劳之徒，乐用之工。载大其门，载高其墉；径术脉分，阛闬架空。然后析便地以肥之，建具官以司之。縻羡财以偿其力役，汰冗食以资其秩稍。田里不闻于征令，县官无减于岁入。越某月，既成而落之。官修其方，人乐其居。将迎犒饩之仪展，厩置符缫之事举。戍夫有伍，公吏有职。由汇而分，率无逾闲。入其封者，可以知教。

　　元和元年，四海会同，天子命公师长南宫。三年，公以介圭入觐，途出斯邑。邑人之华皓幼童，咸须于道周，距跃而谣曰："起我堙废而完之，徕我荡析而安之。昔室于墟，风摇雨濡。自公优柔，郛闬盈兮。昔饮于浯，夏涸冬枯。自公感通，鬵沸生兮。淑旗之华兮，四牡之骓。徯公之还兮，觞以祝之。"却略蹁跹，百形一音。公为驻错衡而劳之。有以文从公者纪事于牍，且曰："民可怀也，盍命夫学旧史之事以志焉！"公不得让而从之，走是以有授简之辱。

　　初，公以县之之便闻于上也，禹锡方以郎位贴职于计曹，章下之日，得以省事。逮今以迁人获宥于善部，工休之日，得以践履。故于拜命无牢让，于传信无愧词。以为古之创物建庸、宜于人民而得其时者，则必歌其事功，为后代法。《雅》有营谢，美召伯也；《传》称城沂，贤荐敖也。赋水泉原隰之状，志虑事命日之规，当书而咏之，细亦弗可略也。是用谨其本始而存乎篇，俾后之视今者，知楚郊之令典云。

（《全唐文》卷六百六）

韦 纾

纾,贞元中进士。元和朝,官户部郎中。(《全唐文》卷六百十三小传)

栝郡厅壁记

处州溯浙江东南七百里,连山洞溪,负海逾峤。绵历更置,至隋始为处州,后复号栝。国朝置十道,处州列在江南,第居于上。天宝初为缙云郡,大历末复之。刺史更置迭废,州郡沿革,官则随之。大凡亲人辅化,任莫重焉。

大和五年,纾自司贺员外郎奉符典州,大惧不称其职。且以地险而瘠,人贫而劳;茧丝之税,重倍他郡。故逢穰岁,亦未若他郡之平年也。为是邦者,得不谨节而乃自封乎?夫为恻隐可以安疲羸,忠信可以美风俗,待物以诚,饮人以和,可以去刑法矣。是三者,纾未之逮,而有志焉,因书之壁以自儆。(《全唐文》卷六百十三)

李直方

直方,德宗朝,官左司员外郎。历中书舍人,试太常卿。贞元二十一年,自韶州刺史移赣州刺史,迁司勋郎中。(《全唐文》卷六百十八小传)

邠州节度使院壁记

自西汉始置幕府,得颛辟士,其聘举之盛,与公府署吏、王国命官为比,于是有班固、傅毅、崔骃、蔡邕、陈琳、阮瑀之徒出焉。大抵多巡御封略,经参戎事,居无恒处,秩靡常品,故命之曰宾。国朝笃方岳之任,慎求其佐,颁以职贡,为之定制。或辟自诸侯,或降于朝廷,皆命于天子。其所司也,调政教之和,策军算之秘,出入聘觐,应对宾客;其立署也,行有戎次,处有公堂,与方伯周旋,弥缝润色而已。王畿之腋,划为巨防;外殿朝那,作捍西疆;中拱皇都,以临诸夏。漆沮之仁既远,华夷之俗相猾。非瑰材英杰,莫典封守;非庄明纯固,莫参眂佐。

六年春,皇帝劳韩侯牧圉之勤,俾尹西夏,申命御史中丞王君等九人为之使介。既而师贞于律,农勤其功,惠和威武,泽浸火烈。孟秋述职,耀兵河塞。亭障萧条,千里晏清。然后用虎旗蛇矛,定功于蒲,入觐皇都,增秩受赐,旋师旧服,勋明德举。非元臣雄略,能贤嘉绩,蔑用济此。先是,尚父郭公开府是邦,搜贤勿贰,俊乂咸集。不十数年,持枢衡治邦宪司诰命者,咸布职于清朝。今韩侯亦能详延端士,辅相威德。是府将来宜为俊贤之郊薮,荣达之闾阎。卫多君子,邠其有之。夫敬其事则命始,《春秋》之谊也。是邦当征号朔方,而以名师,建为三郡,肇基于我,书事举德,宜始韩侯。

此记旧题于堂之北牖,虑他日文字湮灭,作者之文莫传,遂刻石以纪之。(《全唐文》卷六百十八)

吕 温

温,字和叔,一字化光,河中人。贞元末进士,再迁为左拾遗,以侍御史使吐蕃,元和初还,转户部员外郎,再贬道州刺史,徙衡州。卒年四十。(《全唐文》卷六百二十五小传)

道州刺史厅后记

壁记非古也。若冠绶命秩之差,则有格令在;山川风物之辨,则有图牒在。所以为之记者,岂不欲述理道、列贤不肖以训于后,庶中人以上得化其心焉?代之作者,率异于是。或夸学名数,或务工为文,居其官而自记者则媚己,不居其官而代人记者则媚人,《春秋》之旨,盖委地矣。

贤二千石河南元结字次山,自作《道州刺史厅事记》,既彰善而不党,亦指恶而不诬,直举胸臆,用为鉴戒。昭昭吏师,长在屋壁,后之贪虐放肆以生人为戏者,独不愧于心乎?予自幼时读《古循吏传》,慕其为人,以为士大夫立名于代,无以高此。

前年冬,由尚书刑部郎中出为此州,虽履剧自课,而未能逮其意也。往刺史有许子良者,辄移元次山《记》于北牖下,而以其文代之。后亦有时号君子之清者莅此,熟视焉而莫之改。岂是非之际,如是其难乎?予也鲁,安知其他,则命圬而书之,俾复其旧,且为后记,以广次山之志云。(《全唐文》卷六百二十八)

湖南都团练副使厅壁记

湘中七郡,罗压上游。右振牂蛮,左驰瓯越,控交、广之户牖,扼吴、蜀之咽喉,翼张四隅,襟束万里,半天下之安危系焉。圣唐理虽偃革,制不去备,消息变化,必惟其时。由是部分荆、衡,复古南镇,轻其兵徒而重其统帅,易其将校而难其参佐,所以显仁藏用,明道晦权,成师于礼乐之中,讲武于文章之内。雍容易简,四十馀年,名迹风流,冠于当代。始则裴谏议虬,以逸材奇略,傲视而静荒寇;次则赵相公憬,以高标雅望,郁起而为国桢;其馀冯郎中巑之硕重,房容州孺复之英达,郑评事洌、张著作季文之美秀;洎张和州惟俭、卢侍御瀚佐、我先大夫宣慈明允,实有成绩。是皆焯于朝论,清在人谣者矣。

元和三年冬,天子命御史中丞陇西李公,以永嘉之清政、京兆之懿则,廷赐大旆,俾绥衡湘。威如秋霜无私凋,惠如冬阳无私煦,用人如止水无私鉴。始下车,表前副使殿中侍御史扶风窦君常字中行以本官复职,于是监察御史河南穆君寂、河内司马君纾、范阳卢君璠、太常寺协律郎河东薛君存庆、前咸阳县尉吴郡顾君师闵、前太子正字陇西李君础、前太常寺奉礼郎京兆杜君周士、前延陵县尉同郡杜君宝,群材响附,各以类至。文雅器用,岁馀大备。错金碧于晴壑,缀孔翠于春林,遐迩翕然,称为盛府。中行感会知己,竭其诚能。黄钟音韵,调于嶰谷之竹;太阿锋铓,拭以华山之土。其吟鸾凤,断犀兕,不足怪也。

窦氏伯季,同时七人,一居方伯,二列华省,四在诸侯之馆。名教之乐,搢绅慕焉。以温近守支郡,且知故实,得请连帅,俾书公堂。愧于不文,安敢坚让。元和五年七月五日,东平吕温记。(《全唐文》卷六百二十八)

虢州三堂记

应龙乘风云,作雷雨,退必蟠蛰,以全其力;君子役智能,统机剧,退必宴息,以全其性。力全则神化无穷,性全则精用不竭。深山大泽,其所以蟠蛰乎?高斋清地,其所以宴息乎?

虢州三堂者，君子宴息之境也。开元初，天子思二南之风，并选宗英，共持理柄，虢大而近，匪亲不居。时惟五王，出入相授。承平易理，逸政多暇，考卜惟胜，作为三堂。三者，明臣子在三之节；堂者，励宗室克构之义。岂徒造适，实亦垂训，居德乐善，何其盛哉！然当时汉同家人，鲁用王礼，栋宇制度，非诸侯居。

后刺史马君锡，因其颓堕，始革基构。丰而不侈，约而不陋，以琴尊诗书之幽素，易绮纨钟鼓之繁喧。惟林池烟景，不让他日。观其广逾百亩，深入重扃，回塘屈盘，沓岛交映，溟渤转于环堵，蓬壶起于中庭，浩然天成，孰曰智及。

春之日众木花折，岸铺岛织，沉浮照耀，其水五色。于是乎袭馨撷奇，方舟透迤，乐鱼时翻，飘蕊雪飞，溯沿回环，隐映差池，咫尺迷路，不知所归。此则武陵仙源，未足以极幽绝也。

夏之日石寒水清，松密竹深，大柳起风，甘棠垂阴。于是乎濯缨涟漪，解带升堂，畏景火云，隔林无光，虚霫沉沉，皓壁如霜，羽扇不摇，南轩清凉。此则楚襄兰台，未足以涤炎郁也。

秋之日金飙扫林，翕郁洞开，太华爽气，出关而来。于是乎弦琴端居，景物廓如，月委皓素，水涵空虚，鸟惊寒沙，露滴高梧，境随夜深，疑与世殊。此则庾公西楼，未足以澹神虑也。

冬之日同云千里，大雪盈尺，四眺无路，三堂虚白。于是乎置酒寨帷，凭轩倚楹，瑶阶如银，玉树罗生，日暮天霁，云开月明，冰泉潺潺，终夜有声。此则子猷山阴，未足以畅吟啸也。

於戏！不离轩冕，而践夷旷之域；不出户庭，而获江海之心。趣近悬解，迹同大隐。序阅四时之胜，节宣六气之和，贵而居之，可曰厚矣。若知其身既安，而思所以安人；其性既适，而思所以适物。不以自乐而忽鳏寡之苦，不以自逸而忘稼穑之勤。能推是心，以惠境内，则良二千石也。

方今人亦劳止，上思乂息，州郡之选，重如廷臣。由是南阳张公，辍挥翰之任，受剖符之寄，游刃而理，此焉坐啸。静政令若水木,闲人民如鱼鸟,驯致其道,暗然日彰。小子以通家之好,获拜床下,且齿诸子,侍坐于三堂,见知惟文,不敢无述。捧笔避席,请书堂阴,俾后之人知此堂非止燕游,亦可以观清静为政之道。(《全唐文》卷六百二十八)

卷 六

元 稹

稹,字微之,河南人。擢明经,判入等,补校书郎。元和元年,举制科,对策第一,拜左拾遗。穆宗朝,擢祠部郎中知制诰,入翰林,为承旨学士。长庆二年,进同中书门下平章事。贬同州刺史,改浙东观察使。太和四年,拜武昌节度使。卒年五十三。赠右仆射。(《全唐文》卷六百四十七小传)

翰林承旨学士厅壁记

旧制,学士无得以"承旨"为名者,应对、顾问、参会、旅次、班第以官为上下。宪宗章武孝皇帝以永贞元年即大位,始命郑公絪为承旨学士,位在诸学士上,居在东第一阁。乘舆奉郊庙,辄得乘厩马,自浴殿由内朝以从。揭鸡竿,布大泽,则升丹凤之西南隅。外宾客进见于麟德,则止直禁中,以俟大礼。大诰令、大废置、丞相之密画、内外之密奏,上之所甚注意者,莫不专受专对,他人无得而参。非自异也,法不当言。用是十七年间,由郑至杜,十一人而九参大政。其不至者,卫公诏及门而返,事适然也;至于张,则弄相印以俟其病间者久之,卒不兴,命也已。若此,则安可以昧陋不肖之稹,继居九丞相、二名卿之后乎?

俯仰瞻睹,如遭大宾。每自诲其心曰:"以若之不俊不明,而又使欲恶欹曲攻于内,且决事于冥冥之中,无暴扬报效之虑,遂恣行私,易也。然而阴潜之神,必有记善恶之馀者,以君父之遇若如是,而犹举枉措直,可乎哉?使若之心忽而为他人尽,数若之所为而终不自愧,斯可矣。"昔鲁共王馀画先贤于屋壁以自警,临我以十一贤之名氏,岂直自警哉!由是谨述其迁授,书于座隅。长庆元年八月十日记。

(《全唐文》卷六百五十四)

白居易

居易,字乐天。其先太原人,徙下邽。贞元十四年进士,元和元年制策乙等。累转主客郎中知制诰。文宗朝授太子少傅,封冯翊县侯。会昌中,以刑部尚书致仕。大中元年卒,年七十六。赠右仆射。(《全唐文》卷六百五十六小传)

江州司马厅记

自武德以来,庶官以便宜制事,大摄小,重侵轻。郡守之职,总于诸侯帅;郡佐之职,移于部从事。故自五大都督府至于上、中、下郡,司马之事尽去,唯员与俸在。凡内外文武官左迁右移者,递居之。凡执役事上与给事于省寺军府者,遥署之。凡仕久资高耄昏软弱不任事而时不忍弃者,实莅之。莅之者,进不课其能,退不殿其不能,才不才,一也。若有人蓄器贮用急于兼济者居之,虽一日不乐;若有人养志忘名安于独善者处之,虽终身无闷。官不官,系乎时也;适不适,在乎人也。

江州左匡庐,右江、湖,土高气清,富有佳境。刺史,守土臣,不可远观游;群吏,执事官,不敢自暇佚。惟司马,绰绰可以从容于山水诗酒间。由是郡南楼、山北楼、水滋亭、百花亭、风篁、石岩、瀑布、庐宫、源潭洞、东西二林寺,泉石、松雪,司马尽有之矣。苟有志于吏隐者,舍此官何求焉?按《唐典》:上州司马,秩五品,岁廪数百石,月俸六七万。官足以庇身,食足以给家。州民康,非司马功;郡政坏,非司马罪,无言责,无事忧。噫!为国谋,则尸素之尤蠹者;为身谋,则禄仕之优稳者。

予佐是郡,行四年矣,其心休休如一日二日。何哉?识时知命而

已。又安知后之司马,不有与吾同志者乎?因书所得,以告来者。时元和十三年七月八日记。(《全唐文》卷六百七十六)

许昌县令新厅壁记

民非政不乂,政非官不举,官非署不立,是三者相为用。故古君子有虽一日必葺其墙屋者,以是哉。

许昌县居梁、郑、陈、蔡间,要路由于斯。当建中、贞元之际,大军聚于斯,兵残其民,火焚其邑,大田生荆棘,官舍为煨烬。乘其弊而为政,作事者其难乎!

去年春,叔父自徐州士曹掾选署厥邑令,于是约己以清白,纳人以简直,立事以强毅。以清白,故官吏不敢侵于民;以简直,故狱讼不得留于庭;以强毅,故军镇不能干于县。由是居二年,民用康,政用暇。乃曰:"储蓄,邦之本。"命先营囷仓。又曰:"公署,吏所宁。"命次图厅事。取材于土物,取工于子来,取时于农隙。然后丰约量其力,广狭称其位;俭不至陋,壮不至骄,庇身无燥湿之忧,视事有朝夕之利。官由是而立,政由是而举,民由是而乂。建一物而三事成,其孰不趋之哉?

呜呼!吾家世以清简垂为贻燕之训,叔父奉而行之,不敢失坠,小子举而书之,亦无愧辞。若其官邑之省置,风物之有亡,田赋之上下,盖存乎图谍,此略而不书。今但记新厅之时制,与叔父作为之所由也。先是,邑居不修,屋壁无纪,前贤姓字,湮泯无闻。而今而后,请居厥位者,编其年月名氏,自叔父始。时贞元十九年冬十一月一日记。(《全唐文》卷六百七十六)

皇甫湜

湜,字持正,睦州新安人。第进士,补陆浑尉。仕至工部郎中。(《全唐文》卷六百八十五小传)

吉州庐陵县令厅壁记

在《易》之爻,二与四同功,其善不同。二多誉,四多惧。四之多惧,以近君也。今州之近县,当刺史理所,其难为与支县相百,宜矣哉。

庐陵户馀二万,有地三百馀里,骈山贯江,扼岭之冲。材竹铁石之赡殖,苞筐鞶缉之富聚,土沃多稼,散粒荆、扬,故官人率以贪败。令日两趋州衙,退,祇承、录判、将校,事之纷错,率相关临。烦言易生,凡事难专,故愈不理。近年百姓创罢,征赋发断,其人益讹。与处险易以亡匿,尤轻犯禁。夫以不专之理,理益讹之俗,承积弊之馀,虽使冉季复生,将不能也。

今清河张君儇为之理,适得良二千石。俾颛其政而展其材,居未再稔,最于一郡。张君恂恂以奉上,煦煦以字民,剸繁决剧以通敏,弹豪纠黠以沉断。清白之操,较然绝类,便安之谣,流而远闻。宜举其卓卓,以敦沮劝。县之故习:令将之邑,佐发敛,盛粻糒,具车航,千里迎拜。君以让却之,单艇赴官,则吏皆廉。县之故习:令始至,取官羡物,益备器用,团乡次役,以供刍粟。君以法谕之,一切禁绝,则民知耻。布其大信,推以至诚,促严吏家,慰懋民户,故秋夏之税,先期而集。宥过以容不逮,奖能以劝不修,为魁而萃顽者,取一以警百,故政刑之简,期月而治。以俸钱葬枯而恩浃,以家饮救渴而泽周。萼合兄弟之析居者,而民以养;鷇复老弱之流庸者,而疆以实。和气潜通,连岁大穰,庭内闲闲,似密与蒲。

余既埋厄,斥置于此,始来而弘农杨君敬之具为余话君美谈。既接益久,得实其闻,乃刻山石,鑱厅壁,盛之以观永久。(《全唐文》卷六百八十六)

吉州刺史厅壁记

自江而南,吉为富州,民朋吏嚚,分土艰政。盖以近岁,适兹不幸,绍继无状。大官以降为者,羞薄而不省务;子弟以资授者,纵欲而不顾法,州遂疮痏。

御史中丞张公历刺缙、云、浔阳,用清白端正之治,诏书宠褒,赐以金紫,移莅于吉。下车之初,视簿书,簿书棼如丝;视胥吏,胥吏沸如糜。召诘其官,皆眊然如酲;登进其民,皆荼然而疲。公噫眙良久,于是大新其典,为之开之以修省简便,键之以勤强练密。凡事从宜处约,以躬率之,省费一倍。法防既周,铢两之奸无所容。墨俗斯息,单民得职。威令神行,惠利川流,未及再期,庶富而教,至于无事。百姓扶老提稚,载路而歌曰:

"昔吏訑訑,今吏詹詹。公能驭之,铅亦为铦,跖亦为廉。始继而苦,终优以恬。昔民嗸嗸,今民咍咍。公能抚之,鳏寡有怡,流亡既来。徭税先具,污菜尽开。向覆官仓,仓无斗粮。公来几时,积粟埋梁。向阅官库,库无尺缯。公来几时,山积层层。瑞露溶溶,降味公松。瑞莲猗猗,合蒂公池。公有异政,神之祚之。民歌路谣,冀闻京师。天子明圣,恩光远而。"

于是掾吏将卒,趋伏固请,愿书于公堂之北壁。夫堂壁有记,本以志善俊恶,名氏迁次末也。矧东西之旧则备,今用纪编,以首能为政,垂为后式。(《全唐文》卷六百八十六)

睦州录事参军厅壁记

入州门东,六曹之联事所署。都其任者,厅于门西。经始之意,众未喻也。

前刺史李君为政更年,大惠一州,记征始闻,而未至也,思宜利所遗。步览庭内,顾以兹为不厌,虑材鸠庸,即日即工。冯宽显构,相前增葺,俨然华就,翩然乐迁。六县之骏奔,于是乎肃序;百胥之事,于是乎总齐;郡官之退食,于是乎逶迤矣。利不十,不变法,其斯之谓乎?

录事参军既荷宠饰,有怀章示,具以厅壁为记,宜异也,谓湜书之。元和八年四月三日记。(《全唐文》卷六百八十六)

荆南节度判官厅壁记

荆山之南,府压上游,置尹视京、河,置使视扬、益,同巴蜀、吴越之治。臻自上古,为天下敌,在今为咽胭之地。置荆南之治否,乃天下低昂也。夫根之坚,扶之必以枝;毂之环,运之必以轮。其宜介之庸贤,乃使之幽光也。

御史大夫河东裴公,尹正大都,节度群州。置幕柬尽敬之诚,以序宾客,得弘农杨用乂,首分于其军。膏宣烛明,风助震声。蹲蹲貔螭,万肺如串。乃新治所,爰奠宾客。前是相承,即据而安。以眘容菆,以稚凭顽。既谬既渎,瑟缩未帖。兹止厥位,俾齐厥务。于是用乂立厅于此,不偪不丰,退食从公,式治于中,爰得我容。

思耆定于永久,莫若书壁之白,故用乂索我以文。(《全唐文》卷六百八十六)

符　载

载，字厚之，蜀人。隐居庐山。李巽观察江西，辟掌书记。试太常寺协律郎，授监察御史。（《全唐文》卷六百八十八小传）

邓州刺史厅壁记

国家自禄山犯德，五兵勃起，毒流天下，于邓最剧。是州也，地宜政事，与他郡不类，故得详备而记之。按《天官书》："角、亢之下为邓。"邓侯吾离之国也，本楚地，六国时属韩。秦昭王三十五年，取韩地，置南阳郡。既灭韩，徙天下不轨之人而实之。至两汉间，多封勋庸大臣、外戚主家。气高野旷，地方千里，控二都之浩穰，道百越之繁会。藩阃桐柏，陂池江汉，商于临汝，环我股臂。故自前代至于我唐，战争攘夺，千载不息，多为暴强者攻取之。其望雄，其俗豪，斗伉健，尚畋猎。藏亡匿死，横猾难制。其有临之者，疏致不中，辄失声实。

天宝十五年春，鲁炅自商州刺史御史中丞领是州牧。是年六月，二京陷于胡虏，虏帅阿史那、王立、李节来寇我焉。鲁接战，大败之。其明年春，逆将武珣复围我焉。鲁培墉补卒，坚峙自据，正月至于八月不下。他日绝食，整旗犯出，彼将乘病而困之。反手与斗，贼颇横溃，因退保我城焉。鲁屯居顺阳山谷中，积数月。肃宗皇帝升宝位灵武，诏加御史大夫襄邓节度，复牧我垒，完葺如故。

至德初，寇仇灭定，颖国公来瑱以御史大夫代鲁公之政。先是，有骁将李钊、梁崇义者，二人素齐名，皆负威望。会来朝京师，钊得授权柄，崇义不欲出其下，攘城纵迹，因杀而并之。代宗含垢务理，未即显戮，遂署为襄阳节度，是州隶焉。崇义以受命之际，状不明白，蒙秽跛扈二十馀年。晚节谋叛，无臣子道，天子命淮西节度李希烈诛之。

希烈无妄生衅，复以怒取，使宿贼封有麟主张焉。建中四年，希烈僭逆于梁，诸侯之师荷戟四会，有麟亦婴城自守，连攻不拔。景寅岁，皇帝厌乱，淮西始定，连帅陈仙奇裨将李季汶来讨之。季汶雅有胆略，以机擒敌，以诚誓众，遂枭有麟以闻。

是时，天子尤宝邓为咽喉之地，以为兵戎之后，黎人破碎，苟非贤哲，不能生活，乃诏尚书金部郎中王公绥而治之。其始至也，宣天子之恩泽，使民沐浴之；垂方伯之教令，使民承受之。然后以大诚受物，以至信结物，以玄机运物，以严禁肃物；构坏竿为庐舍，销遗镞为锄耟，伐蒿莱为场圃，掘腥秽为泉井；交父子之欢，正夫妇之伦，依仁化者，如水赴壑。首年而富，中年而教，季年而政成。其籍版自四千户至于万三千户，其藏屯粟自三千斛至数（一作四）万斛。其馀饰传遽之舍，作栖旅之馆，储什器之用，盖馀力也。先是，有奉天御侮臣十数辈，上多其功。既侯王之，复赐得公田五十万亩，以我郡壤宽且腴，将并力焉。公以为邓在邦畿千里之内，诡随授与，则上以耗天子之地，下以贻齐民之困，坚秉古制，不输尺土。此又政之殊尤者也。

於戏！民之生也，如鸟兽然，饥食渴饮，难驯易骇。名公端士，承时之平，因俗之阜，或以智力理之可也。若移之于疮痏毒痛之后，非德信积中，和粹发外，以诚被物，如父爱子，则何以臻于此？夫人君在上，百辟在下，其欲正生人之性命，敷大中之教化，扶淫僭之风俗，行明白之刑赏。非有功者，则不得操其柄焉。故刺史于他官为重，汉制秩中二千石，冠进贤，银印青绶，隼旟龙节，盖所以大其威而昭其德也。今天下郡国，仅四百馀所。上忧黔首，垂意于理，有淳政被民者，增秩赐金。如汉宣帝时，济济多士，作民父母，遐迩一德，同思于理，则雍熙仁寿之化，岂其远乎？

载寓游乐土，闻公抚凋瘵之民也善，故书宇下，以贻为政。或足文行佞，亦无取焉。自贞元二年夏五月，郡公名氏、品秩，迁授雄剧，年代浸远，亦列叙其次，使将来者览之，端如贯珠也。五年八月十五日记。（《全唐文》卷六百八十九）

江州录事参军厅壁记

　　录事参军之于郡县,纪纲也,车辖也。纲弛则目疏,辖抗则载输,政之成败,亦由是也。自汉魏以还,历江左,郡有督邮主簿。后魏北齐后周隋文,州有录事参军。炀帝时,罢州置郡,有东、西曹掾主簿。国朝省掾主簿,复为录事参军。其于勾稽失,纠愆谬,省抄目,守符印,一州之能否,六曹之荣悴,必系乎其人也。其人强,其务举;其人困,其务削。循名考实,岂容易哉!况浔阳,古郡也。地方千里,江涵九派,缗钱粟帛,动盈万数。加以四方士庶,且夕环至,驾车乘舟,叠毂联樯。威猛则腾口以飞讪,阿懦则腹非而生消。重轻之得,尤难其人。

　　陇西李尹少昌,切玉刺钟之利也,恪勤强毅,当官而行。其于公家也,不掩善以蔽才,不隐过而贷非,不苛细以作烦,不阔略而破方,刚柔疏致,雅得其度。由是官府有程准,案牍无留闲,游我宇下,清风凛然。是时郡守李公,以巨鹿超异之政,来领此郡。内用六条,外理百姓,使人人门户兴行孝睦,井赋均一。然后从容郡阁,时与羽衣、缝掖讲黄老言,其馀枝叶节目,委于有司而不领。故李君得以息心奉法,上事牧守,下督寮吏。畅于中,发于外,人无间言也。

　　夫士无贵贱,尊有道也;位无大小,观有政也。苟素飧碌碌,俛躬处厚禄,虽多亦奚以为?是宜书录事之美于壁间,耸善而儆不肖,盖《春秋》之微旨矣。先是,此庭此宇,荒凉褭黩,端士不履。今前后有修竹,左右有廊庑,穆然清邃,皆自我焉。聊记述之,序遂以李君为首,亦所以重绩而新厅也。(《全唐文》卷六百八十九)

李德裕

德裕,字文饶,赵郡人,宰相吉甫子。文宗朝,拜兵部尚书,以本官同平章事,封赞皇伯,为中书侍郎集贤殿大学士。罢为兴元节度使,徙镇海军。武宗立,召授门下侍郎同平章事兼左仆射,守司徒,进太尉,封卫国公。宣宗立,以太子少保公司东都。再贬潮州司马,又贬崖州司马。卒年六十三。(《全唐文》卷六百九十六小传)

掌书记厅壁记

《续汉书·百官志》称三公及大将军皆有记室,主上表章、报书记。虽列于上宰之庭,然本为从军之职,故杨雄称"军旅之际,飞书驰檄,用枚皋"。非夫天机殊捷,学源浚发,含思而九流委输,挥毫而万象骏奔,如庖丁提刃,为之满志;师文鼓瑟,效不可穷,则不能称是职也。

昔安丰侯窦融征还京师,光武问曰:"所上表章,谁与参之?"融曰:"皆从事班彪所为。"及窦宪贵宠,班固、傅毅之徒,皆置之戎幕,以典文章。宪邸文章之盛,冠于当代。魏氏以陈琳、阮瑀管记室。自东汉以后,文才高名之士,未有不由于是选。其简才之用,亦金马、石渠之亚。况河东精甲十万,提封千里,半杂胡驿,遥制边朔。惟师旅之威容,为列藩之仪表,典兹羽檄,代有英髦。间者吴少微、富嘉谟、王翰、孙逖,咸有制作存于是邦。其所不知,盖阙如也。

暨太尉临淮王总节制之师,德裕叔父尝与斯职。寻以才识英妙,肃宗召拜监察御史。厥后仆射高贞公、今河阳节度令狐公以人文掌宸翰,国子司业郑公、给事河南尹杜公以才华登贵仕,继斯躅者,不亦盛欤!丙申岁,丞相高平公始自枢衡以膺谋帅,以右拾遗杜君为主记。明主惜其忠规，复拜旧职，寻参内庭视草之列。次用殿中侍御史崔君。德裕获接崔君之后，文学空虚，才术莫逮。继清尘于吾祖，挹芬烈于前贤。

先是，庑廊之下有丰碑，纪其名氏而不书职业。今再刊斯记于本署西垣，以高平公统戎为始。元和十四年四月十一日记。（《全唐文》卷七百八）

韦处厚

处厚,字德载,京兆万年人。本名淳,避宪宗讳改今名。元和初进士,又擢才识兼茂科。穆宗朝,拜兵部侍郎。文宗立,以佐命功拜中书侍郎同中书门下平章事,封灵昌郡公。太和二年卒,年五十六。赠司空。(《全唐文》卷七百十五小传)

翰林院厅壁记

魏晋已后,复典综机密,政本中书,诏命词训,皆必由焉。唐有天下,因袭前代。爰自武德,时有密命,则温大雅、魏徵、李百药、岑文本之属视草禁中。乾封年,则刘懿之、周思茂、范履冰之伦秉笔便坐,自此始号"北门学士"。皆自外召入,未列秘署。玄宗开广视听,搜延俊贤,始命张说、陆坚、张九龄、徐安贞辈待诏翰林,厥后锡以学士之称。盖由德成而上,与夫术数工艺,礼有所异也。

逮自至德,台辅伊、说之命,将坛出车之诏,霈洽天壤之泽,导扬顾命之重,议不及中书矣。尺牍旁午,章奏丛至。指踪中外之略,谋谟帷幄之秘,阴阳造化,嘉猷密勿。萌制乎将然,事构乎无形,皆功归元后,而德播兴运。循名迹者,莫窥其辙;想风彩者,孰究其端?虽然,臧否无得而称矣。贞元中,由此而居辅弼者十有二;元和中,由此而膺大用者十有六。近日丞相府不由内庭者,断国论,宰法度,虽有利器长材,未免缺折掉挠。建中以来,简拔尤重。故必密如孔光,博如延州,文如卿、云,学如向、歆,器如黄、颜,直如史鱼,然后得中第。士之游心处己、景行于六如者,而又饰之以洁球璋之行,贯金石之诚,虽潜声匿迹,莫能脱。

汉时始置尚书郎五人,平天下奏议,分直建礼,含香握兰,居锦帐，食太官。则今之翰林，名异而实同也。时论以为登玉清、翔紫霄，岂蓬山、瀛州而足喻乎。齐桓公纳厮人编栈之说，以为直木傅直，则曲无由至；曲木傅曲，则直无由至。后之君子，戴明圣，协盛时，推厮人之规移于引贤，使如贯珠骈璧，则瑕瑜不杂矣。

内给事李常晖、内谒者监王士政并掌院事，延于十年，与直徇公之议，聆于朝端。中书舍人杜元颖、兵部侍郎沈传师洎诸学士皆涉历岁久，备乎前文者也。李常晖以北阁旧记室别堵殊，义非贯通，改于前厅，金以为便。圣上绍复坠典，留神太古，处厚因与司勋郎中路隋职参侍读，通籍近署。纪述之事，前托沈传师。沈公以为称善之在己，不若使其人。让于处厚，无以辞。时皇帝统临四海之初元也。
(《全唐文》卷七百十五)

吕　让

让，潭州刺史渭子。官太子右庶子。(《全唐文》卷七百十六小传)

楚州刺史厅记

稽圣人栋宇之用，博矣。太上垂典法，利众庶；其次革坏弊，镇形胜；其次辨尊卑，示升降；最下炫彩色，饰土木，华其视、荣其体而已。若参而合之，则贤智公侯之居也；若舍其本而务其末，则货殖匹夫之居也。能是制者，不亦鲜乎？

扬州属都，楚实甚大。提兵五千，籍户数万，其事雄富，同于方伯。然则刺史大厅，卑而且俭，紊诸侯之等威。每冬至岁首，文武毕集，内不足以陈俎豆，外不足以容卒卫。及夏秋之交，淮海蒸湿之气，中人为病，多至烦热愤闷。居常无以逃其虐，有事宴于斯，皆翕翕流汗，往往仆于地，不卒其会而散。自刺史至将校百吏，尽知其不可，思欲改造。而久远已来，为日者、巫人称阴阳鬼神之事以沮之。且曰："岁深有物来凭，更之则不利。小以罪贬，大以凶终。"杂然其说，如出一口。前守或有构材、定日，视之惕息，卒不敢毁而止。

太和七年，天子以大理少卿荥阳郑公活无辜当刑者四十馀人，殊其绩，命守于楚。既至累月，威肃仁覆，罔不得理。戎行农室，遽告无事。公将易前非，诚询于众。众果以咎征止公，公笑而谕曰："吉凶由己，灾不自起。况阴阳变化，人事之符。勿忌勿拘，以道为模。苟不失正，无贰其图。敢断不疑，鬼神随之。与众共利，曷虑于危？秉直在公，余为蓍龟。"乃筑崇基，乃创宏规。悦使乐成，不亟不迟。法度既备，丹素亦施。清气和风，旦暮飔飔。氛厉不干，笑语自怡。大会其中,寒暑皆宜。骈罗鼓钟,间发埙篪。剑士伎儿,饮食熙熙。以宽以容,逮于养厮。观迩及远,何物不绥。不祥之词,沉寂无为。守正之报,必及其期。则郑公持大权,临大节,不挠其惑者,用此心也。

昔贤行事,亦有据经合道,不夺阴阳鬼神之说,然未有决然违俗,与众祸福之见,牢甚不可破。如此其著直,岂非明识达量,以义忘私,不苟一时,遗利后代耶?使有土二千石,去蠹除弊,悉若是举,天下何忧于不理哉?且《诗》咏《斯干》,《易》规《大壮》,皆美居处有制度,可以化人成俗也。

八年夏,予罢郡西归,道出于此,而是厅新成。忝《春秋》之徒也,见不朽之作,而无述焉,心窃耻之,请书本末,以告来者。其他善政能事,有风俗言,故不采列于记上。太和八年八月一日记。(《全唐文》卷七百十六)

吴武陵

武陵,信州人。元和初进士,官太学博士。出为韶州刺史,以赃贬播州司户参军。(《全唐文》卷七百十八小传)

阳朔县厅壁题名

群山发海峤,顿伏腾走数千里而北;又发衡巫,千馀里而南;咸会于阳朔。朔经四百里,孤崖绝巘,森耸骈植,类三峰九疑,析成天柱者,凡数百里。如楼通天,如阙凌霄;如修竿,如高旗;如人而怒,如马而骧;如阵将合,如战将散。难乎其状也!而又漓江、荔水,罗织其下;蛇龟猿鹤,焯爚万怪。

县界山间,其土壤方百里。其势险,其形蹙,千人守之,十万不能攻。东制邕容交广之冲,南挹宾峦岩象之隘。一日有盗,则吾挹其吭而制其变,皆由善命理者常选于地。县治西七步有石渠,其浚十仞。渠之下有洞,洞有水,水深百尺。上有亭,可以宴乐游处。肆在亭西,廪在肆西。士宦胥吏,黎民商贾,夹川而宅,基置山足。山多大木,可以堂,可以室。其花四时红紫,望之森然,犹珊瑚、琼玖。予又不知夫昆仑、崆峒,其名安取而胜兹?籍户五千,其税缗钱千万,于桂为大。俗犷人狡,尤难于正。

宝历元年,正大夫有事罢,渤海李浞以能贤补其阙。浃时而俗咸变,斯又以见吾宰之官人也。明年春,予使番禺,浞因谒于亭。予视其吏肃然,视其亭修然,无喧哗之异。惟城无隍,予勉之凿,曰:"诺。"惟门无台,予勉之修,曰:"诺。"惟廨宇之倾圮,予勉之葺,曰:"诺。"其应响然如转圜,是其材不啻为是县邑矣!思荐天下士以补。其大小之任,可为滕、薛,舍是何称?遂书其垣曰阳朔摄令厅壁记,以旌浞勤。

县在吴为始安,在隋而易之。更二百年,以前名氏,予不得闻。彼奇伟倜傥之难有若人也如此,故记。后之从政者,可不仿哉!(《全唐文》卷七百十八)

杜元颖

元颖,宰相如晦裔孙。贞元末进士,又擢宏词。元和中,累迁司勋员外郎知制诰。穆宗立,超拜中书舍人户部侍郎承旨。长庆元年,同中书门下平章事,加上柱国,封建安县男。罢为剑南西川节度使,再贬循州司马。卒年六十四。赠湖州刺史。(《全唐文》卷七百二十四小传)

翰林院使壁记

圣明以文明敷于四海,详择文学之士,置于禁署,实掌诏命,且备顾问。又于内廷选端肃敏裕迈乎等伦者为之使,有二员。进则承睿旨而宣于下,退则受嘉谟而达于上。军国之重事,古今之大体,庶政之损益,众情之异同,悉以关揽,因而启发。若非有达识,有精材,一心守公,百志根正,则曷能保维密勿之际,传导吁俞之间哉!故尝由是职,必极其位,有若今之右军梁特进、枢密刘监焉。

当先圣躬勤万务,志清九有,筑坛互登,持柄骤移。赞命于是乎出,号令于是乎发。急宣密付,波至飙去。二使之任,尤所重难。乃以今内给事李常晖、内谒者监王士政继领其职。既而扫殄淮蔡,廓平海岱。有魏以六州底贡,常山以二郡献地。北逐犬戎,南剪溪蛮。凡兵事之所会,符檄之所至,筹略之所授,告谕之所加,决于一言,歘以万里。得失以之而定,安危以之而分。降自九天之上,行乎四海之外,无不面奉宸断,兢兢跼蹐,喘汗之中,揣切必究,毫芒靡失。不有绝人之神用,其孰能处于此乎?勤劳夙夜,亦云至矣。

我皇初缵宝祚,特加宠奖,荣以金印紫绂玉带之赐,寻又就迁命秩,勋阶兼崇,盖举劳以行赏也。尔其耸善向义,爱才好直,周旋蠢暮,率履无越。每闻激忠之词,及有所论,必加慰勉,欣喜外形,此又列内庭者所共幸也。至于增葺院署,使群英有游处之安;栽培松筠,使多士有吟玩之适;表里融畅,始终坚全,固不易得也。若无题叙,则将来者何以景行之?因移学士旧记,遂征前院使之官族,断自元和已后,列于屋壁焉。(《全唐文》卷七百二十四)

卷　七

沈亚之

亚之,字下贤。吴兴人。元和十年进士,历殿中丞、御史内供奉。大和初,为德州行营使判官,谪南康尉。终郢州掾。(《全唐文》卷七百三十四小传)

栎阳兵法尉厅记

尉之曹,兵法居末。兵法之任,在天下郡首长之臣,且难其理,而况畿之在尉乎。栎阳,其瘠沃相半。豪户、寒农之居,三分以计,而豪有二焉。其父子昆弟皆卒,名南北东西军,圜卫杂幸之恃,或籍书从事、星台乐局、织馆雕坊、禽儿膳者之附,而又媵女为之盘络,是多类者。非独不得为县民之众驭之而已,亦且冯缘蔓横,以业吞渔。狱之所操,动系于此。而禁局强曹,垂攀于前,援者持符以解之,固能移情以二法,使终决不必理。从高级下,相承而邪,而不能竟者,尤还于尉。其受役惟单产孱民。日征之一人,输径宫门,至于内庑,递漏严夜,给事诸王家及池园大厩,皆校尉遣之,岂尉之无虑也。

永贞前,诸畿自进士而得尉而升班者十六七,他入之尉而升者百一二。是尉皆摩心清视,以事察决用,以此自价。朝之末以此市若是,今虽统曹,不能强尉于无当。近世恩臣负幸,恶其踵进自致,即白上约下,以为尉未足拜;且塞誉排能,使升班之恩必有自,令视尉之风益贱。而今益轻矣!由观为尉者,俛俛自度,民之吞者肆其惩,弱者甘其困,奸者隙其欺,邑是者畏其为尤,属而决之。其兵法之原使无挠浊,其易乎哉!其易乎哉!

古者盘盂有书,盖诫其当器受量不陷也;钟磬必铭,勖其全声有待也。铸鼎记刑,子产之为也。尉也,兵法之曹,类此。不复矣!敢不有记,故附署而属诫焉。(《全唐文》卷七百三十六)

盩厔县丞厅壁记

盩厔道巴、汉、三蜀,南极山不尽三十里,北沮、渭。短长之补,于南而近。其野半为泽麓,故鼠倚稿而居。虽善捕伐,不能无伤于稼。说者以为汉孝武帝尝夜出射熊于是,而田人辄留执帝从者。由此观之,民情阻狠,古为难理。时犹逼畏指谏,即稍罢。然佞臣竟以帝耻不忘,遂籍民人田为五柞、长杨矣。

今又徙瓯越卒留戍邑中,神策亦屯兵角居,俱称护甸。而三蜀移民,游手其间。市间杂业者,多于县人十九,趋农桑业者十五。又有太子家田及竹囿,皆募其佣艺之。由是奸民豪农,颇输名买横,缓急以自蔽匿。民冒名欺偷,浮诈相樛。虽贤宰处之,而丞与曹或不类,莫能尽枉直之情也。

夫丞之职也,赞宰之政,以条诸曹。其有不便于民者,丞能得不可。今丞也,余从祖居之。既满岁,民净不作。如此,则宰之所宰,丞之所赞,可谓知方也已。

长庆初,余思相如进谏之风,南历长阳,至于射熊、五柞,访其遗迹,因退舍是邑。遂悉论山川里俗之事,题于丞之署云。(《全唐文》卷七百三十六)

栎阳县丞小厅壁记

便署,所以接宾也。栎阳,岐诸陵,走左辅、蒲、太原、燕、赵、魏,山东至于匈奴杂虏之道,而诸侯使者及戎王聘贡之臣,交驰出是无虚日,而邑颇瘠于扰费。然而游宦客子,出入往来者,则公宾为寡也。夕馆而昼馔,自宰、丞、簿、尉,或不能支于给馈,而宾去,尝悒悒不快。

长庆初,燕、赵、魏侯者失理,卒乱。辱杀之,更自立新帅。大臣皆进意请讨,圜其境之诸侯,咸会兵袭战,飞蹄走辔之奏,传呼相追,而又降嫁匈奴中,故使者日至。若是,宜谓私宾不能加也。然又遣使陈、蔡、许、滑、大梁、彭城,皆发卒戍河北,督责米帛于两江之间,使百郡所挽无西入。由是天子之使,出入潼关者,日数十辈。大者乘马至百,小者不下十馀。邮马尽死于道,凡往来乘马畜者,无问其谁,皆夺之。故游宦客子,俱辏道栎阳中,计其众寡,复与公宾之数相高矣。

是时栎阳丞,当公主降匈奴,女使及迎者之部千人,天子使后宫贵御行饯于道,侍嫁大臣从官卫士亦数千人,夕顿田氏,遣丞供奉具,以能不扰民,一县之吏称善办。及归,乃计曰:"夫游宾四时之来,独夏其(一作而)为稀耳。我且与理一署,使其密,温礼以待之。然后以为家之给,与宾仆相等,是宁有忿(一作怨)宾哉?既以宾之来者,视其馆之穷罄,虽勇寒猛馁,必抱愧自餍于所飨。"

嗟呼!隆否之迹,由夫履也。其构在公堂之左(一作右)正寝西南隅,其形类厢二闲,覆厦于南陲。其就在长庆元年八月甲子也。(《全唐文》卷七百三十六)

解县令厅壁记

国家自诛叛以来,于今十年。征徭息繁,不胜于籍,租榷之法居闲,为民起横,县令不得专以子养之化理之。蒲盐田居解邑下,岁出利,流给雍、洛二都三十郡。其所会贸,皆天下豪商猾估,而奸吏踵起,则解之为县,益不能等于他县矣。盐田主官用郎吏,其佐贰下不出御史,操法绳縻,十九关于县令,而不得专,但奉府曹侯长之教而已。盐田细吏皆县民,其田园虽业籍于县,而令不得亲,但以县民之众,驭之而已。若是为令,与尤悔日争焉。苟非智良,不能日脱于横。

今令者,予之从祖也,且满岁,而尤不及,岂其厚于智乎?而又招亡民还业者数百。至于公堂便馆,葺饰者凡十馀。构工不劳民,又何多方也!长庆二年,予客其地,因受命而著(一作书)记云。(《全唐文》卷七百三十六)

河中府参军厅记

国朝设官,无高卑,皆以职授任。不职而居任者,独参军焉。观其意,盖欲以清人贤胄之子弟将命试任,使以雅地出(一作任)之耳。不然,何优然旷养之如此?其差高下,则以五府六雅(一作雄)为之次第。

蒲河中,界三京,左雍三百里。且以天子在雍,故其地益雄,调吏者必以其人授焉。噫!今之众官多失职,不失其本者,亦独参军焉。长庆二年,余客蒲河中城(一作府)。某参军,某族,世皆清胄,又与始命之意不失矣,乃相与请余记职官之本于其署。(《全唐文》卷七百三十六)

东渭桥给纳使新厅记

渭水东附河,输流逶迤于帝垣之后。倚垣而跨为梁者三,名分中、东、西,天廪居最东。内淮江之粟,而群曹百卫,于是仰给。惟平轻重之准为难,即主官不职,其咎何如哉?

长庆中,得儒臣杜生,以行御史主之。能谨法整吏,绝轻出重入之尤;明量信叙,无先贵后贱之弊。故官曹士卫之所仰给者,如取之家食焉。居再岁,加为外郎。因指其署曰:"夫渭津,傍控甸,邑诸陵,道左辅,出入河东藩,而公宾游士,过必临我。我,儒世家也,宜饰宇俟贤,以诚其敬。今公斋陋冗,无足为礼。"于是尽去之,募市其杰栋巨楹,文梁劲桷。既已具构,顾其中,可叙百榻。而儒良至者,必与讲谈其道,随其能否而梯级之。得久留其下者,虽屡车弊衣,则名日彰矣。今观渭津之创开署宇,为严虚广敞。意者得无欲天下之士,见其胸中之旷大乎。(《全唐文》卷七百三十六)

寿州团练副使厅壁记

战国南北书,更言故世诸豪,争据于寿春。或兵至百万,有不能得者,岂地势为要津乎!自建中以来,淮夷窟叛于蔡。天子之诏,或讨或赦,由是寿春备为东塞矣。为之守者,皆佩将军印,募府、符书之设,拟于方镇,而有副使之官焉。元和中,韦公武以殿中侍御史为之。

九年秋,蔡州叛,寿春守令狐通引兵屯霍丘,副使得孱卒百馀人留郡中。冬,蔡兵大入马塘,寇邓家城,杀其将卒五千馀人,尽虏民男女,焚坏邑室而去。郡中惊骇,民人多流其家而东。副使因言:"寿春,其地堑水四络。南有淠,西遮淮、颍,东有淝,下以北注,激而回为西流,环郛而浚入于淮,此天与险于是也。假如愚民能弃其业西流,即为蓬徙鹿走耳,安与国是为利耶?"乃出家奴与民户一丁,俱为水工,决安丰以南陂池,会其流于城傍野中,浸注如泽,以故居民流心稍稍复定。

时马塘、邓家城既陷,霍丘方畏。寇乘其虚,复飞语为谣,以惑其俗曰:"狐死首丘。"井闾多传言之,耆老曰:"果守不能保是矣。"守闻之益恐,遂弃其城,亡归。是日,霍丘焚。行未及郡,会日暮,使吏驰告副使以归状,令得夜开壁。吏至,壁卒捍关不得入,呼骂其卒。副使立城上曰:"某得命于诏城书,受,即昼。复之:今守独入而卒露,无为也。如驱与俱来,宁不知盗居其间,得夜,则祸成矣。或幸止于邮。"平明,辟关,介士陈兵夹道,验其号以入,卒无敢越伍而趋。居有顷,守谪去,诏以李将军代。将军西出强兵临万胜城,复以副使掌留事。明年,陟其能,得加侍御史。

是岁,亚之东观战,至寿春,得副使之迹,题之于署下,以记行事之时云。(《全唐文》卷七百三十六)

陇州刺史厅记

昔制戎于西安瀚海之时,而陇汧去塞万三千里。其处内居安如此,朝之命守,犹以为重地,必拔其良能。当时之务,其难者不过理宠门大家之田园陂池而已。观升平之基,其需贤如此。

今自上邽清水以西,六镇五十郡既失地。地为戎田,城为戎固,人为戎奴婢。顾陇、泾、盐、灵,皆列为极塞,而陇益为国路。凡戎使往来者必出此,视其守由主人也。其言语威仪,岂容易而处近世者。朝之命守,殆未能注意耳。

今清河崔公承宠世仕安西军司马。公生长于戎,然而神性杰异,行贤智之路,颇通诸书,又能博九州山川之理,而国中之士,知而仰者无几人。近岁,西戎累款塞。前年,今上即位,欲以姻交北虏,以辅中国,上书两言蕃之事。天子览书,以为必能伺戎夷之情,故命使之。今年,拜守陇州。拜之日,朝之卿士,咸谓陇之得贤为贺。居郡而戎来者,必惮爱而去。

呜呼!何向之命守未能注意,而今之郡守得其人贤?何向之知者无几,而今之称者盈朝?岂一郡之事,有时而理耶?一郡之人,有时而幸耶?智者之道,有时而用耶?

长庆初,余西视戎,至于陇下,闻郡人之所美,故列署而刻记焉。(《全唐文》卷七百三十六)

华州新葺设厅记

今天下邦郡之望,莫与太华等。然而公堂宴台无别位,顾几砚与饫乐之具,日更废置于其间。宁地势之要,为守者无久留于任,而经虑莫及此乎?

陇西公为守未满岁,郡中既治。因窥其庶屋可攻(一作改)者,乃先问其吏曰:"政之为困,何始也?"吏曰:"累更其守耳。"公曰:"吏知其病哉!夫几砚者,公事之重器也。以宴而迁,以(一作彻)宴而复,则居不得常。屡更其所,政之为困,不由此耶?且吏入公门,望其居则必庄,是几砚之处,宜其严也。今朝彻而暮置,事之者既劳,固以慢矣。而况酒行乐作,妇女列坐;优者与诙谐摇笑,讥左右侍立,或衔哂坏容,不可罪也。夫狎久则不敬,岂吾之独患,其吏亦丑之。"明日,解冗宇一构于正寝西南隅,堑其外数步,土基之。饰故材以榇用,垢者磨其淄,弱者承其轻。决流于其所,以便涂者。补栋续楹,不涉旬而功就。沼沚之湄,随而比矣。

嗟乎!转疣为安,不费而功,吾知其由人。长庆元年四月甲子,吴兴沈亚之仰公之迹,因请张文其下,纪其功焉。(《全唐文》卷七百三十六)

杭州场壁记

国家始以输边储塞不足于用,遂以盐铁榷估为助。使吏曹计其入于郡县近利之地,得为院、盐场之署,以差高下之等。顾杭州虽一场耳,然则南派巨流,走闽禺瓯越之宾,货而盐鱼,大贾所来交会,每岁官入三十六万千计。近岁,淮河之间,颇闻其费,自是汲利之官益重矣。

前年,京兆韦子谅官始县主簿,有能名。及秩谢当归,是时尚书职方郎崔稜为扬子留后使，闻其行，遂邀署之。既到，满岁，利权大登，吏无敢怠。与其为县主簿加勤也。或谓亚之学史，词无苟，故用是记焉。(《全唐文》卷七百三十六)

谪椽江斋记

谪椽沈亚之，廯居负江，方苇为墙，止于堤防之下。堂序四辟，巽隅道门。虽江风奔怒，鸥瀺鹭澡，顾檐庑之间，而挐绪不发。方暑，即尽提枕簟，假庥于佛域之中。虽缌衣烦厌，乃阳为不省也。

一日，谋廯其西厢，将面水以敞之。而笔吏王肩前语之曰："椽俸，箪而食，或不能给，尚能及堂屋之为乎？且廯宇非久托，即更之，得不为尤乎？况苇茅之葺，轻弱易腐，人人动历岁时，宁任再满所用。直使罄装并食以为之，无所顾，则郢坏阜磔。而泽游木生，多不能材。汉流耸急，束槛寡上，纵有必修巨(阙)重价，又不当是用。曷若无易其故欤？"亚之曰："诚尔也。然则吾以为肝者，胆附庸其中，为栖魂之馆。故能专视而佐意，随姿而启情。今汉流右吾之居，不过数步，壅拥之患，不得日睹，由邻颜、冉而不亲其德也。吾何能薄其实而厚其浮哉！"

遂召工人庸人茅涂之者与计之，磨淄洗故，得充用者十五。太守闻之，与其薪十四。其馀则搜剪补辅，然后配材就构。虽细短不委，各辐辏以任。一栋七柱，助柢楣二梲，覆厦狭庑，重左而单右，若翅之将翔然。蕉旗竹箸，分植丛列，为寻风筛月之饵。方槛短折，面江虚波。炳嶂委霞，影对彩红。碧帜舍奔，给于所瞩，远迩高卑，龙若交党，为宵清晓爽之借。暴阴色蒸，雷扇蹈震，神冶鼓焰，如金缃腾，摎趑缫搣，为飑烛挥铓之骸。翁然颓云，若然漏曜，倏闪态状，若笑若怒，相为端绪。冯坐之中，足以自广。时太和五年五月十九日也。(《全唐文》卷七百三十六)

淮南都梁山仓记

汴水别河而东合于淮。淮水东，米帛之输关中者也，由此会入。其所交贩往来，大贾豪商，故物多游利，盐铁之臣亦署致其间。因择官分曹，以榷庶货，而部贡之。吏尽令盐铁诸官，校遣之疾徐用赏罚。大梁、彭城控两河，皆屯兵居卒，食出官田，而畎亩颇夹河，与之俱东。仰泽河流，言其水温而泥多，肥比泾水。四月农事作，则争为之派决而就所事，视其源绵绵，不能通槁叶矣。天子以为两地兵食所急，不甚阻其欲。舟舻曝滞，相望其间，岁以为常，而木文多败裂。自四月至七月，舟佣食尽，不能前。

元和九年，陇西李稼为盐铁官，掌淮口院。病其涸滞，思欲以为救，而乃与扬子留使议之曰："今闽越以西，百郡所贡，辇挽皆出于是。而以炎天累月之久，滞于咫尺之地，篙工诸佣，尽其所储不能赈，十年之食，只益奸偷耳。几或有终岁而不得返其家者！今诚得十敖之仓，列于所便，以造出入，计无忧也。正月，河冰始泮，尽发所蓄而西。六月之前，虚廪以待东之至者。如此则役者逸，而弊何从生哉？"议定，即以状白，得遂其便。于是稼度泗土卑湿无堪地，遂创庾于淮南都梁山。

十二年，诏以诛蔡之师食窘，促令盐铁所挽皆趋郾城下。是时，下淮南仓发舂，吏计舂。其工人曰："舂材必栎若榆。"吏欲令工就山林剪市之，稼曰："夫火方焚，日将燋。万家当顷刻之间，虽得弊秽之器，奋浊污之波，百夫汲而扬之，立足灭患。如曰不然，我欲利其器，待我柘桂之杓，致滂池之流，操以救之，彼言而后谋，则然灰尚不可望，而况全者。今县军十万，旦暮不赈，其为急也。间不容厘，今待汝访山求材然后用，何异乎柘杓滂流之语耶？其仓材所剪之馀，大可以为臼，小可以为杵，长可以为杵之梁，簿可以为胜枢夹峙。"促命裁之。即日而舂，成百具。其馀米与吏分办之，先以家奴就役，次及群吏，各有差。所春凡二十八万石。不涉旬,俱得浮淮而西矣。

十三年夏,泗水大灾。淮溢坏城,邑民人逃水西岗,夜多掠夺,更相惊恐号呼。而盐铁货帛十馀万,乃囊之于布,缄用吏名。载与渡,货帛无遗尺,乃纳仓中,不能盈一敖,其馀皆荫仕家之急。时余过泗上,得其事,故与悉论善济之方,而著之以明其绩。(《全唐文》卷七百三十六)

刘宽夫

宽夫,赠工部尚书伯刍子。宝应中,为监察御史,转左补阙。(《全唐文》卷七百四十小传)

汴州纠曹厅壁记

郡府之有录事参军,犹文昌之有左右辖,南台之有大夫中丞也。纠正邪慝,提条举目,俾六联承式,属邑知方。致上(阙)于坐啸,举纲维之未振,俾侧者不敢挟其侧,奸者不敢萌其奸。法令修明,典章不紊,此其任也。

大梁当天下之要,总舟车之繁,控河朔之咽喉,通淮湖之运漕。丞相治所,鹓鹭成列。地辟土沃,兵多甲坚。人尚矜豪,气率骄蹇。有梁园兔苑之遗事,当四会五达之通庄。杂燕、赵悲歌之人,迩吴、楚剽轻之俗。为吏之道,不伦他邦。滔滔来往,断断阡陌。任刚毅则失于突犯,守谦卑则病于委随。刚则害身,随则弛法。贞元以来,戎帅自擅,威令己出,无复国章,堤防不完,徽纆荡失。调补斯任者,但叠迹敛手,以脱祸为心,何有意于勾稽,而敢思其职业者哉?

太和二年,琅琊郡葛公元方由天长令而莅焉。至则以为当今圣上务治,丞相镇静。以至清肃群下,以至公奉朝廷,凡所建启,惟道是适。苟踵弊于斯日,不以分画于兹辰,则缘奸积蠹,无时而去。于是端诚守职,以正束邪。以俭慎律同僚,以直方吹属邑。绰绰自立,职分随来。故得上下叶和,远近修整。法有刊定之制,军无侵渔之患。人存政举,其在于斯。游刃恢恢,肯綮无滞。主画诺而克胜其任,司准绳而无忝厥官,从容其间,进退不苟。其唯葛君乎!

元和中,宪宗皇帝励进理道,注意法律,特设科以招士,欲问明廷，后诏有司核其妍否。先君仆射公时为司绩外郎，实专斯寄，绝因缘之举，以公共为先，于数十人中，得君充诏。故君之行实，敢不详知。

夫公署有记，其来自远。灿名氏于屋壁，示成败于将来。俾善恶克彰，韦弦斯在，此盖《春秋》之旨也，岂可阙哉！葛君以余从事斯文，叨官倚相，见托论撰，无愧直书。太和三年记。（《全唐文》卷七百四十）

邠州节度使院新建食堂记

朝廷以新平扼东西夏，锁钥郊圻。将帅得人，则房马不敢东向而牧。今上注意边事，元年，命左仆射河东柳公专护塞之任。

公祗承诏旨，不敢怠遑。览风俗以施化，酌损益以制宜。文武交修，威和迭用。搜刓蠹于积弊，张纲维于尽隳。完兵甲，赍军粮。乐疮痍，粒饥饿。以信为囷，筑法为垣。人知向方，卒乘辑睦。我洁己而贪冒自革，我不动而云为曷生。表正形端，俗为丕变。邠之父老，重沐皇风。仲尼每言为政之道，可使三年有成。公孙宏对汉武，且云臣宏尚窃迟之。始为孟浪，今于河东公信之矣。

既而定名分，补废阙，饰宾署，宏讲宴。视使院之狭湫，顾会食之无所，因喟然而叹曰："夫为政之本，在于得人。燕以尊贤是称，卫以多士为美。今鳟瑗在列，而堂馆未严，非所以重樽俎、咨帷幄之意也。"因是从观马之旧亭，敞公府之新宇。增阶陛，所以示尊威也；卜高明，所以启顾虑也。大不逾制，崇不近奢。榱桷础闳，无不中度。翼张四檐，洞开双扉。冬霜不到，夏日潜却。可以备盘餐之品式，可以叙主客之威仪。可以寄琴樽之笑傲，可以筹政令之得失。

君子是知河东公之为政也，必自迩而逮远，自身而及物；以理易乱，以实易虚；以宏深易卑圯，以广壮易隘陋，皆此类也。府中僚介，无非正人。有若司马韦君、节度判官皇甫君，皆卿材也。无面从退言之诮,无躬厚薄责之嫌。其他或幄中号宝,或席上称珍,并擅价一时,不可遍举。韦君、皇甫君以余载笔赤墀,粗知旧史,可以传言,命为记之。时太和二年六月日记。(《全唐文》卷七百四十)

卷 八

杜 牧

牧，字牧之。驾部员外郎从郁子。第进士，复举贤良方正。文宗朝，官殿中侍御史。迁左补阙，转膳部、比部员外郎。历黄、池、睦三州刺史，迁司勋员外郎，转吏部，授湖州刺史。入，拜考功郎中知制诰。迁中书舍人。卒年五十。（《全唐文》卷七百四十八小传）

同州澄城县户工仓尉厅壁记

县之所重，其举秀贡贤也。今之自外诸侯之儒者，旷不能升一人，况尉乎？次乃户税而已。《史记·河渠书》曰："自徵引洛水至商颜下，凿井深者四十馀丈。"即此地也。徵者，俗讹为澄耳。其地，西北山环之，县境笼其趾。沙石相磕，岁雨如注，他皆淫滟不测。徵之土适润，苗则大获。天或旬而不雨，民则蒿然四望失矣。是以年多薄稔，复绝丝麻、蔬果之饶，固无豪族富室，大抵民户高下相差垺。

然岁入官赋，未尝期表鞭一人。因征其来由，耆老咸曰："西四十里即畿郊也，至如禁司东西军、禽坊龙厩、彩工梓匠、善声巧手之徒，第番上下户，互来进取，挟公为首，缘以一括十。民之晨炊夜舂，岁时不敢尝，悉以仰奉，父伏子走，尚不能当其意，往往击辱而去。长吏固不敢援复，况其养秩安禄者耶？加以御女官多盘冗其间，递相占附，比急热如手足，自丞相、御史，咸不能与之角逐，县令固无有为也。非豪吏真工联纽相姻戚者，率解去，是以县赋益逋。徵民幸脱此苦者，盖以西有通涧巨壑，义牙交吞，小山峭径，驰鞍马、张机置者不便于此，是以绝迹不到。兼之土田枯卤，树植不茂，无秀润气象，咸恶之而不家焉。民所以安活输赋者，殆由此。倘使徵亦中其苦，则墟矣，尚安敢比之于他邑乎？"

嗟乎，国家设法禁，百官持而行之，有尺寸害民者，率有尺寸之刑。今此咸堕地不起，反使民以山之涧壑自为防限，可不悲哉！使民恃险而不恃法，则划土者宜乎墙山堑河而自守矣。燕赵之盗，复何可多怪乎？书其西壁，俟得言者览焉。（《全唐文》卷七百五十三）

淮南监军使院厅壁记

淮南军西蔽蔡，壁寿春，有团练使；北蔽齐，壁山阳，有团练使。节度使为军三万五千人，居中统制二处一千里三十八城，护天下饷道，为诸道府军事最重。然倚海堑江、淮，深津横冈，备守坚险，自艰难以来，未尝受兵。故命节度使，皆以道德儒学，来罢宰相，去登宰相。命监军使，皆以贤良勤劳，内外有功，来自禁军中尉枢密使，去为禁军中尉枢密使。自贞元、元和以来，大抵多如此。

今上即位六年，命内侍宋公出监淮南，诸开府将军皆以内侍贤良有材，不宜使居外。上以为内侍自元和以来，诛齐诛蔡，再伐赵，前年诛沧，旁击赵、魏，且征师，且抚师，且诰且谕，勤劳危险，终日马上；往监青州新附，卧未尝安；复监滑州，边魏，穷狭多事；今监淮南，是且使之休息，亦不久之。故内侍至焉。

监军四年，如始至日。简约宽泰，明白清净，恕惜军吏，礼爱宾客，举止作动，无非典故。暇日，唯召儒生讲书，道士治药而已。内侍旧部将校，多禁兵子弟、京师少侠，出入闾里间，俯首唯唯，受吏约束。故上至相国奇章公，下至于百姓，无不道说内侍，称为贤人，此不虚也。宜其侍卫六朝，声光富贵。

某谬为相国奇章公幕府掌书记，奉内侍命为厅壁记。某再谢不才，不足记序，内侍曰："掌书记为监军使厅壁记，宜也。"某惭惶而书。时太和八年十月二十一日记。（《全唐文》卷七百五十三）

池州造刻漏记

百刻短长，取于口不取于数，天下多是也。某太和三年，佐沈吏部江西府。暇日，公与宾吏环城，见铜壶银箭，律如古法，曰建中时嗣曹王皋命处士王易简为之。公曰："湖南府亦曹王命处士所为也。"后二年，公移镇宣城，王处士尚存，因命工就京师授其术，创置于城府。

某为童时，王处士年七十，常来某家。精大演数与杂机巧，识地有泉，凿必涌起，韩文公多与之游。太和四年，某自宣城使于京师，处士年馀九十，精神不衰。某拜于床下，言之刻漏，因图授之。

会昌五年岁次乙丑夏四月，始造于城南门楼。京兆杜某记。（《全唐文》卷七百五十三）

宋州宁陵县记

建中初年，李希烈自蔡陷汴，驱兵东下，将收江淮，宁陵守将刘昌以兵二千拒之。希烈众且十倍，攻之三月，韩晋公以三千强弩涉水夜入宁陵，弩矢至希烈帐前，希烈曰："复益吴弩，宁陵不可取也。"解围归汴。

后数月，希烈骁将翟辉以锐兵大败于淮阳城下，希烈且蹙，弃汴归蔡。后司徒刘公元佐见昌问曰："尔以孤城，用一当十，凡百日间，何以能守？"昌泣曰："以负心，能守之耳。昌令陴者曰：内顾者，斩！昌孤甥张俊守西北隅，未尝内顾，摔下斩之。军士有死志，故能坚守。"因伏地流涕。司徒刘公亦泣，抚昌背曰："国家必以富贵尔,无忧也。"

天宝末,淮阳太守薛愿、睢阳太守许远、真源县令张巡等兵守二城,其于穷蹙,事相差埒。睢阳陷贼,淮阳能守,故巡、远名悬而愿事不传。昌之守宁陵,近比之于睢阳,故良臣之名不如忠臣。孙武曰:"善用兵者,无赫赫之功。"斯是也。

大中二年十一月十八日,将仕郎守尚书司勋员外郎史馆修撰杜某题。(《全唐文》卷七百五十三)

丁居晦

居晦,大和中,官起居舍人集贤院直学士。擢拾遗,改司勋员外郎。开成中,转司封郎中知制诰,迁中书舍人。拜御史中丞,迁户部侍郎。卒赠吏部侍郎。(《全唐文》卷七百五十七小传)

重修承旨学士壁记

尚书元稹《承旨学士厅壁记》,旧题在东庑之右。岁月滋久,日烁雨润,墙屋罅缺,文字昧没,不称深严之地。院使郭公、王公,皆以茂器精识,参掌院事。顾是,言曰:"吾侪鳌务,罄尽心力,细大之事,人谓无遗,而兹独未暇,使众贤名氏翳不光耀。失今不治,后谁治之?"遂召工赋程,不日而成。峭丽齐平,粉绘耀目;玉粹云轻,随顾而生;贯列豪英,使千万龄。无缺无倾,工役告休,命予纪完缉之美,旧记所载,今皆不书。开成表号之二年五月十四日记。(《全唐文》卷七百五十七)

郑处诲

处诲,字廷美。赠仆射澣子。太和八年进士。累迁工部、刑部侍郎,出为浙东观察使检校刑部尚书宣武军节度使。(《全唐文》卷七百六十一小传)

邠州节度使厅记

邠为古国,其俗质而厚,其人朴而易理。业尚播种畜扰,有后稷、公刘之遗风。始皇并天下,地属右辅。后汉析为新平郡。后魏改置豳州,国朝因之。开元中,诏以豳、幽为疑,因改为邠。天宝以前,太平岁久,西通伊、凉,万里而远,实为近郡。申王、薛王以亲贤之责居之,太尉房公以盛德之重居之。洎逆胡勃起幽、朔,西戎尘坌荡涌,乘艰难际,盗据河右。蕃兵去王城,不及五百里,邠由是为边郡斥候,近郊镇要害。大历中,尚父汾阳王始以朔方军壮其威容。后益选武勇骁健有胆决奇谋者继之。

今天子三年,西戎款关。献河湟数州故地,西鄙益拓。邠为近蕃,上念兵戎方息,边备愈远,始诏司空白公,由丞相府持节来镇。丞相功成继命,文雅忠恕之风,煦然而起。边人若寝痦拭目,心意苏醒,始知礼让文化之为急务。廷议以我季父尚书公前为夏帅,夷氓乂安,寇盗弭息。储廪果实,兵械果完,懋赏休绩。迁镇是军,季父又以理夏之政,移之于邠。邠人嬉嬉,薰为太和。

尝睹屋壁,志前帅是军者之名氏,因曰:"曩之帅此者,岂不知是耶?始务公车,而角材坚垒,未暇及此尔。吾既承数君子大理之后,敢不勤督吾之未至者。况今戎丑既夷,不宜独以鸣鼓鼙、教击刺为事。"因命疏自开元以来,刺是郡、帅是军者,追书于屋壁。季父尚书公曰:"吾思将有以警于吾前、警于吾后者。邠之土实,妇人无桑绩,不能自衣;朔方之军雄,男子勇于公战,无他业以自厚。故郡之人以耕稼为事,军之卒以勇敢得赏。后之抚于人者,宜勉农亩,时其征调,人不扰而完富矣;帅于军者,宜严其刑赏,时其衣食,卒不骄而勇敢矣。人既完富,卒既勇敢,生聚之,训练之,吾知青海之西,不数年为内郡矣!"命处诲记其始终,序于前后。处诲谨以季父之言志于后,将允于后之人,俾无怠。

大中二年三月二十日记。(《全唐文》卷七百六十一)

韦宗卿

宗卿，官银青光禄大夫、上柱国、华阴县开国男，食邑三千户。会昌三年，武帝下诏灭佛，宗卿以为非，撰进《涅盘经疏》《大圆伊字镜略》。武帝览已，下敕曰：韦宗卿士林望族，不能敷扬孔墨，翻乃溺信浮屠，妄撰胡书。其所进经已焚，其草本委中书门下追索焚烧。（释圆仁《入唐求法巡礼行记》）

简州刺史厅壁记

揆以气候，较以土宜，虽自成都，俱不如也。（《舆地纪胜》卷十四。此据陈尚君《全唐文补编》上册第942页）

蔡词立

词立,咸通十三年,官虔州孔目。(《全唐文》卷八〇六小传)

虔州孔目院食堂记

京百司至于天下郡府,有曹署者,则有公厨。亦惟食为谋,所以因食而集,评议公事者也。由是凡在厥位,得不遵礼法、举职司;事有疑,狱有冤;化未治,弊未去;有善未彰,有恶未除,皆得以议之,然后可以闻于太守矣。冀乎小庇生灵,以酬寸禄,岂可食饱而退,群居偶语而已。况虔居江岭,地扼咽喉,有兵车之繁,赋役之重。苟一物为害,则万姓何辜;一纲不提,则七邑何守?同舍诸公,得无属意焉?小子承乏,每惭尸素,志求短拙,忧心忘餐。或有公事之稽留,狱讼之冤滞,六曹之臧否,百姓之惨舒,农桑之失时,乡闾之蠹弊,闻见所未及,才智所未臻,希会馔以言之,共裨风化。

院食堂旧基圮陋,咸通七年夏,前太守陇西公遇时之丰,伺农之隙,因革廨署,爰立兹堂。环之高楼,翼之虚楹。有风月之景,花木之阴;无燥湿之虞,垫陷之虑。聚于此者,得无愧焉。处广厦,宜念巢居露寝者;食兼味,宜念糊口甑尘者;夏清凉,宜念曝日而耕者;冬温燠,宜念卒岁无衣者。苟用心如是,则日食万钱,无以为愧,岂惟公膳哉?

自创建之后,于今七年,未有纪述,深以为缺。小子伏役之暇,好读书为文,虽顾不才,聊用直录。咸通十三年五月三日记。(《全唐文》卷八〇六小传)

窦潏

潏,官京兆尹。出为宣、歙观察使。(《全唐文》卷八百二十九小传)

池州重建大厅壁记

盱巢虐池之二年,潏自平原郡得此郡。其始至也,无屋宇城壁之事,无市井人物之类。瓦骼凹亚,相甃杂视。一之月检访乡籍;二之月完聚疮痍;三、四月后,病者起,亡者归,瓦者投,骼者掩。明年春夏熟、冬熟,其归者、起者,有风雨之备。而江盗未息,天租无寄,故郡人有廨宇城壁之请。既城壁焉,则人得以避寇;既廨署焉,则物得以营帑。鼓角器械,厅堂檐庑,自濠暂周于四隅。其间合建置者,一无所阙。木端铁横,分别出入。

於戏!自永泰至乾符戊戌岁,是城也,以李仆射为祖。自乾符至于中和癸卯岁,是城也,潏不敢让劳。其基趾始末,存韩刺史"裴晋公语"中。銮舆幸蜀之四年冬,是年王师始克宫阙。记。(《全唐文》卷八百二十九)

杨 夔

夔,有隽才,为宣州田頵上客。知頵不足抗吴,著《溺赋》以戒之。頵不用,竟至于败。(《全唐文》卷八百六十六小传)

湖州录事参军新厅记

度材者定曲直于绳,较物者决轻重于衡。盖绳无欺,衡无私,故人所取镜也。今使五邑之吏,枉正无所逃;千里之情,毫厘无所差。束其内外,必蹈乎规矩;戢诸桀黠,知摄于刑宪。斯郡主簿有绳衡之无私,为得其任矣。

高阳许鏶,以前秋曹橡端于谳狱,诏宠之,迁陟斯任。自兵兴十五载,事隳宿贯。守国之法制,禀朝之政令者,由关而东,郡亦无几。惟吴兴遵国经,体旧章,上下谦敬,确然不渝。然此数万众兵之所给,固系于土赋。俾其役不重,敛不烦,吏不苛,民不疲,万目自正者,全在提其纲乎?君制事以义,制心以礼。节不为势易,志不为强夺。静以督其下,故其下肃;恪以莅其事,故其事简。由是众吏畏而庶务集,仅致于讼息而刑置矣。

广明中,妖巢揭竿以犯帝阍,遂俾翠华有西南之狩。梁郑周秦之甲,皆阁手无所敌。凡五改火,銮驾外驻。甲辰年,今太守以彭门之师,擒巢于莱芜,提其颅荐于成都。明年春,玉辇还阙,遂以功牧于吴兴。帝念殊庸,位不配德,诏加防御,以高其位。始开幕延宾,增吏拓制度。是取督邮之旧署,为防御使院。然后合功、廪、户三椽之厅,移居视印,绳堕于此。

夫檐楹迫则耳目泥,居处芜则思虑昏。今兹视于前则浅而露,觇于后则湫而陋,得无泥与昏乎?而又藁莜杂卉,荫翳阶序。列衙者乱其次，授事者丧其局。交肩骈足，亵礼亏敬。君乃命梓人，择瑰材，敞前楹，豁南荣，砥中唐，严层扃。设外屏以肃其入也，构环廊以庄其位也。撤旧增新，拥隘咸革。列目之物，罔不完美。睹其显敞，则夏夺其暑；居其奥密，则冬却其寒。地斯清，境斯胜，足以豁听视，爽精神，导中和之性，增冲澹之趣矣。君子是以知蕴智者于事敏，负才者应用周。如水于器，方员无所滞；如丝于色，玄黄无不入。如是则化圮为完，易卑为高。盖出于馀力乎？况君行己之道，及物之利，其察也鉴焉，臧否无匿；其信也潮焉，朝夕不忒。俗茹其正，吏饫其直。叔向所谓明察之官、忠信之长者，于此而见矣。

斤涂毕役，君以夔业于文，且谓："纪年表事，春秋之曩志也。兹厅之立，既始于我，而载祀莫纪，无乃取议于将来乎？其为我书之，无虚美，无加饰，惟实是编，足以贻后。"遂谨而日之。请题于东埔，以记厅之始。(《全唐文》卷八百六十六)

乌程县修建廨宇记

叔孙昭子聘于晋，晋受邾人之诉，执昭子置于箕，使吏藩之。昭子不以拘为意，止之舍，有坏必葺，去之如始至，故《春秋》贤之。今有受九重之命，母百里之民，凋瘵者系之以绥，讹弊者藉之以移，既休于公馆，睹其隳摧圮漏，忍而不治者，无乃取讥于君子乎？

丹阳余公，以再命尹于乌程。降车之期月，察讼决狱之暇，周视县署。其门倾，其厅欹，其墙圮，其庑偃。颓檐侧楹，倒移相倚。风雨罔庇，寒暑是窘。公叹曰："建之者何人？坏之者何心？既叨守邑，其敢不力自戆以图嗣修乎？"然属天末悔乱，兵火犹炽。专城而居者，其可无备乎？故我郡储甲数万，以戒不虞。而军须军饩，金赋于县，务繁力匮，久莫克举。公乃宵分而寐，五鼓而兴，行忖坐惟，不遑所安，近越于时，方克僝功。于是节冗费之用，鸠赎辟之金，偬力于农休，徵功以厚赏。听断之馀，策杖以巡，慰其劳者，勖其惰者，设茗及飧，日自省视。由是工操其斧，如蚁集膻；佣运其材，如水赴泚。财以俭而蕴，故其用给；人以悦而使，故其功倍。不期年而众宇鼎新矣！

有若换大门、中门，修大厅、小厅、东阁、西阁。新押司隶事院，建人吏祗候房。砌县之外城，凡百馀雉；创宅之周垣，近一百堵。修众寮之宅五，造厅库之桥六。疏西亭之污池，制公廨之什物。有遗罔不增构。其尤赫赫者，如每岁征赋，主胥类于厅之西庑，以其输赋骈凑，逋逸是虞。乃编筦接轩，权间隔之，讫赋则毁去，厥费颇夥。公乃增庑之一楹，构木为栏，以限其内外，俾永绝妄耗。此以见公谋之经久也。

县之西北隅，旧有帐院，盖乡吏团集里书之所。岁月绵远，崩堕无几。每遇霖潦，则束席就燥，以避其沾湿，亦有时矣。加以往来者御奔走泥淖之患，举邑是病，无户而革。公于是历揆其损，以筹完葺。正倾支摧，增新易坏，类夫重构。复建修廊，以达于都门。雨有依，暑有庇，从役者不知其劳矣。此以见公情之恤下也。

公帑摧败，下冗下湿，周垣虽设，腐不为固，易所以刺慢蓄而诱盗也。公乃择坚以革枯，选宏而化陋。厚厥墉，严厥阙，此以见公志之防闲也。

县之圜扉，颓垝莫治。彼犯大辟得系者，豺狼野心，脱走是胜。苟闱阒不谨，墙垣不慎，是遗肉于虎吻也。或有絷堕，事由微眚，盖俾其怀过而省非也，岂使敌于见善，毒于昵枕哉？而粪壤狼藉，秽不可迩。彼罪无轻重，俱执于此。不其酷欤？公乃刬积弊，涤宿污，明坏牖，圩毁墉。席以洁其榻，食以茹其馁。苟获戾而入，如宴于此。以见公之处心爱物也。

先是，县之秋曹尉苏许公颀释褐之官也，公始至，兼戎曹务。遇上巳节，郡有角觚之戏，郡守出观，则司戎者职其事。因乘小艇往来，以检驭不整。郡治之南，溪波浩洋。许公驭楫以涉，而舟覆焉。众皆骇惋，谓不可援。俄闻空中有言曰："无损苏公。"忽有干流以出其舟，而许公存焉。彼同溺者,俱不为水困。俗旌其地为苏公潭。大历中,县令李晤,则故相国绅之先也。相国诞于县署,幼弄之岁,坠于县之东池,逾数刻,忽若有物翼出于池面,相国略不为苦。二者皆县之故事,而图经不载。公乃檄请于邑人太学博士邱光庭,编缉遗坠。其或善未书、能未纪者,罔不毕录,此以见公兴废而继绝也。

凡此数事,岂前政之未知乎?抑知而不为乎?非公勤于理,敏于用,视公犹私,晓夕匪懈,何以及此哉?

始,公之临,承授政之后,人穑于易,众务烦猥,纲在而目紊。公乃肃之以整,严之以恪;遏强字弱,优老恤匮;旌别枉直,屏空奸慝。不逾月而法令如一,劝赏分明,清静简当,内外祗肃,鞭朴阁于庭,争讼息于野。宣尼所谓慢则纠之以猛,猛则济之以宽。猛宽相济者,余公得之矣。

前是,公才再穑而报代,乡之老,肆之长,咸赖抚导,数百人列状,墙立于郡庭,以乞留。太守陇西公以代其任者特敕之命,不可有滞。然私器其能,颇自憾不偶良吏,以共育尪瘵。公遂退寓于德清属邑,驾水轩,酿春醪,治蔬圃,修钓艇,以吟醉自逸。明年冬,为县者以谴,停其任,杖媒依势,求代用者,檄累于几上。陇西公至而弗视,且曰:"乌有民病方急,而摈良医乎?"遂飞简以召公。洎其至,陇西公提印以授曰:"子之前治邑,其及物之泽,被于廛野。未得尽子之术,贻吾中悔。今还旧邑,其为我抚其疲,遏其酋,俾民获苏,无替初心。"公三让而后即县。张弦易调,新其户牖;剔蠹抉弊,刮垢磨顽;不次不序,咸复旧贯。凡利于民、济于公,事无巨细,必自我始。

丙辰春,公将受代。吏民等以为受其教庇,而忘诸载祀,俾后之人不得详其俶落,是食其旨,廋其处也。于是列其状,谒言于弘农杨夔。夔学于《春秋》,固当以纪功书绩为勇。公前任日,崇修先圣之祠,为文赞功,刻石于县岸。今复纪此宏烈,盖欲慰县人久久之虔思也。况公以民吏之勤请,不可拒绝,兼凡所革易创制,皆力殆心罄而后克济。且虑夫什器,后之人不同乎慎惜也。恐其倾堕,后之人不同乎缮治也。苟沮众请,何以镜将来耶?由是采石镌勒之费,莫不悉自于清俸,益以见慎而有立也。嗣厥理者,可不懋乎?乾宁丙辰秋七月记。(《全唐文》卷八百六十六)

沈 颜

颜,字可铸,湖州德清人。唐翰林学士传师之孙。天复初,举进士,授校书郎。属乱离,奔湖南马氏。未几归吴,为淮南巡官,累迁礼仪使、兵部郎中、知制诰、翰林学士。顺义中,卒。(《全唐文》卷八百六十八小传)

宣州重建小厅记

界江南,宣州实为奥区。凡厥贡之盛,厥土之饶,则古所良也。暨巨盗起芒砀,环弊于四方。是邦载罹窘厄,虽城隍仅免,而外无孑遗矣。及兵部裴公庆馀去任,窦常侍聿自池牧来临,莅事未几,遽为秦彦所据。奸连邻慭(一作憖),一旦拥兵渡江,引党赵锽以代己任。

是岁,南徐刘颢作乱,扬州继丧师律,二境流离,人不堪命。弘农王方作自泗水,爰奋义旗,询于同盟,则田公司空首决宏谋。及维扬克定,秦彦就诛,宣人有言曰:"何独后子,徯其来苏。"弘农王允悯是诚,我公复励兵进讨,锽悉锐逆战,亟为崩之。及追蹙保垒,兵食内空,而外不绝商,市无改肆。锽知人和在彼,乃冒围宵奔。我公追擒之,自此江表略定。

大顺元年建子月,孙儒大据维扬,又来寇我。举不以义,自老厥师,复为我公擒之,其众尽溃。弘农王去宁扬土,我公嗣总藩条。天子嘉公之勋,就转左仆射,命观察。于是,明年建宁国节度,又明年加司空。

宣城荐属戎事便厅久缺,司署者进言曰:"盍葺诸?"公曰:"民室未完,民逃未复。"于是用文德以来之,既来而安之。不期岁,车者阗阗,舟者联联,比屋滞货,盈市溢廛。司署者复进言曰:"民室完矣,民逃复矣。"公曰："仓廪未实,田野未辟。"于是薄其赋而省其徭,给其乏而赈其饥。不期岁,荷耰秉犁,橇蟠于泥,如云之稼,穰穰在畦。司署者复进言曰："仓廪实矣,田野辟矣。"公乃许。

然后度材相址,不愆匠事。横梁虹亘,山节峰峙。嶪嶪崇崇,观者改视。公喜,退顾人曰:"凡事之治不治,无贤愚贵贱,显然知异。观此,当其未治,人咸慊之;及其治也,人咸荣之。则吾于为政也,岂不荣乎治哉?我今欲刊成绩,宜付所能,则沈氏子以文售,子其何可辞焉?"

乾宁二年乙卯秋九月八日记。(《全唐文》卷八百六十八)

薛文美

文美,南唐保大时,官宁国军节度推官、知录镇事、朝议郎、检校尚书、主客郎中。(《全唐文》卷八百七十二小传)

泾县小厅记

余自出周行,来治斯邑。窃观图籍,亦睹风土。历代屡为郡,复改县,隶豫章焉。尔后割龙门乡为太平县,沙城乡为旌德县,石埭乡为石埭县。可知古封疆远近尔。

太和中,裴明府锌惜其山势雄峭,溪带奔倾,翠锁居人,烟和公舍,闻奏依万年县廨宇制置。县署之后,池塘迂折半里有馀,虽水涸草侵,波澜不见,而斜湾曲岸,景致宛然。别有亭基五所,古木修篁,交荫若盖。睹斯遗址,甚郁于怀。然则民病未除,官方到任,不可追往,有害于今,终伺丰穰,以续故事。庚戌岁中秋,始创高亭,一间两厦;风来八面,目达四方;危似鳌头,静同天籁。乃命曰"齐云亭"。

小厅者,乃县之古厅也。不记年代,屡曾增修。柱木倾斜,风雨不蔽;颓毁既甚,坐立非安。议始重兴,量功采斫。先有洪水漂出巨材,久在溪壖,谓其蠹朽,试请少府邢公楷监工人往视,得直木数条,沿溯而来,如神所惠。爰运斤斧,遄就公厅。榱桷端坚,栋梁宏壮;威仪百里,花焕一方。复于厅后盖廊屋三间,水阁三间。重梁续柱,架崄飞空,檐影照波,荷香入槛,曰"来风阁"。东北隅茅亭一所。花卉丛杂,果实枝繁,翠色长在,岚光不散。亦重修饰,别是幽奇,曰"烟锁亭"。

因记小厅,乃得总述。非炫功积,要载岁时。大唐保大十一年岁次癸丑七月二十六日,宁国军节度推官、知录镇事、朝议郎、检校尚书主客郎中、赐紫金鱼袋薛文美记。(《全唐文》卷八百七十二)

刘仁赡

仁赡,字守惠,彭城人。仕南唐。累官武昌节度使,徙清淮军节度使,镇寿州。周师入淮,仁赡坚守不下。会病甚,其副使孙羽以城降。世宗命舁至帐前,赐以玉带御马,拜检校太尉兼中书令天平军节度使。是日卒,年五十八。追封彭城郡王。(《全唐文》卷八百七十六小传)

袁州厅壁记

南唐保大二年春二月,廉使彭城公新建大厅者,所以延宾旅、服不庭也。载笔之士,得以总叙兴复叛乱。

始龙蛇之起陆,旋戎马以为墟。万井之桑田垂变,由是群雄角立,诸化风行。而列郡之俗,犹尚草创。爰属大统,土德中兴。汉恋刘宗,宝祚重尊于光武;夏思禹力,鸿图复霸于少康。我烈祖光文肃武孝高皇帝反正宗祧,光宅寰宇。云龙自契,风虎相符。乃命我公解印黄冈,拥旄袁水。

公半千应运,七叶袭勋。郑武公则父子匡周,乃赋缁衣之什;贾太守则兄弟理洛,爰刊棠棣之诗。方枝干以犹疏,比源流而未浚。夏日冬日,莫之与并。一酪一酥,俱弗如也。

初,客省司徒清河公监临是郡,乃究寻往制,奏复旧基。召良工而方切运斤,奉急征而遽回丹阙。公才临理所,历览区中。公署则颇极欹邪,巷陌而仍多燥湿。翼日,与通判员外中山郎公议葳斯事,且曰:"马文渊所过,都城皆理;叔孙婼所馆,一日必葺。岂位居牧守,运叶昌期,而不崇廨署者乎?"矧又舆情攸愿,帝命曰俞。乃蠲帑廪以市楩楠,创陶冶以备瓴甓。物无苛费,人不告劳。日居月诸,厥功克就。

所建立郡斋使宅，堂宇轩廊，东序西厅；州司使院，备武厅球场，上供库、甲仗库、鼓角楼、宜春馆；衙堂职掌，三院诸司，总六百馀间。仍添筑罗城，开辟濠堑。所役将士，皆均其劳逸，赈其饥寒。气等指梅，言如挟纩。同孙仲谋之砌垒，咸矜铁瓮之坚；异皇国父之筑台，取谤泽门之晳。终乃图施丹腹，表进斯庭。飞章陈戮力之功，丹凤降紫泥之诏。褒崇迥异，赏赐有差。先是，兹郡鬻竹木柴炭者，有酎门之税。公乃复南顿之免，于是丰财足用。士庶易其居第，二载之内，阛阓栉比；逮于三载，周而貌辑焉。

公俭于身而富于人，孝理家而忠奉国。心惟恻隐，德契清宁。故千里之稼穑登丰，四序之雨风调顺。昔汉宣帝有言曰："与我共理者，其惟良二千石乎？"即我唐得斯人也。暨先皇晏驾，圣上御图，庆赐遂行，无有不当。敕升袁州都团练观察处置等使，赐明威将军，食邑三百户，褒政绩也。

邸之大厅，旧有壁记，以纪方伯除任授代。自干戈俶扰，岁月微失其本末，唯存姓氏。乃命笔吏，叙而补焉。故使刊勒，复纪于壁。其年五月一日记。（《全唐文》卷八百七十六）

罗　隐

隐,字昭谏,馀杭人。屡举不第。光启三年,吴越王钱镠表奏为钱塘令。迁著作郎,辟掌书记。天祐三年,充判官。梁开平二年,授给事中,迁发运使。是年卒,年八十馀。(《全唐文》卷八百九十四小传)

镇海军使院记

惟天子建国,必维九牧。九牧既序,区分局署。两汉三公,府有掾属。魏晋而降,则置行台。若魏以秦王仪镇中都(一作山),高齐以辛术监治东徐,州事,皆行台之任也。其官属则令仆以至于尚书丞郎。唐制由行台而置采访使,殆今节制之始也。

镇海军旧治京口。大丞相以钱塘之众,东戡汉宏,西歼逆朗。天子不欲易其土,故自符竹四命,然后移军于钱塘。生物以宜,租赋以便;斥去旧址,广以新规;廓开闬闳,拔起阶级。俾幢节之气色,貔武之出入,得以周旋焉。

庚申年,加辟大厅之西南隅,以为宾从晏息之所。左界飞楼,右劂严城;地耸势峻,面约背敞;肥楹巨栋,间架相称;雕奂之下,朱紫苒苒。非若越之今而润之旧也。疆场之事,则议之于斯;聘好之礼,则接之于斯;生民之疾痛,则启之于斯;军旅之赏罚,则参之于斯。非徒以酒食骈罗,而语言嘲谑者也。其府属以下,或八都旧将,或从公于征,或禀之于朝廷,或拔之于乡里。故天子用清宫传道之选以佐之,辍教民论道之任以副之。其馀省秩卿曹,职领相次。自我朝藩服,官属之盛无加也。

噫!大丞相之勋德,既藏之天府,而攀鳞附翼者,非镌刻乐石,其可久乎?是年冬十月,始命观察判官罗隐为记。(《全唐文》卷八百九十四)

裴祎

祎,生平不详。

巴州刺史厅壁记

匠流杯于西窕,植红蕖于南沼。(《舆地纪胜》卷一八七。此据陈尚君《全唐文补编》上册第896页)

彦 熙

彦熙,晚唐五代时僧人。曾西行印度取经,归国后系洛阳福先寺的一位讲经师,讲唯识、百法、因明之学,后辗转流落到敦煌。敦煌写卷中保存彦熙的两篇作品:一为《敦煌郡羌戎不杂德政序》,一为《常定政事楼厅记》。(王志鹏《敦煌僧人彦熙生平创作考论》,《敦煌研究》2004年第4期)

常定政事楼厅记

常定政事楼厅之新制,述在龙集于奋若者,履春冰之未释。□□之鸿儒也,饮太液之希夷;恢恢之善也,出怡□之宫声。王崔之论鼓,为大法将也。恭惟又周之亚夫,一轮藻镜,昆仑□头;万里山河,孟津源上。玄城烟日,当獭豸之腹心;投毕星郎,掌金蝉之伦馆。文房辟于东帝,武库扃于西郊。有节章之长才,协亲躬之妙略者,即我敦煌郡三台新制政事楼厅,当奇时乎?天纵九聪,宿高五听。仿三都之帝样,六府之鲜葩。匠敩龟头之楼厅,参龟背之神算。宾席二雅,檐楹迎瀚海之云;羽翼三端,栏楯布交河之雾。磬矴绣柱,□长春不朽之秋;绿栋红梁,兆丰年稔岁之代。坛压六丑,钦服四野。丹臒合璧,近壮于华夷;赭绿绮疏,远扇于皇风。葱左虽□陇右,唯一停餐□。窃虑刑滥于□□,移昼长驹。恐藏奸于狡,更遂得游民懒妇,归□织绢之勤。饱食重衣,苏□生芽之兆。孰认穹庐之后,落笑单于之前。不独我谯国公之□怀,岂非齐鲁之大道与?实繇三荒不惑,利绝一途。叨命弥芳,龙集千千载贵;益命转厚,凤历万万年荣。不才洛京左街福先寺讲唯识、百法、因明,习修文殊法界观,西天取经,赐紫沙门彦熙奉台旨,谨述云尔事已矣。(敦煌写卷伯三二七六。此据陈尚君《全唐文补编》下册第2339页)

阙　名

茂州都督府壁记

　　贞观初,置羁縻州九,曰维、翼、笮、涂、炎、彻、向、冉、穹。(《蜀中名胜记》卷七。此据陈尚君《全唐文补编》上册第1676页)

阙 名

南唐泰州大厅题名壁记

以海陵有屯田煮海之饶,因建为泰州。(《舆地纪胜》卷四十。此据陈尚君《全唐文补编》上册第1679页)

作者史传资料

孙 逖

孙逖,潞州涉县人。曾祖仲将,寿张丞。祖希庄,韩王府典签。父嘉之,天册年进士擢第,又以书判拔萃,授蜀州新津主簿,历曲周、襄邑二县令,以宋州司马致仕,卒年八十三。

逖幼而英俊,文思敏速。始年十五,谒雍州长史崔日用。日用小之,令为《土火炉赋》,逖握翰即成,词理典赡。日用览之骇然,遂为忘年之交,以是价誉益重。开元初,应哲人奇士举,授山阴尉。迁秘书正字。十年,应制登文藻宏丽科,拜左拾遗。张说尤重其才,逖日游其门,转左补阙。黄门侍郎李皓出镇太原,辟为从事。皓在镇,与蒲州刺史李尚隐游于伯乐川,逖为之记,文士盛称之。二十一年,入为考功员外郎、集贤修撰。逖选贡士二年,多得俊才。初年则杜鸿渐至宰辅,颜真卿为尚书。后年拔李华、萧颖士、赵骅登上第,逖谓人曰:"此三人便堪掌纶诰。"二十四年,拜逖中书舍人。

逖自以通籍禁闱,其父官才邑宰,乃上表陈情曰:"臣父嘉之,虽当暮齿,幸遇明时,绵历驱驰,才及令长。臣夙荷严训,累登清秩,频迁省闼,又拜掖垣。地近班荣,臣则过量;途遥日暮,父乃后时。在公府有偷荣之责,于私庭无报德之效,反惭乌鸟,徒厕鸳鸿。伏望降臣一外官,特乞微恩,稍沾臣父。"玄宗优诏奖之,授嘉之宋州司马致仕,寻卒。丁父丧免。二十九年服阕,复为中书舍人。其年充河东黜陟使。天宝三载,权判刑部侍郎。五载,以风病求散秩,改太子左庶子。

逖掌诰八年，制敕所出，为时流叹服。议者以为自开元以来，苏颋、齐浣、苏晋、贾曾、韩休、许景先及逖，为王言之最。逖尤善思，文理精练，加之谦退不伐，人多称之。以疾沉废累年，转太子詹事。上元中卒。广德二年，诏赠尚书右仆射，谥曰文。有集三十卷。子宿、绛、成。逖弟通、遘、造。（《旧唐书》卷一九〇中）

孙逖，博州武水人，后魏光禄大夫惠蔚，其先也。祖希庄，为韩王府典签，四世传一子，故无近属。父嘉之，少孤，依外家，客涉、巩间。垂拱初，诣洛阳献书，不报。第进士，终襄邑令。

逖幼有文，属思警敏。年十五，见雍州长史崔日用，令赋土火炉，援笔成篇，理趣不凡，日用骇叹，遂与定交。举手笔俊拔、哲人奇士隐沦屠钓及文藻宏丽等科。开元十年，又举贤良方正。玄宗御洛，城门引见，命户部郎中苏晋等第其文异等，擢左拾遗。张说命子均、垍往拜之。李邕负才，自陈州入计，哀其文示逖。

李暠镇太原，表置幕府。以起居舍人入为集贤院修撰。时海内少事，帝赐群臣十日一燕，宰相萧嵩会百官赋《天成》《玄泽》《终南有山》《杨之华》《三月》《英英有兰》《和风》《嘉木》等诗八篇，继《雅》《颂》体，使逖序所以然。改考功员外郎，取颜真卿、李华、萧颖士、赵骅等，皆海内名士。俄迁中书舍人。是时，嘉之且八十，犹为令，逖求降外官，增父秩。帝嘉纳，拜嘉之宋州司马，听致仕。父丧阕，复拜舍人。开元间，苏颋、齐浣、苏晋、贾曾、韩休、许景先及逖典诏诰，为代言最，而逖尤精密，张九龄视其草，欲易一字，卒不能也。居职八年，判刑部侍郎，以病风乞解，徙太子左庶子，遂绵废累年，徙少詹事。上元中卒，赠尚书右仆射，谥曰文。

诸子，成最知名。（《新唐书》卷二〇二）

逖，博州人。幼而有文，属思警敏，援笔成篇。开元二年，举手笔俊拔、哲人奇士隐沦屠钓及文藻宏丽等科，第一人及第。玄宗引见，擢左拾遗,集贤殿修撰。改考功员外郎,迁中书舍人。与颜真卿、李华、萧颖士皆同时,称海内名士。仕终刑部侍郎。善诗,古调今格,悉其所长。集二十卷,今传。(《唐才子传》卷一)

按:颜真卿《尚书刑部侍郎赠尚书右仆射孙逖文公集序》云:

逖,河南巩人。其先自乐安武水寓于涉,而徙焉。(《全唐文》卷三百三十七)

则知《新唐书》言其祖籍,《旧唐书》记其近世所居也。

李 华

李华,字遐叔,赵郡人。开元二十三年进士擢第。天宝中,登朝为监察御史。累转侍御史,礼部、吏部二员外郎。华善属文,与兰陵萧颖士友善。华进士时,著《含元殿赋》万馀言,颖士见而赏之,曰:"《景福》之上,《灵光》之下。"华文体温丽,少宏杰之气,颖士词锋俊发,华自以所业过之,疑其诬词。乃为《祭古战场文》,熏污之如故物,置于佛书之阁。华与颖士因阅佛书得之,华谓之曰:"此文何如?"颖士曰:"可矣。"华曰:"当代秉笔者,谁及于此?"颖士曰:"君稍精思,便可及此。"华愕然。华著论言龟卜可废,通人当其言。

禄山陷京师,玄宗出幸,华扈从不及,陷贼,伪署为凤阁舍人。收城后,三司类例减等,从轻贬官,遂废于家,卒。华尝为《鲁山令元德秀墓碑》,颜真卿书,李阳冰篆额,后人争模写之,号为"四绝碑"。有文集十卷,行于时。(《旧唐书》卷一九〇下)

李华,字遐叔,赵州赞皇人。曾祖太冲,名冠宗族间,乡人语曰:"太冲无兄。"太宗时,擢祠部郎中。

华少旷达,外若坦荡,内谨重,尚然许,每慕汲黯为人。累中进士、宏辞科。天宝十一载,迁监察御史。宰相杨国忠支娅所在横猾,华出使,劾按不桡,州县肃然。为权幸见疾,徙右补阙。安禄山反,上诛守之策,皆留不报。

　　玄宗入蜀,百官解窜,华母在邺,欲间行辇母以逃,为盗所得,伪署凤阁舍人。贼平,贬杭州司户参军。华自伤践危乱,不能完节,又不能安亲,欲终养而母亡,遂屏居江南。

　　上元中,以左补阙、司封员外郎召之。华喟然曰:"乌有隳节危亲,欲荷天子宠乎?"称疾不拜。李岘领选江南,表置幕府,擢检校吏部员外郎。苦风痹,去官,客隐山阳,勒子弟力农,安于穷槁。晚事浮图法,不甚著书,惟天下士大夫家传、墓版及州县碑颂,时时赍金帛往请,乃强为应。大历初,卒。

　　初,华作《含元殿赋》成,以示萧颖士,颖士曰:"《景福》之上,《灵光》之下。"华文辞绵丽,少宏杰气,颖士健爽自肆,时谓不及颖士,而华自疑过之。因著《吊古战场文》,极思研榷,已成,污为故书,杂置梵书之庋。它日,与颖士读之,称工,华问:"今谁可及?"颖士曰:"君加精思,便能至矣。"华愕然而服。

　　华爱奖士类,名随以重,若独孤及、韩云卿、韩会、李纾、柳识、崔祐甫、皇甫冉、谢良弼、朱巨川,后至执政显官。华触祸衔悔,及为元德秀、权皋铭、《四皓赞》,称道深婉,读者怜其志。

　　宗子翰,从子观,皆有名。(《新唐书》卷二〇三)

李　白

　　李白,字太白,山东人。少有逸才,志气宏放,飘然有超世之心。父为任城尉,因家焉。少与鲁中诸生孔巢父、韩沔、裴政、张叔明、陶沔等隐于徂徕山,酣歌纵酒,时号"竹溪六逸"。天宝初,客游会稽,与道士吴筠隐于剡中。既而玄宗诏筠赴京师,筠荐之于朝,遣使召之,与筠俱待诏翰林。白既嗜酒,日与饮徒醉于酒肆。玄宗度曲,欲造乐府新词,亟召白,白已卧于酒肆矣。召入,以水洒面,即令秉笔,顷之成十馀章,帝颇嘉之。尝沉醉殿上,引足令高力士脱靴,由是斥去。乃浪迹江湖,终日沉饮,时侍御史崔宗之谪官金陵,与白诗酒唱和。尝月夜乘舟,自采石达金陵,白衣宫锦袍,于舟中顾瞻笑傲,旁若无人。

初,贺知章见白,赏之曰:"此天上谪仙人也。"禄山之乱,玄宗幸蜀,在途以永王璘为江淮兵马都督、扬州节度大使,白在宣州谒见,遂辟为从事。永王谋乱,兵败,白坐长流夜郎。后遇赦得还,竟以饮酒过度,醉死于宣城。有文集二十卷,行于时。(《旧唐书》卷一九〇下)

李白,字太白,兴圣皇帝九世孙。其先隋末以罪徙西域,神龙初,遁还,客巴西。白之生,母梦长庚星,因以命之。十岁通诗书,既长,隐岷山。州举有道,不应,苏颋为益州长史,见白异之,曰:"是子天才英特,少益以学,可比相如。"然喜纵横术,击剑为任侠,轻财重施。更客任城,与孔巢父、韩准、裴政、张叔明、陶沔居徂来山,日沉饮,号"竹溪六逸"。

天宝初,南入会稽,与吴筠善,筠被召,故白亦至长安。往见贺知章,知章见其文,叹曰:"子,谪仙人也!"言于玄宗,召见金銮殿,论当世事,奏颂一篇,帝赐食,亲为调羹。有诏供奉翰林,白犹与饮徒醉于市。帝坐沉香子亭,意有所感,欲得白为乐章,召入,而白已醉,左右以水颒面,稍解,授笔成文,婉丽精切,无留思。帝爱其才,数宴见。白尝侍帝,醉,使高力士脱靴。力士素贵,耻之,摘其诗以激杨贵妃,帝欲官白,妃辄沮止。白自知不为亲近所容,益骜放不自修,与知章、李适之、汝阳王琎、崔宗之、苏晋、张旭、焦遂为"酒八仙人"。恳求还山,帝赐金放还。白浮游四方,尝乘月与崔宗之自采石至金陵,着宫锦袍坐舟中,旁若无人。

安禄山反,转侧宿松、匡庐间,永王璘辟为府僚佐。璘起兵,逃还彭泽；璘败，当诛。初，白游并州，见郭子仪，奇之。子仪尝犯法，白为救免。至是子仪请解官以赎，有诏长流夜郎。会赦，还寻阳，坐事下狱。时宋若思将吴兵三千赴河南，道寻阳，释囚辟为参谋，未几辞职。李阳冰为当涂令，白依之。代宗立，以左拾遗召，而白已卒，年六十馀。

白晚好黄老，度牛渚矶至姑孰，悦谢家青山，欲终焉。及卒，葬东麓。元和末，宣歙观察使范传正祭其冢，禁樵采。访后裔，惟二孙女嫁为民妻，进止仍有风范，因泣曰："先祖志在青山，顷葬东麓，非本意。"传正为改葬，立二碑焉。告二女，将改妻士族，辞以孤穷失身，命也，不愿更嫁。传正嘉叹，复其夫徭役。

文宗时，诏以白歌诗、裴旻剑舞、张旭草书为"三绝"。（《新唐书》卷二〇二）

白，字太白，山东人。母梦长庚星而诞，因以命之。十岁通五经，自梦笔头生花，后天才赡逸名闻天下。喜纵横，击剑，为任侠。轻财好施。更客任城，与孔巢父、韩准、裴政、张叔明、陶沔居徂徕山中，日沉饮，号"竹溪六逸"。天宝初，自蜀至长安，道未振，以所业投贺知章，读至《蜀道难》，叹曰："子谪仙人也。"乃解金龟换酒，终日相乐。遂荐于玄宗，召见金銮殿，论时事，因奏颂一篇，帝喜，赐食，亲为调羹，诏供奉翰林。尝大醉上前，草诏，使高力士脱靴，力士耻之，摘其《清平调》中飞燕事，以激怒贵妃，帝每欲与官，妃辄沮之。白益傲放，与贺知章、李适之、汝阳王琎、崔宗之、苏晋、张旭、焦遂为"饮酒八仙人"。恳求还山，赐黄金，诏放归。白浮游四方，欲登华山，乘醉跨驴经县治，宰不知，怒，引至庭下曰："汝何人，敢无礼！"白供状不书姓名，曰："曾令龙巾拭吐，御手调羹，贵妃捧砚，力士脱靴。天子门前，尚容走马；华阴县里，不得骑驴。"宰惊愧，拜谢曰："不知翰林至此。"白长笑而去。尝乘舟，与崔宗之自采石至金陵，着宫锦袍坐，傍若无人。禄山反，明皇在蜀，永王璘节度东南，白时卧庐山，辟为僚佐。璘起兵反,白逃还彭泽。璘败,累系浔阳狱。初,白游并州,见郭子仪,奇之,曾救其死罪。至是,郭子仪请官以赎,诏长流夜郎。白晚节好黄、老,度牛渚矶,乘酒捉月,沉水中。初,悦谢家青山,今墓在焉。有文集二十卷,行世。或云:白,凉武昭王暠九世孙也。(《唐才子传》卷二)

杜 颁

杜颁(一作颜),字、里、生卒年均不详,约唐玄宗开元末(741年前后)在世。开元十五年(727年),与王昌龄同登进士第。其他事迹均不详。(徐松《登科记考》)

陈章甫

章甫,江陵(今属湖北)人,曾长期隐居嵩山。开元中进士,官至太常博士。因无意仕宦,乃辞归林泉(家世见其次子润州延陵县令陈造墓志)。李颀《送陈章甫》诗曰:"四月南风大麦黄,枣花未落桐阴长。青山朝别暮还见,嘶马出门思旧乡。陈侯立身何坦荡,虬须虎眉仍大颡。腹中贮书一万卷,不肯低头在草莽。东门酤酒饮我曹,心轻万事皆鸿毛。醉卧不知白日暮,有时空望孤云高。长河浪头连天黑,津口停舟渡不得。郑国游人未及家,洛阳行子空叹息。闻道故林相识多,罢官昨日今如何。"(《全唐诗》卷一三三)可见其人风概,录于此。

元 结

元结,后魏常山王遵十五代孙。曾祖仁基,字惟固,从太宗征辽东,以功赐宜君田二十顷,辽口并马牝、牡各五十,拜宁塞令,袭常山公。祖亨，字利贞，美姿仪。尝曰："我承王公馀烈，鹰犬声乐是习，吾当以儒学易之。"霍王元轨闻其名，辟参军事。父延祖，三岁而孤，仁基救其母曰："此儿且祀我。"因名而字之。逮长，不仕，年过四十，亲娅强劝之，再调春陵丞，辄弃官去，曰："人生衣食，可适饥饱，不宜复有所须。"每灌畦掇薪，以为"有生之役，过此吾不思也"。安禄山反，召结戒曰"而曹逢世多故，不得自安山林，勉树名节，无近羞辱"云。卒年七十六，门人私谥曰太先生。

结少不羁，十七乃折节向学，事元德秀。天宝十二载举进士，礼部侍郎阳浚见其文曰："一第恩子耳，有司得子是赖！"果擢上第。复举制科。会天下乱，沉浮人间。国子司业苏源明见肃宗，问天下士，荐结可用。时史思明攻河阳，帝将幸河东，召结诣京师，问所欲言，结自以始见轩陛，拘忌讳，恐言不悉情，乃上《时议》三篇。

其一曰："议者问：'往年逆贼，东穷海，南淮、汉，西抵函、秦，北彻幽都，丑徒狼扈在四方者几百万，当时之祸可谓剧，而人心危矣。天子独以匹马至灵武，合弱旅，锄强寇，师及渭西，曾不逾时，摧锐攘凶，复两京，收河南州县，何其易邪？乃今河北奸逆不尽，山林江湖亡命尚多，盗贼数犯州县，百姓转徙，踵系不绝，将士临敌而奔，贤人君子遁逃不出。陛下往在灵武、凤翔，无今日胜兵而能杀敌，无今日检禁而无亡命，无今日威令而盗贼不作，无今日财用而百姓不流，无今日爵赏而士不散，无今日朝廷而贤者思仕，何哉？将天子能以危为安，而忍以未安忘危邪？'对曰：'此非难言之。前日天子恨愧陵庙为羯逆伤污，愤怅上皇南幸巴、蜀，隐悼宗戚见诛，侧身勤劳，不惮亲抚士卒，与人权位，信而不疑，渴闻忠直，过弗讳改。此以弱制强，以危取安之由出。今天子重城深宫，燕和而居；凝冕大昕，缨佩而朝；太官具味，视时而献；太常备乐，和声以荐；国机军务，参筹乃敢进；百姓疾苦，时有不闻；厩刍良马、宫籍美女、舆服礼物、休符瑞谍、日月充备；朝廷歌颂盛德大业，听而不厌；四方贡赋，争上尤异；谐臣顑官，怡愉天颜；文武大臣至于庶官，皆权赏逾望。此所以不能以强制弱，以未安忘危。

若陛下视今日之安,能如灵武时,何寇盗强弱可言哉!'"

其二曰:"议者曰:'吾闻士人共自谋:"昔我奉天子拒凶逆,胜则家国两全,不胜则两亡,故生死决于战,是非极于谏。今吾名位重,财货足,爵赏厚,勤劳已极,外无仇仇害我,内无穷贱迫我,何苦当锋刃以近死,忤人主以近祸乎?"又闻曰:"吾州里有病父老母、孤兄寡妇,皆力役乞丐,冻馁不足,况于死者,人谁哀之?"又闻曰:"天下残破,苍生危窘,受赋与役者,皆寡弱贫独,流亡死徙,悲忧道路,盖亦极矣。天下安,我等岂无畎亩自处?若不安,我不复以忠义仁信方直死矣!"人且如此,奈何?'对曰:'国家非欲其然,盖失于太明太信耳。夫太明则见其内情,将藏内情则罔惑生下。能令必信,信可必矣,而太信之中,至奸尤恶之。如此遂使朝廷亡公直,天下失忠信,苍生益冤结。将欲治之,能无端由?吾等议于野,又何所及?'"

其三曰:"议者曰:'陛下思安苍生,灭奸逆,图太平,劳心悉精,于今四年,说者异之,何哉?'对曰:'如天子所思,说者所异,非不知之。凡有诏令丁宁,事皆不行,空言一再颇类谐戏。今有仁恤之令,忧勤之诰,人皆族立党语,指而议之。天子不知其然,以为言虽不行,犹足以劝。彼沮劝,在乎明审均当而必行也。天子能行已言之令,必将来之法,杂徭弊制,拘忌烦令,一切蠲荡。任天下贤士,屏斥小人,然后推仁信威令,谨行不惑。此帝王常道,何为不及?'"

帝悦曰:"卿能破朕忧。"擢右金吾兵曹参军,摄监察御史,为山南西道节度参谋。募义士于唐、邓、汝、蔡,降剧贼五千,瘗战死露骼于泌南,名曰哀丘。

史思明乱,帝将亲征,结建言:"贼锐不可与争,宜折以谋。"帝善之,因命发宛、叶军挫贼南锋,结屯泌阳守险,全十五城。以讨贼功迁监察御史里行。荆南节度使吕諲请益兵拒贼,帝进结水部员外郎,佐諲府。又参山南东道来瑱府,时有父母随子在军者,结说瑱曰:"孝而仁者,可与言忠。信而勇者,可以全义。渠有责其忠信义勇而不劝之孝慈邪?将士父母,宜给以衣食,则义有所存矣。"瑱纳之。瑱诛,结摄领府事。会代宗立，固辞，丐侍亲，归樊上。授著作郎，益著书，作《自释》，曰：

河南，元氏望也。结，元子名也。次山，结字也。世业载国史，世系在家牒。少居商馀山，著《元子》十篇，故以元子为称。天下兵兴，逃乱入猗玗洞，始称猗玗子。后家瀼滨，乃自称浪士。及有官，人以为浪者亦漫为官乎，呼为漫郎。既客樊上，漫遂显樊。左右皆渔者，少长相戏，更曰聱叟。彼诮以聱者，为其不相从听，不相钩加，带笭箵而尽船，独聱齰而挥车。酒徒得此，又曰："公之漫其犹聱乎？公守著作，不带笭箵乎？又漫浪于人间，得非聱牙乎？公漫久矣，可以漫为叟。"於戏！吾不从听于时俗，不钩加于当世，谁是聱者，吾欲从之！彼聱叟不惭带乎笭箵，吾又安能薄乎著作？彼聱叟不羞聱齰于邻里，吾又安能惭漫浪于人间？取而醉人议，当以漫叟为称。直荒浪其情性，诞漫其所为，使人知无所存有，无所将待。乃为语曰："能带笭箵，全独而保生；能学聱齰，保宗而全家。聱也如此，漫乎非邪！"

久之，拜道州刺史。初，西原蛮掠居人数万去，遗户裁四千，诸使调发符牒二百函，结以人困甚，不忍加赋，即上言："臣州为贼焚破，粮储、屋宅、男女、牛马几尽。今百姓十不一在，耄孺骚离，未有所安。岭南诸州，寇盗不尽，得守捉候望四十馀屯，一有不靖，湖南且乱。请免百姓所负租税及租庸使和市杂物十三万缗。"帝许之。明年，租庸使索上供十万缗，结又奏："岁正租庸外，所率宜以时增减。"诏可。结为民营舍给田，免徭役，流亡归者万馀。进授容管经略使，身谕蛮豪，绥定八州。会母丧，人皆诣节度府请留，加左金吾卫将军。民乐其教，至立石颂德。罢还京师，卒，年五十，赠礼部侍郎。（《新唐书》卷一四三）

结，字次山，武昌人。鲁山令元紫芝族弟也。少不羁，弱冠始折节读书。天宝十三年进士。礼部侍郎杨浚见其文曰："一第恩子耳。"遂擢高品。后举制科。会天下乱，沉浮人间，苏源明荐于肃宗，授右金吾兵曹。累迁御史,参山南来瑱府,除容管经略使。始隐商於山中,称"元子"。逃难入猗玕洞,称"猗玕子"。或称浪士,渔者或称聋叟,酒徒呼"漫叟"。及为官,呼漫郎。皆以命所著。性梗僻,深憎薄俗,有忧道闵世之心。《中兴颂》一文,灿烂金石,清夺湘流。作诗著辞,尚聱牙。天下皆知敬仰。复嗜酒,有句云:"有时逢恶客。"自注:"非酒徒,即恶客也。"有《文编》十卷,及所集当时人诗为《箧中集》一卷,并传。(《唐才子传》卷三)

独孤及

独孤及,字至之,河南洛阳人。为儿时,读《孝经》,父试之曰:"儿志何语?"对曰:"立身行道,扬名于后世。"宗党奇之。天宝末,以道举高第,补华阴尉,辟江淮都统李峘府掌书记。

代宗以左拾遗召,既至,上疏陈政曰:"陛下屡发德音,使左右侍臣得直言极谏。壬辰诏书,召裴冕等十有三人集贤殿待制,以备询问。此五帝盛德也。然顷者陛下虽容其直,而不录其言,所上封皆寝不报。有容下之名,无听谏之实,遂使谏者稍稍自钳口,饱食相招为禄仕,此忠鲠之人所以窃叹,而臣亦耻之。十室之邑,必有忠信,况朝廷之大,卿大夫之众,陛下选授之精欤!假令不能如文王之多士,其中岂不有温故知新,可懋陈政要而亿则屡中者?陛下议政之际,曾不采其一说,尧之畴咨,禹之昌言,岂若是耶?昔尧设谤木于五达之衢。孔子曰:'以能问于不能,以多问于寡。'然则多闻阙疑,不耻下问,圣人之心也。愿陛下以尧、孔心为心,日降清问,其不可者罢之,可者议于朝,与执事者共之。使知之必言,言之必行,行之必公,则君臣无私论,朝廷无私政,陛下以此辨可否于献替,而建太平之阶可也。师兴不息十年矣,人之生产,空于杼轴。拥兵者第馆亘街陌,奴婢厌酒肉,而贫人羸饿就役,剥肤及髓。长安城中,白昼椎剽,吏不敢诘。官乱职废,将堕卒暴,百揆隳剌,如沸粥纷麻。民不敢诉于有司,有司不敢闻陛下，茹毒饮痛，穷而无告。今其心颙颙，独恃于麦，麦不登，则易子咬骨矣。陛下不以此时厉精更始，思所以救之之术，忍令宗庙有累卵之危，万姓悼心失图，臣实惧焉。去年十一月丁巳夜，星陨如雨，昨清明降霜，三月苦热，错缪颠倒，沴莫大焉。此下陵上替，怨讟之气取之也。天意丁宁谴戒，以警陛下，宜反躬罪己，旁求贤良者而师友之，黜贪佞不肖者，下哀痛之诏，去天下疾苦，废无用之官，罢不急之费，禁止暴兵，节用爱人，兢兢乾乾，以徼福于上下，必能使天感神应，反妖灾为和气矣。"又言："减江淮、山南诸道兵以赡国用，陛下初不以臣言为愚，然许即施行，及今未有沛然之诏，臣窃迟之。今天下唯朔方、陇西有吐蕃、仆固之虞，邠、泾、凤翔兵足以当之矣。自此而往，东洎海，南至番禺，西尽巴蜀，无鼠窃之盗，而兵不为解。倾天下之货，竭天下之谷，以给不用之军，为无端之费，臣不知其故。假令居安思危，以备不虞，自可厄害之地，俾置屯御，悉休其馀，以粮储屝屦之资充疲人贡赋，岁可以减国租半。陛下岂迟疑于改作，逡巡于旧贯，使大议有所壅，而率土之患日甚一日？是益其弊而厚其疾也。夫疗痈者，必决之使溃。今兵之为患，犹痈也，不以渐戢之，其害滋大，大而图之，必力倍而功寡，岂《易》'不俟终日'之义邪？"

俄改太常博士。或言景皇帝不宜为太祖，及据礼条上。谥吕諲、卢弈、郭知运等无浮美，无隐恶，得褒贬之正。迁礼部员外郎，历濠、舒二州刺史。岁饥旱，邻郡庸亡什四以上，舒人独安。以治课加检校司封郎中，赐金紫。徙常州，甘露降其廷。卒，年五十三，谥曰宪。

及喜鉴拔后进，如梁肃、高参、崔元翰、陈京、唐次、齐抗皆师事之。性孝友。其为文彰明善恶，长于论议。晚嗜琴，有眼疾，不肯治，欲听之专也。

子朗、郁。（《新唐书》卷一六二）

及，字至之，河南人。卯角时，诵《孝经》，父试之曰："尔志何语？"曰："立身行道，扬名于后世。"天宝末，以道举高第，代宗召为左拾遗。

迁礼部员外郎,历濠、舒、常三州刺史。及性孝友,喜鉴拔,为文必彰明善恶,长于议论。工诗,格调高古,风尘迥绝,得大名当时。有集传世。尝读《选》中沈、谢诸公诗,有题《新安江水至清浅深见底贻京邑游好》及《石门新营所住四面高山回溪石濑茂林修竹》及《田南树园激流植援》《斋中读书》《南楼中望所迟客》《晚登三山还望京邑》等数端,皆奇崛精当,冠绝古今,无曾发其韫奥者。逮盛唐,沈、宋、独孤及、李嘉祐、韦应物等诸才子集中,往往各有数题,片言不苟,皆不减其风度,此则无传之妙。逮元和以下,佳题尚罕,况于诗乎! 立题乃诗家切要,贵在卓绝清新,言简而意足,句之所到,题必尽之,中无失节,外无馀语,此可与智者商榷云,因举而论之。(《唐才子传》卷三)

张　景

景,开元时擢书判拔萃科,官侍御史。(《全唐文》卷三百九十七小传)

杨　炎

杨炎,字公南,凤翔人。曾祖大宝,武德初为龙门令,刘武周陷晋、绛,攻之不降,城破被害,褒赠全节侯。祖哲,以孝行有异,旌其门闾。父播,登进士第,隐居不仕,玄宗征为谏议大夫,弃官就养,亦以孝行祯祥,表其门闾。肃宗就加散骑常侍,赐号玄靖先生,名在《逸人传》。

炎美须眉,风骨峻峙,文藻雄丽,汧、陇之间,号为小杨山人。释褐,辟河西节度掌书记。神乌令李大简尝因醉辱炎,至是与炎同幕,率左右反接之,铁棒挝之二百,流血被地,几死。节度使吕崇贲爱其才,不之责。后副元帅李光弼奏为判官,不应,征拜起居舍人,辞禄就养岐下。丁忧,庐于墓前,号泣不绝声,有紫芝白雀之祥,又表其门间。孝著三代,门树六阙,古未有也。服阕久之,起为司勋员外郎,改兵部,转礼部郎中、知制诰。迁中书舍人,与常衮并掌纶诰,衮长于除书,炎善为德音,自开元以来,言诏制之美者,时称常、杨焉。

炎乐贤下士,以汲引为己任,人士归之。尝为《李楷洛碑》,辞甚工,文士莫不成诵之。迁吏部侍郎,修国史。元载自作相,常选擢朝士有文学才望者一人厚遇之,将以代已。初,引礼部郎中刘单;单卒,引吏部侍郎薛邕;邕贬,又引炎。载亲重炎,无与为比。载败,坐贬道州司马。德宗即位,议用宰相,崔祐甫荐炎有文学器用,上亦自闻其名,拜银青光禄大夫、门下侍郎、同平章事。炎有风仪,博以文学,早负时称,天下翕然,望为贤相。

初,国家旧制,天下财赋皆纳于左藏库,而太府四时以数闻,尚书比部覆其出入,上下相辖,无失遗。及第五琦为度支、盐铁使,京师多豪将,求取无节,琦不能禁,乃悉以租赋进入大盈内库,以中人主之意,天子以取给为便,故不复出。是以天下公赋,为人君私藏,有司不得窥其多少,国用不能计其赢缩,殆二十年矣。中宫以冗名持簿书,领其事者三百人,皆奉给其间,连结根固不可动。及炎作相,顿首于上前,论之曰:"夫财赋,邦国之大本,生人之喉命,天下理乱轻重皆由焉。是以前代历选重臣主之,犹惧不集,往往覆败,大计一失,则天下动摇。先朝权制,中人领其职,以五尺宦竖操邦之本,丰俭盈虚,虽大臣不得知,则无以计天下利害。臣愚待罪宰辅,陛下至德,惟人是恤,参校蠹弊,无斯之甚。请出之以归有司,度宫中经费一岁几何,量数奉入,不敢亏用。如此,然后可以议政。惟陛下察焉。"诏曰:"凡财赋皆归左藏库,一用旧式,每岁于数中量进三五十万入大盈,而度支先以其全数闻。"炎以片言移人主意,议者以为难,中外称之。

初定令式,国家有租赋庸调之法。开元中,玄宗修道德,以宽仁为理本,故不为版籍之书,人户浸溢,堤防不禁。丁口转死,非旧名矣;田亩移换,非旧额矣;贫富升降,非旧第矣。户部徒以空文总其故书,盖得非当时之实。旧制,人丁戍边者,蠲其租庸,六岁免归。玄宗方事夷狄，戍者多死不返，边将怙宠而讳，不以死申，故其贯籍之名不除。至天宝中，王鉷为户口使，方务聚敛，以丁籍且存，则丁身焉往，是隐课而不出耳。遂案旧籍，计除六年之外，积征其家三十年租庸。天下之人苦而无告，则租庸之法弊久矣。洎至德之后，天下兵起，始以兵役，因之饥疠，征求运输，百役并作，人户凋耗，版图空虚。军国之用，仰给于度支、转运二使；四方征镇，又自给于节度、都团练使。赋敛之司数四，而莫相统摄，于是纲目大坏，朝廷不能覆诸使，诸使不能覆诸州，四方贡献，悉入内库。权臣猾吏，因缘为奸，或公托进献，私为赃盗者动万万计。河南、山东、荆襄、剑南有重兵处，皆厚自奉养，王赋所入无几。吏职之名，随人署置；俸给厚薄，由其增损。故科敛之名凡数百，废者不削，重者不去，新旧仍积，不知其涯。百姓受命而供之，沥膏血，鬻亲爱，旬输月送无休息。吏因其苛，蚕食于人。凡富人多丁者，率为官为僧，以色役免；贫人无所入则丁存。故课免于上，而赋增于下。是以天下残瘁，荡为浮人，乡居地著者百不四五，如是者殆三十年。

炎因奏对，恳言其弊，乃请作两税法，以一其名，曰："凡百役之费，一钱之敛，先度其数而赋于人，量出以制入。户无主客，以见居为簿；人无丁中，以贫富为差。不居处而行商者，在所郡县税三十之一，度所与居者均，使无侥利。居人之税，秋夏两征之，俗有不便者正之。其租庸杂徭悉省，而丁额不废，申报出入如旧式。其田亩之税，率以大历十四年垦田之数为准而均征之。夏税无过六月，秋税无过十一月。逾岁之后，有户增而税减轻，及人散而失均者，进退长吏，而以尚书度支总统焉。"德宗善而行之，诏谕中外。而掌赋者沮其非利，言租庸之令四百馀年，旧制不可轻改。上行之不疑，天下便之。人不土断而地著，赋不加敛而增入，版籍不造而得其虚实，贪吏不诫而奸无所取。自是轻重之权，始归于朝廷。

炎救时之弊，颇有嘉声。莅事数月，属崔祐甫疾病，多不视事，乔琳罢免，炎遂独当国政。祐甫之所制作，炎隳之。初减薄护作元陵功优，人心始不悦。又专意报恩复仇。道州录事参军王沼有微恩于炎，举沼为监察御史。感元载恩，专务行载旧事以报之。初，载得罪，左仆射刘晏讯劾之，元载诛，炎亦坐贬，故深怨晏。晏领东都、河南、江淮、山南东道转运、租庸、青苗、盐铁使，炎作相数月，欲贬晏，先罢其使，天下钱谷皆归金部、仓部。又献议开丰州陵阳渠，发京畿人夫于西城就役，闾里骚扰，事竟无成。

初，大历末，元载议请城原州，以遏西番入寇之冲要，事未行而载诛。及炎得政，建中二年二月，奏请城原州，先牒泾原节度使段秀实，令为之具。秀实报曰："凡安边却敌之长策，宜缓以计图之，无宜草草兴功也。又春事方作，请待农隙而缉其事。"炎怒，征秀实为司农卿。以邠宁别驾李怀光居前督作，以检校司空平章事朱泚、御史大夫平章事崔宁各统兵万人以翼后。三月，诏下泾州为具。泾军怒而言曰："吾曹为国西门之屏，十馀年矣！始治于邠，才置农桑，地著之安；而徙于此，置榛莽之中，手披足践，才立城垒；又投之塞外，吾何罪而置此乎！"李怀光监朔方军，法令严峻，频杀大将。泾州裨将刘文喜因人怨怒，拒不受诏，上疏复求段秀实为帅，否则朱泚。于是以朱泚代怀光，文喜又不奉诏。泾有劲兵二万，闭城拒守，令其子入质吐蕃以求援。时方炎旱，人情骚动，群臣皆请赦文喜，上皆不省。德宗减服御以给军人，城中军士当受春服，赐与如故。命朱泚、李怀光等军攻之，乃筑垒环之。泾州别将刘海宾斩文喜首，传之阙下。苟非海宾效顺，必生边患，皆因炎以喜怒易帅，泾帅结怨故也。原州竟不能城。

炎既构刘晏之罪贬官，司农卿庾准与晏有隙，乃用准为荆南节度使，讽令诬晏以忠州叛，杀之，妻子徙岭表，朝野为之侧目。李正己上表请杀晏之罪，指斥朝廷。炎惧，乃遣腹心分往诸道：裴冀，东都、河阳、魏博；孙成，泽潞、磁邢、幽州；卢东美，河南、淄青；李舟，山南、湖南；王定，淮西。声言宣慰，而意实说谤。且言"晏之得罪，以昔年附会奸邪，谋立独孤妃为皇后，上自恶之，非他过也"。或有密奏"炎遣五使往诸镇者，恐天下以杀刘晏之罪归己，推过于上耳"。乃使中人复炎辞于正己，还报信然。自此德宗有意诛炎矣，待事而发。乃擢用卢杞为门下侍郎、平章事，炎转中书侍郎，仍平章事。二人同事秉政，杞无文学，仪貌寝陋，炎恶而忽之，每托疾息于他阁，多不会食，杞亦衔恨之。旧制，中书舍人分押尚书六曹，以平奏报，开元初废其职，杞请复之，炎固以为不可。杞益怒，又密启中书主书过，逐之。炎怒曰："主书，吾局吏也，有过吾自治之，奈何而相侵？"

属梁崇义叛换，德宗欲以淮西节度使李希烈统诸军讨之。炎谏曰："希烈始与李忠臣为子，亲任无双，竟逐忠臣而取其位，背本若此，岂可信也！居常无尺寸功，犹强不奉法，异日平贼后，恃功邀上，陛下何以驭之？"初，炎之南来，途经襄、汉，固劝崇义入朝，崇义不能从，已怀反侧。寻又使其党李舟使驰说，崇义固而拒命，遂图叛逆，皆炎迫而成之。至是，德宗欲假希烈兵势以讨崇义，然后别图希烈。炎又固言不可，上不能平，乃曰："朕业许之矣，不能食言。"遂以希烈统诸军。

会德宗尝访宰相群臣中可以大任者，卢杞荐张镒、严郢，而炎举崔昭、赵惠伯。上以炎论议疏阔，遂罢炎相，为左仆射。后数日中谢，对于延英，及出，驰归，不至中书，卢杞自是益怒焉。杞寻引严郢为御史大夫。初，郢为京兆尹，不附炎，炎怒之，讽御史张著弹郢，郢罢兼御史中丞。炎又夙闻源休与郢有隙，乃拔休自流人为京兆尹，令伺郢过。休莅官后，与郢友善，炎大怒。张光晟方谋议杀回纥酋帅，炎乃以休为入回纥使，休几为虏所杀。郢寻坐以度田不实，改为大理卿，时人惜之。至是，杞因群情所欲，又知郢与炎有隙，故引荐之。

炎子弘业不肖，多犯禁，受赂请托，郢按之，兼得其他过。初，炎将立家庙，先有私第在东都，令河南尹赵惠伯货之，惠伯为炎市为官廨。时惠伯自河中尹、都团练观察等使初受代，郢奏追捕惠伯诘案。御史以炎为宰相，抑吏货市私第，贵估其宅，贱入其币，计以为赃。杞召大理正田晋评罪，晋曰："宰臣于庶官，比之监临，官市贾有羡利，计其利以乞取论罪，当夺官。"杞怒，谪晋衡州司马。更召他吏绳之，曰："监主自盗，罪绞。"开元中，萧嵩将于曲江南立私庙，寻以玄宗临幸之所,恐置庙非便,乃罢之。至是,炎以其地为庙,有飞语者云:"此地有王气,炎故取之,必有异图。"语闻,上愈怒。及台司上具狱,诏三司使同覆之。建中二年十月,诏曰:"尚书左仆射杨炎,托以文艺,累登清贯,虽谪居荒服,而虚称犹存。朕初临万邦,思弘大化,务擢非次,招纳时髦。拔自郡佐,登于鼎司,独委心膂,信任无疑。而乃不思竭诚,敢为奸蠹,进邪丑正,既伪且坚,党援因依,动涉情故。隳法败度,罔上行私,苟利其身,不顾于国。加以内无训诫,外有交通,纵恣诈欺,以成赃贿。询其事迹,本末乖谬,蔑恩弃德,负我何深!考状议刑,罪在难宥。但以朕于将相,义切始终,顾全大体,特有弘贷,俾从远谪,以肃具僚。可崖州司马同正,仍驰驿发遣。"去崖州百里赐死,年五十五。

炎早有文章,亦励志节,及为中书舍人,附会元载,时议已薄之。后坐载贬官,愤恚益甚,归而得政,睚眦必仇,险害之性附于心,唯其爱憎,不顾公道,以至于败。(《旧唐书》卷一一八)

杨炎,字公南,凤翔天兴人。曾祖大宝,武德初为龙门令,刘武周攻之,死于守,赠全节侯。祖哲,以孝行称。父播,举进士,退居求志,玄宗召拜谏议大夫,弃官归养。肃宗时,即家拜散骑常侍,号玄靖先生。

炎美须眉,峻风宇,文藻雄蔚,然豪爽尚气。河西节度使吕崇贲辟掌书记。神乌令李太简尝醉辱之,炎令左右反接,榜二百馀,几死。崇贲爱其才,不问。李光弼表为判官,不应。召拜起居舍人,固辞。父丧,庐墓侧,号慕不废声,有紫芝白雀之祥,诏表其闾。炎三世以孝行闻,至门树六阙,古所未有。终丧,为司勋员外郎,迁中书舍人,与常衮同时知制诰。衮长于除书,而炎善德音,自开元后言制诏者,称"常杨"云。

宰相元载与炎同郡,炎又元出也,故擢炎吏部侍郎、史馆修撰。载当国,阴择才可代己者,引以自近,初得礼部侍郎刘单,会卒,复取吏部侍郎薛邕，邕坐事贬，后得炎，亲重无比。会载败，坐贬道州司马。

德宗在东宫，雅知其名，又尝得炎所为《李楷洛碑》，置于壁，日讽玩之。及即位，崔祐甫荐炎可器任，即拜门下侍郎、同中书门下平章事。

旧制，天下财赋皆入左藏库，而太府四时以数闻，尚书比部覆出纳，举无干欺。及第五琦为度支、盐铁使，京师豪将求取无节，琦不能禁，乃悉租赋进大盈内库。天子以给取为便，故不复出。自是天下公赋为人君私藏，有司不得计赢少。而宦官以冗名持簿者三百人，奉给其间，根柢连结不可动。及炎为相，言于帝曰："财赋者，邦国大本，而生人之喉命，天下治乱重轻系焉。先朝权制，以中人领其职，五尺宦竖操邦之柄，丰俭盈虚，虽大臣不得知，则无以计天下利害。陛下至德，惟人是恤，参计敝蠹，莫与斯甚。臣请出之，以归有司。度宫中经费一岁几何，量数奉入，不敢以阙。如此，然后可以议政，惟陛下审察。"帝从之。乃诏岁中裁取以入大盈，度支具数先闻。

初，定令有租赋庸调法，自开元承平久，不为版籍，法度抏敝。而丁口转死，田亩换易，贫富升降，悉非向时，而户部岁以空文上之。又戍边者，蠲其租、庸，六岁免归。玄宗事夷狄，戍者多死，边将讳不以闻，故贯籍不除。天宝中，王鉷为户口使，方务聚敛，以其籍存而丁不在，是隐课不出，乃按旧籍；除当免者积三十年，责其租、庸，人苦无告，故法遂大敝。至德后，天下兵起，因以饥疠，百役并作，人户凋耗，版图空虚。军国之用，仰给于度支、转运使。四方征镇，又自给于节度、都团练使。赋敛之司数四，莫相统摄，纲目大坏。朝廷不能覆诸使，诸使不能覆诸州。四方贡献悉入内库，权臣巧吏因得旁缘，公托进献，私为赃盗者，动万万计。河南、山东、荆襄、剑南重兵处，皆厚自奉养，王赋所入无几。科敛凡数百名，废者不削，重者不去，新旧仍积，不知其涯，百姓竭膏血，鬻亲爱，旬输月送，无有休息。吏因其苛，蚕食于人。富人多丁者，以宦、学、释、老得免，贫人无所入则丁存。故课免于上，而赋增于下。是以天下残瘁，荡为浮人，乡居地著者百不四五。

炎疾其敝，乃请为"两税法"以一其制。凡百役之费，一钱之敛，先度其数而赋于人，量出制入。户无主客，以见居为簿。人无丁中，以贫富为差。不居处而行商者，在所州县税三十之一，度所取与居者均，使无侥利。居人之税，秋夏两入之，俗有不便者三之。其租、庸、杂徭悉省，而丁额不废。其田亩之税，率以大历十四年垦田之数为准，而均收之。夏税尽六月，秋税尽十一月，岁终以户赋增失进退长吏，而尚书度支总焉。帝善之，使谕中外。议者沮诘，以为租庸令行数百年，不可轻改。帝不听。天下果利之。自是人不土断而地著，赋不加敛而增入，版籍不造而得其虚实，吏不诚而奸无所取，轻重之权始归朝廷矣。

炎兴岭表，以单议悟天子，中外翕然属望为贤相。居数月，崔祐甫疾，不能事，乔琳免，炎独当国，遂多变祐甫之政，减薄护元陵功优，人始不悦。又请开丰州陵阳渠，发畿县民役作，闾里骚然，渠卒不就。

素德元载，思有以报之。于是复议城原州，节度使段秀实谓"安边却敌，宜以缓计，方农事，不可遽兴功"。炎怒，追秀实为司农卿，以邠宁李怀光督作，遣朱泚、崔宁统兵各万人翼之。诏书下，泾军恚曰："吾军为国西屏十馀年。始自邠土，农桑地著之安，徙此榛莽中，手披足践，既立城垒，则又投之塞外，且安置此乎？"又怀光持法严，举军畏之。裨将刘文喜因人之怨，乃上疏求秀实、朱泚为使。诏以泚代怀光，文喜不奉诏，闭城拒守，质其子吐蕃以求援。时方炀旱，人情骚携，群臣皆请赦文喜，帝不听。诏减服御给军，且趣师泾州，士当受春服者皆即赐。命泚、怀光率军攻之，垒环其州。别将刘海宾斩文喜，献其首，泾州平，而原卒不能城。

又以刘晏劾载，已坐贬，乃出晏忠州，用庾准为荆南节度使，诬晏杀之，朝野侧目。李正己表请晏罪，炎惧，乃遣腹心分走诸道：裴冀使东都、河阳、魏博，孙成使泽潞、磁邢、幽州，卢东美使河南、淄青，李舟使山南、湖南，王定使淮西。声言宣慰，而实自辩解，言"晏往尝傅会奸邪，谋立独孤妃为后，帝自恶之，非它过也"。帝闻，使中人复其言于正己，还报信然，于是帝意衔之，未发也。

会卢杞以门下侍郎同中书门下平章事，进炎中书侍郎，同秉政。杞无术学，貌么陋，炎薄之，托疾不与会食，杞阴为憾。旧制，中书舍人分押尚书六曹，以平奏报。开元初，废其职。杞请复之，炎固以为不可，杞益怒。又密启主书过咎，逐之，炎曰："主书，吾局吏也，吾当自治之，奈何相侵邪？"始，炎还朝，道襄、汉，因劝梁崇义入朝，后又使李舟邀说之，崇义益反侧。及其叛，议者归咎炎，以为趣成之。帝欲以淮西李希烈统诸军致讨，炎曰："希烈始与李忠臣为子，逐忠臣取其位，此可以任乎？居无尺寸功，犹倔强不奉法，设使平贼，陛下将何以制之？"帝不能平，恚曰："朕业许之，不能食吾言。"遂用希烈。又尝访群臣可大任者，杞荐张镒、严郢，而炎举崔昭、赵惠伯。帝以炎论议疏阔，遂罢为尚书左仆射。既谢，对延英讫，不至中书，杞怒，益欲中之。

先是，严郢为京兆尹，不附炎，炎讽御史张著劾之，罢兼御史中丞。源休与郢不善，自流人擢休为京兆少尹，令伺郢过。休反与郢善，炎怒。会张光晟谋杀回纥酋帅，乃使休使回纥。郢坐度田不实，下除大理卿。至是炎罢，其子弘业赇赂狼藉，故杞引郢为御史大夫按之，并得它过。惠伯为河南尹时，尝市炎第为官廨。御史劾炎宰相抑吏市私第，贵取其直。杞召大理正田晋评罪，晋曰："宰相于庶官比监临，计羡利，罪夺官。"杞怒，谪晋衡州司马。于是当监主自盗，罪绞。开元时，萧嵩尝度曲江南，欲立私庙，以为天子临幸处乃止，后炎复取以立庙。飞语云："地有王气，故炎取之。"帝闻，震怒。会狱具，诏三司同覆，贬崖州司马同正。未至百里，赐死，年五十五。贬惠伯多田尉，亦杀之。

初，炎矫饰志节，颇得名，既傅会元载抵罪，俄而得政，然忮害根中，不能自止。眦睚必仇，果于用私，终以此及祸。自道州还也，家人以绿袍木简弃之,炎止曰:"吾岭上一逐吏,超登上台,可常哉?且有非常之福,必有非常之祸,安可弃是乎?"及贬,还所服。久之,诏复其官,谥肃愍,左丞孔戣驳之,更曰平厉。(《新唐书》卷一四五)

于 邵

于邵,字相门,其先家于代,今为京兆万年人。曾祖筠,户部尚书。邵,天宝末进士登科,书判超绝,授崇文馆校书郎。累历使府,入为起居郎,再迁比部郎中,尚二十考第于吏部,以当称。无何,出为道州刺史,未就道,转巴州。时岁俭,夷獠数千相聚山泽,围州掠众,邵励州兵以拒之。旬有二日,遣使说喻,盗邀邵面降,邵儒服出城,盗罗拜而降,围解。节度使李抱玉以闻,超迁梓州,以疾不至,迁兵部郎中。西川节度使崔宁请留为支度副使。寻拜谏议大夫、知制诰,再迁礼部侍郎、史馆修撰,为三司使。以撰上尊号册,赐阶三品,当时大诏令,皆出于邵。顷之,与御史中丞袁高、给事中蒋镇杂理左丞薛邕诏狱。邵以为邕犯在赦前,奏出之,失旨,贬桂州长史。贞元初,除原王傅,后为太子宾客,与宰相陆贽不睦。八年,出为杭州刺史,以疾请告,坐贬衢州别驾,移江州别驾,卒年八十一。

邵性孝悌,内行修洁,老而弥笃。初,樊泽常举贤良方正,邵一见之于京师,曰:"将相之材也。"不十五年,泽为节将。崔元翰年近五十,始举进士,邵异其文,擢第甲科,且曰:"不十五年,当掌诏令。"竟如其言。独孤授举博学宏词,吏部考为乙第,在中书覆升甲科,人称其当。有集四十卷。(《旧唐书》卷一三七)

于邵,字相门,其先自代来,为京兆万年人。天宝末,第进士,以书判超绝,补崇文校书郎。由比部郎中为道州刺史,未行,徙巴州。会岁饥,部獠乱,薄城下。邵励兵拒战,且遣使谕晓,獠丐降,邵儒服出,贼见皆拜,即引去。节度使李抱玉以闻,迁梓州,辞疾不拜,授兵部郎中。崔宁帅蜀，表为度支副使。俄以谏议大夫知制诰，进礼部侍郎。朝有大典册，必出其手。为三司使，治薛邕狱，失德宗旨，贬桂州长史。复为太子宾客，与宰相陆贽不平，出杭州刺史。久疾求告，贬衢州别驾，徙江州。卒，年八十一。

邵孝悌有行，晚途益修洁。樊泽始举贤良，邵望见，曰："将相材也。"崔元翰举进士，年五十矣，邵以其文擢异等，曰："后当司诏令。"已而皆然。独孤授举博学宏辞，吏部考当乙，邵覆之，置甲科，人咨其公。（《新唐书》卷二〇三）

李　翰

（李）华宗人翰，亦以进士知名。天宝中，寓居阳翟。为文精密，用思苦涩，常从阳翟令皇甫曾求音乐，每思涸则奏乐，神逸则著文。禄山之乱，从友人张巡客宋州。巡率州人守城，贼攻围经年，食尽矢穷方陷。当时薄巡者言其降贼，翰乃序巡守城事迹，撰张巡、姚訚等传两卷上之，肃宗方明巡之忠义，士友称之。上元中，为卫县尉，入朝为侍御史。（《旧唐书》卷一九〇下《萧颖士传》附）

（李华）宗子翰，从子观，皆有名。

翰擢进士第，调卫尉。天宝末，房琯、韦陟俱荐为史官，宰相不肯拟。翰所善张巡死节睢阳，人媢其功，以为降贼，肃宗未及知，翰传巡功状，表上之，曰："臣闻圣主褒死难之士，养死事之孤，或亲推辒车，或追建邑封，厚死以慰生，抚存以答亡，君不遗于臣，臣亦不背其君也。自逆胡构乱，据洛阳，引幽、朔以吞河南。故御史中丞、赠扬州大都督张巡，忠谊奋发，率乌合，守雍丘，溃贼心腹。及鲁炅弃甲宛、叶，哥舒翰败绩潼关，贼遂盗神器，鸱峙二京，南临汉、江，西逼岐、雍，群帅列城，望风出奔，巡守孤城不为却。贼欲绕出巡后以扰江淮，巡退军睢阳，扼东南咽领。自春讫冬，大战数十，小战数百，以弱制强，出奇无穷，杀馘凶丑凡十馀万，贼不敢越睢阳取江淮，江淮以完，巡之力也。城孤粮尽，外救不至，犹奋羸起病，摧锋陷坚，三军唊肤而食，知死不叛。城陷见执，卒无橈词，慢叱凶徒，精贯白日，虽古忠烈无以加焉。议者罪巡以食人，愚巡以守死，臣窃痛之。夫忠者，臣之教；恕者，法之情。巡握节而死，非亏教也；析骸以爨，非本情也。《春秋》以功覆过，《书》赦过宥刑，在《易》遏恶扬善，为国者录用弃瑕。今者乃欲议巡之罪，是废教绌节，不以功掩过，不以刑恕情，善可遏，恶可扬，瑕录而用弃，非所以奖人伦，明劝戒也。且禄山背德，大臣将相比肩从贼，巡官不朝，宴不坐，无一伍之士、一节之权，徒奋身死节，以动义旅，不谓忠乎？以数千卒横挫贼锋，若无巡则无睢阳，无睢阳则无江淮。有如贼因江淮之资，兵广而财积，根结盘据，西向以拒，虽终歼灭，其旷日持久必矣。今陕、鄢一战，犬羊骇北，王师震其西，巡扼其东，此天使巡举江淮以待陛下，师至而巡死，不谓功乎？古者列国侵伐，犹分灾救患，诸将同受国恩，奉辞伐罪，巡固守亦待外援，援不至而食尽，食尽而及人，则巡之情可求矣。假巡守城之初，已计食人，损数百众以全天下，臣尚谓功过相掩，况非素志乎？夫子制《春秋》，明褒贬。齐桓公将封禅，略不书；晋文公召王河阳，书而讳之。巡苍黄之罪，轻于僭禅；兴复之功，重于纠合。今巡子亚夫虽得官，不免饥寒，江淮既巡所保，户口允完，宜割百户俾食其子。且强死为厉，有所归则不为灾。巡身首分裂，将士骸骼不掩，宜于睢阳相择高原，起大冢，招魂而葬，旌善之义也。臣少与巡游，哀巡死难，不睹休明，唯令名其荣禄也。若不时纪录，日月寖悠，或掩而不传，或传而不实，巡生死不遇，诚可悲悼。谨撰传一篇，昧死上，倘得列于史官，死骨不朽。"帝由是感悟，而巡大节白于世，义士多之。

翰累迁左补阙、翰林学士。大历中，病免，客阳翟，卒。

翰为文精密而思迟，常从令皇甫曾求音乐，思涸则奏之，神逸乃属文。（《新唐书》卷二〇三《李华传》附）

程 浩

浩，代宗朝官驾部郎中。(《全唐文》卷四百四十三小传)两唐书无传。

乔 潭

潭，字源，梁人。天宝十三年进士。官陆浑尉。(《全唐文》卷四百五十一小传)两唐书未见其传。据《新唐书》卷一九四《元德秀传》知其与程休、邢宇、邢宙、张茂之、李崿、李丹叔、李惟岳、杨拯、房垂、柳识皆号元氏门弟子。

赵 憬

赵憬，字退翁，天水陇西人也。总章中吏部侍郎、同东西台三品仁本之曾孙。祖誼，历左司郎中。父道先，洪州录事参军。憬少好学，志行修洁，不求闻达。宝应中，玄宗、肃宗梓宫未祔，有司议山陵制度，时西蕃入寇，天下饥馑，憬以褐衣上疏，宜遵俭制，时人称之。后连为州从事，试江夏尉。累迁监察御史，随牒藩府，历殿中侍御史、太子舍人。居母忧，哀毁几绝。服除，建中初，擢授水部员外郎，未拜，会湖观察使李承请为副使、检校工部郎中充职。岁馀，承卒，遂知留后事。寻授潭州刺史兼御史中丞、湖南观察使，仍赐金紫。居二岁，受代归京师，阖门静居，不与人交。久之，特召对于别殿。憬多学问，有辞辩，敷奏称旨，上悦，拜给事中。

贞元四年，回纥请结和亲，诏以咸安公主降回纥，命检校右仆射关播充使，憬以本官兼御史中丞为副。前后使回纥者，多私齐缯絮，蕃中市马回以窥利，憬一无所市，人叹美之。使还，迁尚书左丞，纲辖省务,清勤奉职。窦参为宰相,恶其能,请出为同州刺史,上不从。

八年四月,窦参罢黜,憬与陆贽并拜中书侍郎、同中书门下平章事。憬深于理道,常言:"为政之本,在于选贤能,务节俭,薄赋敛,宽刑罚。"对扬之际,必以此为言,乃《献审官六议》,曰:"臣谬登宰府,四年于兹,恭承德音,未尝不以求贤为切。至于延荐,职在愚臣,虽当代天之工,且乏知人之鉴,渐积岁月,负于圣明,无补王猷,有妨贤路。况多疾恙,兼虑阙遗,顷奉表章,备陈肝膈。陛下以臣性拙直,身病可矜,不弃屡微,尚加委任。自此思省,报效尤难,莫副尧、舜之心,空怀尸素之惧。伏惟陛下法象应期,圣神广运,云行雨施,皆发自然,训诰典谟,悉经睿览。臣所以不敢援引古昔,上烦天聪,且以用人之要,愿伸鄙见。复念稽颡丹陛,仰对宸严,謇讷易穷,邃数难辩,理详则尘渎颇甚,言略则利害未宣。若默以求容,苟而窃位,纵天地之仁幸免,而中外之责何逃,非陛下用臣之意也。其所欲言者,皆陛下圣虑之内,臣以顶戴恩造,不知所为,身被风毒,渐觉沉痼,是以勤勤恳恳,切于愚诚也。臣闻贞观、开元之际,宰辅论事,或多上书,所冀获尽情理。今臣酌前代之损益,体当时之通变,谨献《审官六议》,伏惟闲宴时赐省览。

其大指,议相,则曰:'宜博采众贤,用为辅弼。今中外知其贤者,伏愿陛下用之,识其能者任之,求其全材,恐不可得。'

议进用庶官,则曰:'异同之论,是非难办。由考课难于实效,好恶杂于众声,所以访之弥多,得之弥少。选士古今为难,拔十得五,贤愚犹半。陛下谓臣曰:何必五也?十得二三斯可矣。圣主思贤至是,而宰臣不能进之,臣之罪也。进贤在于广任用,明殿最,举大节,弃其小瑕,随其所能,试之以事,用人之大纲也。"

议京诸司阙官,则曰:'当今要官多阙,闲官十无一二。文武任用,资序递迁,要官本以材行,闲官多由恩泽。朝廷或将任,多拟要官则人少阙多,闲官则人多阙少;明当选拔者转少,在优容者转多,宜补阙员,务育材用。大厦永固,是栋梁榱桷之全也;圣朝致理,亦庶官群

吏之能也。'

议中外考课官，则曰：'汉以数易长吏，谓之弊政。其有能理者，辄增秩赐金，或八九年、十馀年，乃入为九卿，或迁三辅，功绩茂异遂至丞相，其间不隔数官。今陛下内选庶僚，外委州府，课绩高者，不次超升，致理之法，无逾于此。臣愚以为黜陟且立年限，若所居要重，未当迁移，就加爵秩。其馀进退，令知褒之必应，迟速之有常。如课绩在中，年考有限，与之平转，中外迭处，历试其能，使无苟且之心，又无滞淹之虑。'

议举遗滞，则曰：'官司既广，必委宰辅以举之；宰辅不能遍知，又询于庶官，庶官不能遍知，又访于众人。众声嚣然，互有臧否，十人举之未信，一人毁之可疑，迨至于今，兹弊未改。其所以然者，非尽为爱憎也，苦于不审实而承声言之。大凡常人之心，以称人之善为清，以攻人之过为直，苟有除授，多生横议。由是宰臣每将荐用，亦自重难，日往月来，未副圣意。宜须采听时论，以所举多者先用，必非大故，皆不弃之。'

议擢用诸使府僚属，则曰：'诸使辟吏，各自精求，务于得人，将重府望。既经试效，能否可知，擢其贤能，置之朝列。或曰外使须才，固不可夺。臣知必不然也。属者使府宾介，每有登朝，本使殊以为荣，自喜知人，且明公选。大凡才能之士，名位未达，多在方镇，日月在上，谁不知之，思登阙庭，如望霄汉，宜须博采，无宜久滞。'"

上优诏答之。

时吏部侍郎杜黄裳为中贵谗谮及他过犯，御史中丞穆赞、京兆少尹韦武、万年县令李宣、长安令卢云皆为裴延龄构陷，将加斥逐，憬保护救解之，故多从轻贬。初，憬廉察湖南，令狐峘、崔儆并为巡属刺史。峘尝历中书舍人、礼部侍郎，儆久在朝列，所为或亏法令，憬每以正道制之。峘、儆密遣人数憬罪状，毁之于朝。及憬为相，拔儆自大理卿为尚书右丞，峘先贬官为别驾，又擢为吉州刺史，时人多之。

憬与陆贽同知政事，贽恃久在禁庭，特承恩顾，以国政为己任，才周岁，转憬为门下侍郎，憬由是深衔之，数以目疾请告，不甚当政事，因是不相协。裴延龄奸诈恣睢，满朝侧目，憬初与贽约于上前论之；及延英奏对，贽极言延龄奸邪诳诞之状，不可任用，德宗不悦，形于颜色，憬默然无言，由是罢贽平章事，而憬当国矣。

时宰相贾耽、卢迈与憬三人。十二年春正月，耽、迈皆有假，故憬独对于延英。上问曰："近日起居注记何事？"憬对曰："古者左史记言，人君动止，有实言随即记录，起居注是也。国朝永徽中，起居唯得对仗承旨，仗下后谋议皆不得闻，其记注唯编制敕，更无他事。所以长寿中姚璹知政事，以为亲承德音谟训，若不宣旨宰相，史官无以得书，璹请宰相一人记录所论军国政事，谓之时政记，每月送史馆。既而时政记又废。"上曰："君举必书，义存劝诫。既尝有时政记，宰臣宜依故事为之。"无何，憬卒，时政记亦不行。

憬特承恩顾，性清俭，虽为宰辅，居第仆使，类贫士大夫之家，所得俸入，先置私庙，而竟不立第舍田产。其年八月，遇暴疾，信宿而卒，时年六十一。子元亮进憬遗表草曰："臣叨荷圣慈，窃尘台鼎，年序颇久，绩用无闻，负乘之败已彰，覆𫗦之咎俄及。而天与之疾，福过生灾，自今日卯时以来，稍加困重，针灸不及，药饵奚施。奄然游魂，终当就木，冥冥残喘，岂忍辞天。号呼涕零，侧息心断，反风结草，誓报深恩，虽死犹生，岂孤素愿。无任感恩呜咽痛恨之至。"德宗尤悼惜之，废朝三日，册赠太子太傅，赙帛五百端、米粟四百石，令鸿胪卿王权充册吊使。

元亮官至左司郎中、侍御史知杂事卒。次子全亮，官至侍御史、桂管防御判官。元亮兄宣亮、弟承亮，皆以门荫授官。（《旧唐书》卷一三八）

赵憬，字退翁，渭州陇西人。曾祖仁本，仕为吏部侍郎、同东西台三品。

憬志行峻洁，不自炫贾。宝应中，方营泰、建二陵，用度广，又吐蕃盗边，天下荐饥，憬褐衣上疏，请杀礼从俭，士林叹美。试江夏尉，佐诸使府，进太子舍人。母丧免，有芝生壤树。建中初，擢水部员外郎，湖南观察使李承表憬自副。承卒，遂代之。召还，阖门不与人交。李泌荐之，对殿中，占奏明辩，通古今，德宗钦悦，拜给事中。

贞元中，咸安公主降回纥，诏关播为使，而憬以御史中丞副之。异时使者多私赍，以市马规利入，独憬不然。使未还，尚书左丞缺，帝曰："赵憬堪此。"遂以命之。考功岁终，请如至德故事课殿最，憬自言荐果州刺史韦证，以贪败，请降考。校考使刘滋谓憬知过，更以考升。

窦参当国，欲抑为刺史，帝不许。参罢，进中书侍郎、同中书门下平章事，与陆贽同辅政。贽于裁决少所让，又徙憬门下侍郎，由是不平。自以不任职，数称疾。时杜黄裳遭奄人谗诋，穆赞、韦武、李宣、卢云等为裴延龄构摈，势危甚，憬救护申解，皆得免。初，贽约共执退延龄，既对，贽极言其奸，帝色变，憬不为助，遂罢贽，乃始当国。

憬精治道，常以国本在选贤、节用、薄赋敛、宽刑罚，恳恳为天子言之。又陈前世损益、当时之变，献《审官六议》。一议相臣，曰："中外知其贤者用之，能者任之，责材之备，为不可得。"二议庶官，曰："臣尝谓拔十得五，贤愚犹半。陛下曰：'何必五也，十二可矣。'故广任用，明殿最，举大节，略小瑕，随能试事，用人之大要也。"三议京司阙官，曰："今要官阙多，闲官员多。要官以材行，闲官以恩泽，是选拔少，优容众也。宜补缺员，以育人材。"四议考课，曰："今内庶僚，外刺史，课最尤者，擢以不次，善矣。臣谓黜陟宜责岁限，若任要重未当迁者，加爵或秩。其馀进退，宜示迟速之常。若课在中、考如限者，平转而历试之，即无苟且之心、滞淹之虑。"五议遗滞，曰："陛下委宰辅举才，不遍知也，则访之庶僚；又不遍知也，访之众人。众声嚣然，十誉之未信，一毁之可疑。臣谓宜采士论，以誉多者先用，非大故者勿弃。"六议藩府官属，曰："诸使辟署，务得才以重府望，能否已试，则引而置之朝，无俾久滞。"帝皆然之，下诏褒答。辅政五年卒，年六十一。其息上卒时稿奏，帝悼惜之。赠太子太傅，谥曰贞宪。

憬性清约，位台宰，而第室童获犹儒先生家也。得禀入，先建家庙，而竟不营产。其镇湖南也，令狐峋、崔儆并为部刺史，不守法，憬以正弹治之，皆遣客暴憬失于朝。及为相，乃擢儆自大理卿为尚书右丞，峋方贬衢州别驾，引为吉州刺史，人以为贤。（《新唐书》卷一五〇）

马　总

马总，字会元，扶风人。少孤贫，好学，性刚直，不妄交游。贞元中，姚南仲镇滑台，辟为从事。南仲与监军使不叶，监军诬奏南仲不法。及罢免，总坐贬泉州别驾，监军入掌枢密。福建观察使柳冕希旨欲杀总，从事穆赞鞫总，赞称无罪，总方免死。后量移恩王傅。元和初，迁虔州刺史。四年，兼御史中丞，充岭南都护、本管经略使。总敦儒学，长于政术，在南海累年，清廉不挠，夷獠便之。于汉所立铜柱之处，以铜一千五百斤特铸二柱，刻书唐德，以继伏波之迹。以绥蛮功，就加金紫。八年，转桂州刺史、桂管经略观察使，入为刑部侍郎。裴度宣慰淮西，奏为制置副使。吴元济诛，度留总蔡州，知彰义军留后。寻检校工部尚书、蔡州刺史、兼御史大夫，充淮西节度使。总以申、光、蔡等州久陷贼寇，人不知法，威刑劝导，咸令率化。奏改彰义军曰淮西，贼之伪迹，一皆削荡。

十三年，转许州刺史、忠武军节度、陈、许、溵等州观察处置等使。明年，改华州刺史、潼关防御、镇国军等使。十四年，迁检校刑部尚书、郓州刺史、天平军节度、郓、曹、濮等州观察等使，就加检校尚书左仆射。入为户部尚书。长庆三年卒，赠右仆射。

总理道素优，军政多暇，公务之馀，手不释卷。所著《奏议集》《年历》《通历》《子钞》等书百馀卷，行于世。（《旧唐书》卷一五七）

马总，字会元，系出扶风。少孤娶，不妄交游。贞元中，辟署滑州姚南仲幕府，监军薛盈珍诬南仲不法，总坐贬泉州别驾。盈珍入用事，福建观察使柳冕希旨欲诛之，会刺史穆赞保护乃免，徙恩王傅。

元和中，以虔州刺史迁安南都护，廉清不挠，用儒术教其俗，政事嘉美，獠夷安之。建二铜柱于汉故处，镵著唐德，以明伏波之裔。徙桂管经略观察使，入为刑部侍郎。十二年，兼御史大夫，副裴度宣慰淮西。吴元济禽，为彰义节度留后。蔡人习伪恶，相掉訐，犷戾有夷貊风。总为设教令，明赏罚，磨治洗汰，其俗一变。始奏改彰义为淮西，寻擢拜淮西节度使，徙忠武，改华州防御、镇国军使。李师道平，析郓、曹、濮等为一道，除总节度，赐号天平军。

长庆初，刘总上幽、镇地，诏总徙天平，而诏总还，将大用之。会总卒，穆宗以郓人附赖总，复诏还镇。二年，检校尚书左仆射，入为户部尚书。总笃学，虽吏事倥偬，书不去前，论著颇多。卒，赠右仆射，谥曰懿。（《新唐书》卷一六三）

权德舆

权德舆，字载之，天水略阳人。父皋，字士繇，后秦尚书翼之后。少以进士补贝州临清尉。安禄山以幽州长史充河北按察使，假其才名，表为蓟县尉，署从事。皋阴察禄山有异志，畏其猜虐，不可以洁退，欲潜去，又虑祸及老母。天宝十四年，禄山使皋献戎俘，自京师回，过福昌。福昌尉仲谟，皋从父妹婿也，密以计约之。比至河阳，诈以疾亟召谟，谟至，皋示己喑，瞪谟而瞑。谟乃勉哀而哭，手自含袭，既逸皋而葬其棺，人无知者。从吏以诏书还，皋母初不知，闻皋之死，恸哭伤于路。禄山不疑其诈死，许其母归。皋时微服匿迹，候母于淇门，既得侍其母，乃奉母昼夜南去，及渡江，禄山已反矣。由是名闻天下。淮南采访使高适表皋试大理评事，充判官。属永王璘乱，多劫士大夫以自从，皋惧见迫，又变名易服以免。玄宗在蜀，闻而嘉之，除监察御史。会丁母丧，因家洪州。时南北隔绝，或逾岁不闻诏命。有中使奉宣至洪州，经时未复，过有求取，州县苦之。时有王遘为南昌令，将执按之,因见皋白其事,皋不言,久之,垂涕曰:"方今何由可致一敕使,而遽有此言。"因掩涕而起,遘遽拜谢之。浙西节度使颜真卿表皋为行军司马,诏征为起居舍人,又以疾辞。尝曰:"本自全吾志,岂受此之名耶!"李季卿为江淮黜陟使,奏皋节行,改著作郎,复不起。两京蹂于胡骑,士君子多以家渡江东,知名之士如李华、柳识兄弟者,皆仰皋之德而友善之。大历三年,卒于家,年四十六。元和中谥曰贞孝。初,皋卒,韩洄、王定为服朋友之丧,李华为其墓表,以为分天下善恶,一人而已。前赠秘书监,至是因子德舆为相,立家庙。至元和十二年,复赠太子太保。

德舆生四岁,能属诗;七岁居父丧,以孝闻;十五为文数百篇,编为《童蒙集》十卷,名声日大。韩洄黜陟河南,辟为从事,试秘书省校书郎。贞元初,复为江西观察使李兼判官,再迁监察御史。府罢,杜佑、裴胄皆奏请,二表同日至京。德宗雅闻其名,征为太常博士,转左补阙。八年,关东大水,上疏请降诏恤隐,遂命奚陟等四人使。

裴延龄以巧幸判度支,九年,自司农少卿除户部侍郎,仍判度支。德舆上疏曰:"臣伏以爵人于朝,与众共之,况经费之司,安危所系。延龄顷自权判,逮令间岁,不称之声,日甚于初。群情众口,喧于朝市,不敢悉烦圣听,今谨略举所闻。多云以常赋正额支用未尽者,便为剩利,以为己功。又重破官钱买常平先所收市杂物,遂以再给估价,用充别贮利钱。又云边上诸军皆至悬阙,自今春以来,并不支粮。伏以疆场之事,所虞非细,诚圣谟前定,终事切有司。陛下必以延龄孤贞独立,为时所抑,丑正有党,结此流言,何不以新收剩利,征其本末,为分析条奏?又择朝贤信臣,与中使一人巡覆边军,察其资储有无虚实。倘延龄受任以来,精心勤力,每事省约,别收羡馀,于正数各有区分,边军储蓄,实犹可支,身自敛急,为国惜费,自宜更示优奖,以洗群疑,明书厥劳,昭示天下。如或言者非谬,罔上实多,岂以邦国重务,委之非据。臣职在谏曹,合采群议,正拜以来,今已旬日,道路云云,无不言此。岂京师士庶之众,愚智之多,合而为党,共有仇嫉,陛下亦宜稍回圣鉴,俯察群心。况臣之事君,如子事父,今当圣明不讳之代,若犹爱身隐情,是不忠不孝,莫大之罪。敢沥肝血,伏待刑书。"

十年,迁起居舍人,岁中,兼知制诰。转驾部员外郎、司勋郎中,职如旧。迁中书舍人。是时,德宗亲览庶政,重难除授,凡命于朝,多补自御札。始,德舆知制诰,给事有徐岱,舍人有高郢。居数岁,岱卒,郢知礼部贡举,独德舆直禁垣,数旬始归。尝上疏请除两省官,德宗曰:"非不知卿之劳苦,禁掖清切,须得如卿者,所以久难其人。"德舆居西掖八年,其间独掌者数岁。贞元十七年冬,以本官知礼部贡举,来年,真拜侍郎,凡三岁掌贡士,至今号为得人。转户部侍郎。元和初,历兵部、吏部侍郎,坐郎吏误用官阙,改太子宾客,复为兵部侍郎,迁太常卿。

五年冬,宰相裴垍寝疾,德舆拜礼部尚书、平章事,与李藩同作相。河中节度王锷来朝,贵幸多誉锷者,上将加平章事,李藩坚执以为不可。德舆继奏曰:"夫平章事,非序进而得,国朝方镇带宰相者,盖有大忠大勋。大历以来,又有跋扈难制者,不得已而与之。今王锷无大忠勋,又非姑息之时,欲假此名,实恐不可。"上从之。

运粮使董溪、于皋谟盗用官钱,诏流岭南,行至湖外,密令中使皆杀之。他日,德舆上疏曰:"窃以董溪等,当陛下忧山东用兵时,领粮料供军重务,圣心委付,不比寻常,敢负恩私,恣其赃犯,使之万死,不足塞责。弘宽大之典,流窜太轻。陛下合改正罪名,兼责臣等疏略。但诏令已下,四方闻知,不书明刑,有此处分,窃观众情,有所未喻。伏自陛下临御以来,每事以诚,实与天地合德,与四时同符,万方之人,沐浴皇泽。至如于、董所犯,合正典章,明下诏书,与众同弃,即人各惧法,人各谨身。臣诚知其罪不容诛,又是已过之事,不合论辩,上烦圣聪。伏以陛下圣德圣姿,度越前古,顷所下一诏,举一事,皆合理本,皆顺人心。伏虑他时更有此比,但要有司穷鞫,审定罪名,或致之极法,或使自尽,罚一劝百,孰不甘心?巍巍圣朝,事体非细,臣每于延英奏对,退思陛下求理之言,生逢盛明,感涕自贺。况以愚滞朴讷,圣鉴所知，伏惟恕臣迁疏，察臣丹恳。"

及李吉甫自淮南诏征，未一年，上又继用李绛。时上求理方切，军国无大小，一付中书。吉甫、绛议政颇有异同，或于上前论事，形于言色；其有诣于理者，德舆亦不能为发明，时人以此讥之。竟以循默而罢，复守本官。寻以检校吏部尚书东都留守，后拜太常卿，改刑部尚书。先是，许孟容、蒋乂等奉诏删定格敕，孟容等寻改他官，又独成三十卷，表献之，留中不出。德舆请下刑部，与侍郎刘伯刍等考定，复为三十卷奏上。十一年，复以检校吏部尚书出镇兴元。十三年八月，有疾，诏许归阙，道卒，年六十。赠左仆射，谥曰文。

德舆自贞元至元和三十年间，羽仪朝行，性直亮宽恕，动作语言，一无外饰，蕴藉风流，为时称响。于述作特盛，六经百氏，游泳渐渍，其文雅正而弘博，王侯将相洎当时名人薨殁，以铭纪为请者十八九，时人以为宗匠焉。尤嗜读书，无寸景暂倦，有文集五十卷，行于代。子璩，中书舍人。(《旧唐书》卷一四八)

权德舆，字载之。父皋，见《卓行传》。德舆七岁居父丧，哭踊如成人。未冠，以文章称诸儒间。韩洄黜陟河南，辟置幕府。复从江西观察使李兼府为判官。杜佑、裴胄交辟之。德宗闻其材，召为太常博士，改左补阙。

贞元八年，关东、淮南、浙西州县大水，坏庐舍，漂杀人。德舆建言："江、淮田一善熟，则旁资数道，故天下大计，仰于东南。今霪雨二时，农田不开，庸亡日众。宜择群臣明识通方者，持节劳徕，问人所疾苦，蠲其租入，与连帅守长讲求所宜。赋取于人，不若藏于人之固也。"帝乃遣奚陟等四人循行慰抚。裴延龄以巧幸进，判度支，德舆上疏斥言："延龄以常赋正额用度未尽者为羡利，以夸己功；用官钱售常平杂物，还取其直，号别贮羡钱，因以罔上；边军乏，不禀粮，召祸疆场，其事不细。陛下疑为流言，胡不以新利召延龄，质核本末，择中朝臣按覆边资。如言者不谬，则邦国之务，不宜委非其人。"疏奏，不省。

迁起居舍人。岁中,兼知制诰,进中书舍人。当是时,帝亲揽庶政,重除拜,凡命诸朝,皆手制中下。始,德舆知制诰,而徐岱给事中,高郢为舍人。居数岁,岱卒,郢知礼部,德舆独直两省,数旬一还舍,乃上书言:"左右掖垣,承天子诰命,奉行详覆,各有攸司。旧制,分曹十员,以相防检。大抵事有所壅,则吏得为非。四方闻者,或以朝廷为乏士,要重之司,不宜久废。"帝曰:"非不知卿之劳,但择如卿者未得其人耳。"久之,知礼部贡举,真拜侍郎。凡三岁,甄品详谛,所得士相继为公卿、宰相。取明经初不限员。

十九年,大旱,德舆因是上陈阙政曰:"陛下斋心减膳,闵恻元元,告于宗庙,祷诸天地,一物可祈,必致其礼,一士有请,必听其言,忧人之心可谓至已。臣闻销天灾者修政术,感人心者流惠泽,和气洽,则祥应至矣。畿甸之内,大率赤地而无所望,转徙之人,毙踣道路,虑种麦时,种不得下。宜诏在所裁留经用,以种贷民。今兹租赋及宿逋远贷,一切蠲除。设不蠲除,亦无可敛之理,不如先事图之,则恩归于上。去十四年夏旱,吏趣常赋,至县令为民殴辱者,不可不察。"又言:"漕运本济关中,若转东都以西缘道仓廪,悉入京师,督江、淮所输以备常数,然后约太仓一岁计,斥其馀者以粜于民,则时价不踊而蓄藏者出矣。"又言:"大历中,一缣直钱四千,今止八百,税入如旧,则出于民者五倍其初。四方锐于上献,为国掊怨,广军实之求,而兵有虚籍,剥取多方,虽有心计巧历,能商功利,其于割股啖口,困人均也。"又言:"比经绌放者,自谓扰拭无期,坐为匪人,以动和气。而冬荐官逾三年未受命,衣食既空,溘然就毙,此亦穷人之一端也。近陛下洗宥绌放者,或起为二千石,其徒更相勉,知牵复可望。惟因而弘之,使人人自效。"帝颇采用之。

宪宗元和初,历兵部侍郎,坐累,徙太子宾客,俄还前官。时泽潞卢从史诈傲,寖不制,其父虔卒京师,而成德王承宗父死求袭,德舆谏,以为:"欲变山东,先择昭义之帅。从史拔自军校,偃蹇不法,今可因其丧,选守臣代之。成德习俗既久,当制以渐,许成德之请则可,许昭义则不可。"帝不听。及王承宗叛,从史乃诡计以桡王师,兵老无功。德舆复请赦承宗,徙从史。后皆略如所料。

会裴垍病,德舆自太常卿拜礼部尚书、同中书门下平章事。王锷由河中入朝,求兼宰相,李藩以为不可,德舆亦奏:"平章事非序进宜得,比方镇带宰相,必有大忠若勋,否则强不制者,不得已与之。今锷无功,又非姑息时,一假此名,以开后人,不可。"帝乃止。

董溪、于皋谟以运粮使盗军兴,流岭南,帝悔其轻,诏中使半道杀之。德舆谏:"溪等方山东用兵,干没库财,死不偿责。陛下以流斥太轻,当责臣等缪误,审正其罪,明下诏书,与众同弃,则人人惧法。臣知已事不净,然异时或有此比,要须有司论报,罚一劝百,孰不甘心。"帝深然之。尝问政之宽猛孰先,对曰:"唐家承隋苛虐,以仁厚为先。太宗皇帝见《明堂图》,始禁鞭背,列圣所循,皆尚德教。故天宝大盗窃发,俄而夷灭,盖本朝之化,感人心之深也。"帝曰:"诚如公言。"

德舆善辨论,开陈古今本末,以觉悟人主。为辅相,宽和不为察察名。李吉甫再秉政,帝又自用李绛参赞大机。是时,帝切于治,事巨细悉责宰相。吉甫、绛议论不能无持异,至帝前遽言亟辩,德舆从容不敢有所轻重,坐是罢为本官。以检校吏部尚书留守东都,进扶风郡公。于頔以子杀人,自囚,亲戚莫敢过门,朝廷无为请者。德舆将行,言于帝曰:"頔之罪既贷不竟,宜因赐宽诏。"帝曰:"然,卿为吾过谕之。"复拜太常卿,徙刑部尚书。

先是,诏许孟容、蒋乂刊汇格敕,既成,上之,留禁中;德舆请出其书,与侍郎刘伯刍参复研考,定三十篇奏上。复检校吏部尚书,出为山南西道节度使。后二年,以病乞还,卒于道,年六十,赠尚书左仆射,谥曰文。

德舆生三岁,知变四声,四岁能赋诗,积思经术,无不贯综。自始学至老,未曾一日去书不观。尝著论,辨汉所以亡,西京以张禹,东京以胡广,大指有补于世。其文雅正赡缛,当时公卿侯王功德卓异者,皆所铭纪,十常七八。虽动止无外饰,其蕴藉风流,自然可慕。贞元、

元和间,为缙绅羽仪云。(《新唐书》卷一六五)

德舆,字载之,秦州人。未冠,以文章称诸儒间。韩洄黜陟河南,辟置幕府。复从江西观察使李兼府为判官。德宗闻其材,召为太常博士,改左补阙,中间累上书直言,迁起居舍人。贞元十五年知制诰,进中书舍人。宪宗初,历兵部侍郎,太子宾客。以陈说谋略多中,元和五年自太常卿拜礼部尚书、同中书门下平章事。德舆善辩论,开陈古今,觉悟人主。为辅相,尚宽,不甚察察。封扶风郡公。德舆能赋诗,工古调乐府,极多情致。积思经术,无不贯综,手不释卷。虽动止无外饰,其蕴藉风流,自然可慕。贞元、元和间,为荐绅羽仪。有文集,今传,杨嗣复为序。(《唐才子传》卷五)

戴叔伦

戴叔伦,字幼公,润州金坛人。师事萧颖士,为门人冠。刘晏管盐铁,表主运湖南,至云安,杨子琳反,驰客劫之曰:"归我金币,可缓死。"叔伦曰:"身可杀,财不可夺。"乃舍之。嗣曹王皋领湖南、江西,表在幕府。皋讨李希烈,留叔伦领府事,试守抚州刺史。民岁争溉灌,为作均水法,俗便利之。耕饷岁广,狱无系囚。俄即真。期年,诏书褒美,封谯县男,加金紫服。

齐映、刘滋执政,叔伦劝以"屯难未靖,安之者莫先于兵,兵所藉者食,故金谷之司不轻易人。天下州县有上、中、下、紧、望、雄、辅者,有司铨拟,皆便所私,此非为官择人、为人求治之术。其尤切者,县令、录事参军事,此二者宜出中书、门下,无计资序限,远近高卑,一以殿最升降,则人知劝。"映等重其言。迁容管经略使,绥徕夷落,威名流闻。其治清明仁恕,多方略,故所至称最。德宗尝赋《中和节诗》,遣使者宠赐。代还,卒于道,年五十八。(《新唐书》卷一四三)

叔伦,字幼公,润州金坛人。师事萧颖士为门生。赋性温雅,善举止,能清谈,无贤不肖,相接尽心。工诗。贞元十六年陈权榜进士。尝在租庸幕下数年,夕惕匪怠。吏部尚书刘公与祠部员外郎张继书,博访选材,日揖宾客,叔伦投刺,一见称心,遂就荐。累迁抚州刺史。政拟龚、黄,民乐其治,圜扉寂然,鞫为茂草,诏书褒美,封谯郡男,加金紫。后迁容管经略使,威名益振,治亦清明,仁恕多方,所至称最。德宗赋《中和节诗》,遣使者宠赐,世以为荣。还,上表请为道士,未几卒。叔伦初以淮、汴寇乱,鱼肉江上,携亲族避地来鄱阳。肄业勤苦,志乐清虚,闭门却扫,与处士张众甫、朱放素厚,范、张之期,曾不虚月。诗兴悠远,每作惊人。有《述稿》十卷,今传于世。(《唐才子传》卷五)

梁　肃

肃字敬之,一字宽中,隋刑部尚书毗五世孙,世居陆浑。建中初,中文辞清丽科,擢太子校书郎。萧复荐其材,授右拾遗,修史,以母羸老不赴。杜佑辟淮南掌书记,召为监察御史,转右补阙、翰林学士、皇太子诸王侍读。卒,年四十一,赠礼部郎中。(《新唐书》卷二〇二《苏源明传》附)

崔元翰

崔元翰者,博陵人。进士擢第,登博学宏词制科,又应贤良方正、直言极谏科,三举皆升甲第,年已五十馀。李洰公镇滑台,辟为从事。后北平王马燧在太原,闻其名,致礼命之,又为燧府掌书记。入朝为太常博士、礼部员外郎。窦参辅政,用为知制诰,诏令温雅,合于典谟。然性太刚褊简傲,不能取容于时,每发言论,略无阿徇,忤执政旨,故掌诰二年,而官不迁。竟罢知制诰,守比部郎中。

元翰苦心文章，时年七十馀，好学不倦。既介独耿直，故少交游，唯秉一操，伏膺翰墨。其对策及奏记、碑志，师法班固、蔡伯喈，而致思精密。为时所摈，终于散位。（《旧唐书》卷一三七）

崔元翰，名鹏，以字行。父良佐，与齐国公日用从昆弟也。擢明经甲科，补湖城主簿，以母丧，遂不仕。治《诗》《易》《书》《春秋》，撰《演范》《忘象》《浑天》等论数十篇。隐共北白鹿山之阳。卒，门人共谥曰贞文孝父。

元翰举进士、博学宏辞、贤良方正，皆异等。义成李勉表在幕府，马燧更表为太原掌书记。召拜礼部员外郎。窦参秉政，引知制诰。其训辞温厚，有典诰风。然性刚褊，不能取容于时，孤特自恃。掌诰凡再期，不迁，罢为比部郎中，时已七十馀，卒。

其好学老不倦，用思精致，驰骋班固、蔡邕间以自名家。怨陆贽、李充，乃附裴延龄，延龄表钩校京兆妄费，持吏甚急，而充等自无过，讫不能傅致以罪云。（《新唐书》卷二〇三）

顾　况

顾况者，苏州人。能为歌诗，性诙谐，虽王公之贵与之交者，必戏侮之，然以嘲诮能文，人多狎之。柳浑辅政，以校书郎征。复遇李泌继入，自谓已知秉枢要，当得达官，久之方迁著作郎，况心不乐，求归于吴。而班列群官，咸有侮玩之目，皆恶嫉之。及泌卒，不哭，而有调笑之言，为宪司所劾，贬饶州司户。有文集二十卷。其《赠柳宜城》辞句，率多戏剧，文体皆此类也。

子非熊，登进士第，累佐使府，亦有诗名于时。（《旧唐书》卷一三〇《李泌传》附）

况，字逋翁，苏州人。至德二年，天子幸蜀，江东侍郎李希言下进士。善为歌诗,性诙谐,不修检操,工画山水。初为韩晋公江南判官。德宗时,柳浑辅政,荐为秘书郎。况素善于李泌,遂师事之,得其服气之法,能终日不食。及泌相,自谓当得达官,久之,迁著作郎。及泌卒,作《海鸥咏》嘲诮权贵,大为所嫉,被宪劾贬饶州司户,作诗曰:"万里飞来为客鸟,曾蒙丹凤借枝柯。一朝凤去梧桐死,满目鸱鸢奈尔何!"遂全家去,隐茅山,炼金拜斗,身轻如羽。况暮年一子,即亡,追悼哀切,吟曰:"老人丧爱子,日暮泣成血。老人年七十,不作多时别。"其年又生一子,名非熊,三岁始言,在冥漠中闻父吟苦,不忍,乃来复生。非熊后及第,自长安归庆,已不知况所在。或云得长生诀仙去矣。今有集二十卷传世,皇甫湜为之序。(《唐才子传》卷三)

李　观

李观,洛阳人,其先自赵郡徙焉,秋官员外郎敬仁佺孙也。少习武艺,沉厚寡言,有将帅识度。乾元中,以策干朔方节度使郭子仪,子仪善之,令佐坊州刺史吴佁,充防遏使,寻以忧免,居鳌屋别业。广德初,吐蕃入寇,銮驾之陕,观于鳌屋率乡里子弟千馀人守黑水之西,戎人不敢近。会岭南节度杨慎微将之镇,以观权谋,奏充偏将,俾总军政。及徐浩、李勉继领广州,尤加信任,麾下兵甲悉委之。平冯崇道、朱泚(校勘记作"济")时有功,累迁大将。李勉移镇滑州,累奏授试殿中监,加开府仪同三司。追赴阙,授右龙武将军。

建中末,泾师叛,观时上直,领卫兵千馀人扈从奉天。诏都巡警训练诸军戍卒,三数日间,加召二千馀众,列之通衢,整肃鼙鼓,城内因之增气。德宗倚赖之,赐封二百户,二子宏、寓,授八品京官。及驾出奉天,与令狐建、李升、韦清等咸执羁靮,周旋艰险,皆著功劳。驾还京师,诏总后军禁卫。

兴元元年闰十月,拜四镇北庭行军泾原节度使、检校兵部尚书。在镇四年,虽无拓境之绩,励卒储粮,训整宁辑。及平凉之师会,浑瑊既无戎备,观伺知狡谋,潜择精兵五千要伏险道;及珹遁归,赖观游军及李元谅之师表里以免。帝优赏,赐赍甚厚,特诏褒美。其年,朝京师,除少府监、检校工部尚书,以疾终。贞元四年,赠太子少傅。(《旧唐书》卷一四四)

李观,其先自赵郡徙洛阳,故为洛阳人。少沉厚寡言。以策干朔方节度使郭子仪,子仪遣佐坊州刺史吴俶为防遏使,以亲丧解。吐蕃内寇,代宗幸陕,观隐鏊屋,率乡里子姓千人守黑水,虏不敢侵。岭南节度使杨慎微奏为偏将,徐浩、李勉代节度,常倚以军政,数捕平剧贼。迁大将,试殿中监,召为右龙武将军。

泾师叛,观适番上,即领兵千馀扈德宗奉天。诏尽察诸军,整饬谁逻,增募五千人,鼛旝欢竖,士气益振。赐封户二百,授二子八品官。从至梁州。帝还,诏总后军。擢四镇、北廷行军泾原节度使。在屯四年,训部伍,储藏饶衍。平凉之盟,吐蕃不得志。是年,观入朝,前一日就道,虏至期出精骑狙击,不及,去。以少府监检校工部尚书。卒,赠太子少傅。(《新唐书》卷一五六)

韩 愈

韩愈,字退之,昌黎人。父仲卿,无名位。愈生三岁而孤,养于从父兄。愈自以孤子,幼刻苦学儒,不俟奖励。大历、贞元之间,文字多尚古学,效杨雄、董仲舒之述作,而独孤及、梁肃最称渊奥,儒林推重。愈从其徒游,锐意钻仰,欲自振于一代。洎举进士,投文于公卿间,故相郑馀庆颇为之延誉,由是知名于时。

寻登进士第。宰相董晋出镇大梁,辟为巡官。府除,徐州张建封又请为其宾佐。愈发言真率,无所畏避,操行坚正,拙于世务。调授四门博士,转监察御史。德宗晚年,政出多门,宰相不专机务,宫市之弊,谏官论之不听。愈尝上章数千言极论之,不听,怒贬为连州阳山令,量移江陵府掾曹。元和初,召为国子博士,迁都官员外郎。时华州刺史阎济美以公事停华阴令柳涧县务,俾摄掾曹。居数月,济美罢郡,出居公馆,涧遂讽百姓遮道索前年军顿役直。后刺史赵昌按得涧罪以闻,贬房州司马。愈因使过华,知其事,以为刺史相党,上疏理涧,留中不下。诏监察御史李宗奭按验,得涧赃状,再贬涧封溪尉。以愈妄论,复为国子博士。愈自以才高,累被摈黜,作《进学解》以自喻曰:

"国子先生晨入太学,召诸生立馆下,诲之曰:'业精于勤荒于嬉,行成于思毁于随。方今圣贤相逢,治具毕张,拔去凶邪,登崇俊良。占小善者率以录,名一艺者无不庸。爬罗剔抉,刮垢磨光。盖有幸而获选,孰云多而不扬?诸生业患不能精,无患有司之不明;行患不能成,无患有司之不公。'

言未既,有笑于列者曰:'先生欺余哉!弟子事先生,于兹有年矣。先生口不绝吟于六艺之文,手不停披于百家之编。纪事者必提其要,纂言者必钩其玄。贪多务得,细大不捐。焚膏油以继晷,恒兀兀以穷年。先生之业,可谓勤矣。抵排异端,攘斥佛老,补苴罅漏,张皇幽眇。寻坠绪之茫茫,独旁搜而远绍;障百川而东之,回狂澜于既倒。先生之于儒,可谓有劳矣。沉浸浓郁,含英咀华,作为文章,其书满家。上规姚姒,浑浑无涯。周诰、殷盘,佶屈聱牙。《春秋》谨严,左氏浮夸。《易》奇而法,《诗》正而葩。下逮庄骚,太史所录,子云、相如,同工异曲。先生之于文,可谓宏其中而肆其外矣。少始知学,勇于敢为;长通于方,左右具宜。先生之于为人,可谓成矣。然而公不见信于人,私不见助于友,跋前踬后,动辄得咎。暂为御史,遂窜南夷。三年博士,冗不见治。命与仇谋,取败几时。冬暖而儿号寒,年丰而妻啼饥。头童齿豁,竟死何裨?不知虑此,而反教人为!'

先生曰:'吁!子来前。夫大木为杗,细木为桷,欂栌侏儒、椳闑扂楔,各得其宜,施以成室者,匠氏之工也。玉札丹砂、赤箭青芝、牛溲马勃、败鼓之皮,俱收并蓄,待用无遗者,医师之良也。登明选公,杂进巧拙，纤馀为妍，卓荦为杰，校短量长，唯器是适者，宰相之方也。昔者，孟轲好辩，孔道以明，辙环天下，卒老于行。荀卿守正，大论是宏，逃谗于楚，废死兰陵。是二儒者，吐辞为经，举足为法，绝类离伦，优入圣域，其遇于世何如也？今先生学虽勤而不由其统；言虽多，不要其中；文虽奇，不济于用；行虽修，不显于众。犹且月费俸钱，岁靡廪粟，子不知耕，妇不知织，乘马从徒，安坐而食，踵常涂之促促，窥陈编以盗窃。然而圣主不加诛，宰臣不见斥，此非其幸哉！动而得谤，名亦随之。投闲置散，乃分之宜。若夫商财贿之有亡，计班资之崇庳，忘己量之所称，指前人之瑕疵，是所谓诘匠氏之不以杙为楹，而訾医师以昌阳引年，欲进其豨苓也。'"

执政览其文而怜之，以其有史才，改比部郎中、史馆修撰。逾岁，转考功郎中、知制诰，拜中书舍人。

俄有不悦愈者，摭其旧事，言愈前左降为江陵掾曹，荆南节度使裴均馆之颇厚，均子锷凡鄙，近者锷还省父，愈为序钱锷，仍呼其字。此论喧于朝列，坐是改太子右庶子。元和十二年八月，宰臣裴度为淮西宣慰处置使，兼彰义军节度使，请愈为行军司马，仍赐金紫。淮、蔡平，十二月随度还朝，以功授刑部侍郎，仍诏愈撰《平淮西碑》，其辞多叙裴度事。时先入蔡州擒吴元济，李愬功第一，愬不平之，愬妻出入禁中，因诉碑辞不实，诏令磨愈文。宪宗命翰林学士段文昌重撰文勒石。

凤翔法门寺有护国真身塔，塔内有释迦文佛指骨一节，其书本传法，三十年一开，开则岁丰人泰。十四年正月，上令中使杜英奇押宫人三十人，持香花，赴临皋驿迎佛骨。自光顺门入大内，留禁中三日，乃送诸寺。王公士庶，奔走舍施，唯恐在后。百姓有废业破产、烧顶灼臂而求供养者。愈素不喜佛，上疏谏曰："伏以佛者，夷狄之一法耳。自后汉时始流入中国，上古未尝有也。昔黄帝在位百年，年百一十岁；少昊在位八十年，年百岁；颛顼在位七十九年，年九十八岁；帝喾在位七十年，年百五岁；帝尧在位九十八年，年百一十八岁；帝舜及禹年皆百岁。此时天下太平,百姓安乐寿考,时中国未有佛也。其后殷汤亦年百岁,汤孙太戊在位七十五年,武丁在位五十年,书史不言其寿,推其年数,盖亦不减百岁。周文王年九十七岁,武王年九十三岁,穆王在位百年。此时佛法亦未至中国,非因事佛而致此也。

汉明帝时始有佛法,明帝在位才十八年耳。其后乱亡相继,运祚不长,宋、齐、梁、陈、元魏已下,事佛渐谨,年代尤促。唯梁武帝在位四十八年,前后三度舍身施佛,宗庙之祭,不用牲牢,昼日一食,止于菜果;其后竟为侯景所逼,饿死台城,国亦寻灭,事佛求福,乃更得祸。由此观之,佛不足信,亦可知矣。

高祖始受隋禅,则议除之。当时群臣识见不远,不能深究先王之道、古今之宜,推阐圣明,以救斯弊,其事遂止。臣尝恨焉!伏惟皇帝陛下,神圣英武,数千百年以来未有伦比。即位之初,即不许度人为憎尼、道士,又不许别立寺观。臣当时以为高祖之志,必行于陛下之手。今纵未能即行,岂可恣之转令盛也!

今闻陛下令群僧迎佛骨于凤翔,御楼以观,舁入大内,令诸寺递迎供养。臣虽至愚,必知陛下不惑于佛,作此崇奉以祈福祥也。直以年丰人乐,徇人之心,为京都士庶设诡异之观、戏玩之具耳。安有圣明若此而肯信此等事哉?然百姓愚冥,易惑难晓,苟见陛下如此,将谓真心信佛。皆云天子大圣,犹一心敬信,百姓微贱,于佛岂合惜身命。所以灼顶燔指,百十为群,解衣散钱,自朝至暮,转相仿效,唯恐后时,老幼奔波,弃其生业。若不即加禁遏,更历诸寺,必有断臂脔身以为供养者。伤风败俗,传笑四方,非细事也。

佛本夷狄之人,与中国言语不通,衣服殊制。口不道先王之法言,身不服先王之法服,不知君臣之义、父子之情。假如其身尚在,奉其国命,来朝京师,陛下容而接之,不过宣政一见,礼宾一设,赐衣一袭,卫而出之于境,不令惑于众也。况其身死已久,枯朽之骨,凶秽之馀,岂宜以入宫禁!孔子曰:'敬鬼神而远之。'古之诸侯,行吊于国,尚令巫祝先以桃茢,祓除不祥,然后进吊。今无故取朽秽之物,亲临观之，巫祝不先，桃茢不用，群臣不言其非，御史不举其失，臣实耻之。乞以此骨付之水火，永绝根本，断天下之疑，绝后代之惑。使天下之人，知大圣人之所作为出于寻常万万也，岂不盛哉！岂不快哉！佛如有灵，能作祸祟，凡有殃咎，宜加臣身。上天鉴临，臣不怨悔。"

疏奏，宪宗怒甚。间一日，出疏以示宰臣，将加极法。裴度、崔群奏曰："韩愈上忤尊听，诚宜得罪，然而非内怀忠恳，不避黜责，岂能至此？伏乞稍赐宽容，以来谏者。"上曰："愈言我奉佛太过，我犹为容之。至谓东汉奉佛之后，帝王咸致夭促，何言之乖刺也？愈为人臣，敢尔狂妄，固不可赦。"于是人情惊惋，乃至国戚诸贵亦以罪愈太重，因事言之，乃贬为潮州刺史。

愈至潮阳，上表曰："臣今年正月十四日，蒙恩授潮州刺史，即日驰驿就路。经涉领海，水陆万里。臣所领州，在广府极东，去广府虽云二千里，然来往动皆逾月。过海口，下恶水，涛泷壮猛，难计期程，飓风鳄鱼，患祸不测。州南近界，涨海连天，毒雾瘴氛，日夕发作。臣少多病，年才五十，发白齿落，理不久长。加以罪犯至重，所处又极远恶，忧惶惭悸，死亡无日，单立一身，朝无亲党，居蛮夷之地，与魑魅同群。苟非陛下哀而念之，谁肯为臣言者。

臣受性愚陋，人事多所不通，唯酷好学问文章，未尝一日暂废，实为时辈推许。臣于当时之文，亦未有过人者，至于论述陛下功德，与《诗》《书》相表里，作为歌诗，荐之郊庙，纪太山之封，镂白玉之牒，铺张对天之宏休，扬厉无前之伟迹，编于《诗》《书》之策而无愧，措于天地之间而无亏。虽使古人复生，臣未肯多让。

伏以大唐受命有天下，四海之内，莫不臣妾，南北东西，地各万里。自天宝之后，政治少懈，文致未优，武克不纲。孽臣奸隶，外顺内悖，父死子代，以祖以孙，如古诸侯，自擅其地，不朝不贡，六七十年。四圣传序，以至陛下，躬亲听断，干戈所麾，无不从顺。宜定乐章，以告神明，东巡泰山，奏功皇天，使永永万年，服我成烈。当此之际，所谓千载一时不可逢之嘉会，而臣负罪婴衅，自拘海岛，戚戚嗟嗟，日与死迫,曾不得奏薄伎于从官之内、隶御之间,穷思毕精,以赎前过。怀痛穷天,死不闭目!瞻望宸极,魂神飞去。伏惟陛下,天地父母,哀而怜之。"

宪宗谓宰臣曰:"昨得韩愈到潮州表,因思其所谏佛骨事,大是爱我,我岂不知?然愈为人臣,不当言人主事佛乃年促也。我以是恶其容易。"上欲复用愈,故先语及,观宰臣之奏对。而皇甫镈恶愈狷直,恐其复用,率先对曰:"愈终太狂疏,且可量移一郡。"乃授袁州刺史。

初,愈到潮阳,既视事,询吏民疾苦,皆曰:"郡西湫水有鳄鱼,卵而化,长数丈,食民畜产将尽,以是民贫。"居数日,愈往视之,令判官秦济炮一豚一羊,投之湫水,咒之曰:"前代德薄之君,弃楚、越之地,则鳄鱼涵泳于此可也。今天子神圣,四海之外,抚而有之。况扬州之境,刺史县令之所治,出贡赋以共天地宗庙之祀,鳄鱼岂可与刺史杂处此土哉?刺史受天子命,令守此土,而鳄鱼睅然不安溪潭,食民畜熊鹿獐豕,以肥其身,以繁其卵,与刺史争为长。刺史虽驽弱,安肯为鳄鱼低首而下哉?今潮州大海在其南,鲸鹏之大,虾蟹之细,无不容,鳄鱼朝发而夕至。今与鳄鱼约,三日乃至七日,如顽而不徙,须为物害,则刺史选材伎壮夫,操劲弓毒矢,与鳄鱼从事矣!"咒之夕,有暴风雷起于湫中。数日,湫水尽涸,徙于旧湫西六十里。自是潮人无鳄患。

袁州之俗,男女隶于人者,逾约则没入出钱之家。愈至,设法赎其所没男女,归其父母。仍削其俗法,不许隶人。

十五年,征为国子祭酒,转兵部侍郎。会镇州杀田弘正,立王廷湊,令愈往镇州宣谕。愈既至,集军民,谕以逆顺,辞情切至,廷湊畏重之。改吏部侍郎。转京兆尹,兼御史大夫。以不台参,为御史中丞李绅所劾。愈不伏,言准敕仍不台参。绅、愈性皆偏僻,移刺往来,纷然不止,乃出绅为浙西观察使,愈亦罢尹,为兵部侍郎。及绅面辞赴镇,泣涕陈叙,穆宗怜之,乃追制以绅为兵部侍郎,愈复为吏部侍郎。

长庆四年十二月,卒,时年五十七,赠礼部尚书,谥曰文。

愈性弘通，与人交，荣悴不易。少时与洛阳人孟郊、东郡人张籍友善。二人名位未振，愈不避寒暑，称荐于公卿间，而籍终成科第，荣于禄仕。后虽通贵，每退公之隙，则相与谈宴，论文赋诗，如平昔焉。而观诸权门豪士，如仆隶焉，瞪然不顾。而颇能诱厉后进，馆之者十六七，虽晨炊不给，怡然不介意。大抵以兴起名教弘奖仁义为事。凡嫁内外及友朋孤女仅十人。

常以为自魏、晋以还，为文者多拘偶对，而经诰之指归，迁、雄之气格，不复振起矣。故愈所为文，务反近体，抒意立言，自成一家新语。后学之士，取为师法。当时作者甚众，无以过之，故世称"韩文"焉。然时有恃才肆意，亦有鼇孔、孟之旨。若南人妄以柳宗元为罗池神，而愈撰碑以实之；李贺父名晋，不应进士，而愈为贺作《讳辨》，令举进士；又为《毛颖传》，讥戏不近人情：此文章之甚纰缪者。时谓愈有史笔，及撰《顺宗实录》，繁简不当，叙事拙于取舍，颇为当代所非。穆宗、文宗尝诏史臣添改，时愈婿李汉、蒋系在显位，诸公难之。而韦处厚竟别撰《顺宗实录》三卷。有文集四十卷，李汉为之序。（《旧唐书》卷一六〇）

韩愈，字退之，邓州南阳人。七世祖茂，有功于后魏，封安定王。父仲卿，为武昌令，有美政，既去，县人刻石颂德。终秘书郎。

愈生三岁而孤，随伯兄会贬官岭表。会卒，嫂郑鞠之。愈自知读书，日记数千百言，比长，尽能通六经、百家学。擢进士第。会董晋为宣武节度使，表署观察推官。晋卒，愈从丧出，不四日，汴军乱，乃去，依武宁节度使张建封，建封辟府推官。操行坚正，鲠言无所忌。调四门博士，迁监察御史。上疏极论宫市，德宗怒，贬阳山令。有爱在民，民生子多以其姓字之。改江陵法曹参军。元和初，权知国子博士，分司东都，三岁为真。改都官员外郎，即拜河南令。迁职方员外郎。

华阴令柳涧有罪，前刺史劾奏之，未报而刺史罢。涧讽百姓遮索军顿役直，后刺史恶之，按其狱，贬涧房州司马。愈过华，以为刺史阴相党,上疏治之。既御史覆问,得涧赃,再贬封溪尉,愈坐是复为博士。既才高数黜,官又下迁,乃作《进学解》以自谕曰:"国子先生晨入太学,召诸生立馆下,诲之曰:'业精于勤,荒于嬉;行成于思,毁于随。方今圣贤相逢,治具毕张,拔去凶邪,登崇畯良。占小善者率以录,名一艺者无不庸,杷罗剔抉,刮垢磨光。盖有幸而获选,孰云多而不扬?诸生业患不能精,无患有司之不明;行患不能成,无患有司之不公。'

言未既,有笑于列者曰:'先生欺予哉!弟子事先生,于兹有年矣。先生口不绝吟于六艺之文,手不停披于百家之编。记事者必提其要,纂言者必钩其玄。贪多务得,细大不捐。烧膏油以继晷,常矻矻以穷年。先生之业,可谓勤矣。抵排异端,攘斥佛老。补苴罅漏,张皇幽眇。寻坠绪之茫茫,独旁搜而远绍。停百川而东之,回狂澜于既倒。先生之于儒,可谓有劳矣。沉浸浓郁,含英咀华。作为文章,其书满家。上规姚姒,浑浑亡涯。周《诰》商《盘》,佶屈聱牙。《春秋》谨严,《左氏》浮夸。《易》奇而法,《诗》正而葩。下迨《庄》《骚》,太史所录,子云、相如,同工异曲。先生之于文,可谓闳其中而肆其外矣。少始知学,勇于敢为。长通于方,左右其宜。先生之于为人,可谓成矣。然而公不见信于人,私不见助于友。跋前踬后,动辄得咎。暂为御史,遂窜南夷。三年博士,冗不见治。命与仇谋,其败几时。冬暖而儿号寒,年丰而妻啼饥。头童齿豁,竟死何裨?不知虑此,而反教人为!'

先生曰:'吁!子来前。夫大木为杗,细木为桷,欂栌侏儒,椳闑扂楔,各得其宜施以成室者,匠氏之工也。玉札丹砂,赤箭青芝,牛溲马勃,败鼓之皮,俱收并蓄,待用无遗者,医师之良也。登明选公,杂进巧拙,纡馀为妍,卓荦为杰,校短量长,唯器是适者,宰相之方也。昔者孟轲好辩,孔道以明;辙环天下,卒老于行。荀卿宗王,大伦以兴;逃谗于楚,废死兰陵。是二儒者,吐词为经,举足为法,绝类离伦,优入圣域,其遇于世何如也?今先生学虽修而不由其统,言虽多而不要其中;文虽奇而不济于用,行虽修而不显于众。犹且月费俸钱,岁縻禀粟，子不知耕，妇不知织；乘马从徒，安坐而食；踵常涂之促促，窥陈编以盗窃。然而圣主不加诛，宰臣不见斥，兹非其幸欤？动而得谤，名亦随之。投闲置散，乃分之宜。若夫商财贿之有无，计班资之崇庳，忘己之所称，指前人之瑕疵，是所谓诘匠氏之不以杙为楹，而訾医师以昌阳引年，欲进其豨苓也。'"

执政览之，奇其才，改比部郎中、史馆修撰。转考功，知制诰，进中书舍人。

初，宪宗将平蔡，命御史中丞裴度使诸军按视。及还，且言贼可灭，与宰相议不合。愈亦奏言："淮西连年修器械防守，金帛粮畜耗于给赏，执兵之卒四向侵掠，农夫织妇饷于其后，得不偿费。比闻畜马皆上槽枥，此譬有十夫之力，自朝抵夕，跳跃叫呼，势不支久，必自委顿。当其已衰，三尺童子可制其命。况以三州残弊困剧之馀而当天下全力，其败可立而待也。然未可知者，在陛下断与不断耳。夫兵不多不足以取胜，必胜之师不在速战，兵多而战不速则所费必广。疆场之上，日相攻劫，近贼州县，赋役百端，小遇水旱，百姓愁苦。方此时，人人异议以惑陛下，陛下持之不坚，半途而罢，伤威损费，为弊必深。所要先决于心，详度本末，事至不惑，乃可图功。"

执政不喜。会有人诋愈在江陵时为裴均所厚，均子锷素无状，愈为文章，字命锷，谤语嚣暴，由是改太子右庶子。及度以宰相节度彰义军，宣慰淮西，奏愈行军司马。愈请乘遽先入汴，说韩弘使叶力。元济平，迁刑部侍郎。

宪宗遣使者往凤翔迎佛骨入禁中，三日，乃送佛祠。王公士人奔走膜呗，至为夷法灼体肤，委珍贝，腾沓系路。愈闻恶之，乃上表曰："佛者，夷狄之一法耳。自后汉时始入中国，上古未尝有也。昔黄帝在位百年，年百一十岁；少昊在位八十年，年百岁；颛顼在位七十九年，年九十岁；帝喾在位七十年，年百五岁；尧在位九十八年，年百一十八岁；帝舜在位及禹年皆百岁。此时天下太平，百姓安乐寿考，然而中国未有佛也。其后，汤亦年百岁，汤孙太戊在位七十五年，武丁在位五十年，书史不言其寿，推其年数，盖不减百岁。周文王年九十七岁，武王年九十三岁，穆王在位百年。此时佛法亦未至中国，非因事佛而致然也。汉明帝时始有佛法，明帝在位才十八年。其后乱亡相继，运祚不长。宋、齐、梁、陈、元魏以下，事佛渐谨，年代尤促。唯梁武帝在位四十八年，前后三舍身施佛，宗庙祭不用牲牢，昼日一食，止于菜果，后为侯景所逼，饿死台城，国亦寻灭。事佛求福，乃更得祸。由此观之，佛不足信，亦可知矣。

高祖始受隋禅，则议除之。当时群臣识见不远，不能深究先王之道、古今之宜，推阐圣明，以救斯弊，其事遂止。臣常恨焉！伏惟睿圣文武皇帝陛下，神圣英武，数千百年以来，未有伦比。即位之初，即不许度人为僧尼、道士，又不许别立寺观。臣当时以为高祖之志，必行于陛下。今纵未能即行，岂可恣之令盛也？今陛下令群僧迎佛骨于凤翔，御楼以观，异入大内，又令诸寺递加供养。臣虽至愚，必知陛下不惑于佛，作此崇奉以祈福祥也。直以丰年之乐，徇人之心，为京都士庶设诡异之观、戏玩之具耳。安有圣明若此，而肯信此等事哉？然百姓愚冥，易惑难晓，苟见陛下如此，将谓真心信佛，皆云：'天子大圣，犹一心信向，百姓微贱，于佛岂合更惜身命？'以至灼顶燔指，十百为群，解衣散钱，自朝至暮，转相放效，唯恐后时，老幼奔波，弃其生业。若不即加禁遏，更历诸寺，必有断臂脔身以为供养者。伤风败俗，传笑四方，非细事也。

佛本夷狄之人，与中国言语不通，衣服殊制，口不道先王之法言，身不服先王之法服，不知属臣之义、父子之情。假如其身尚在，奉其国命来朝京师，陛下容而接之，不过宣政一见，礼宾一设，赐衣一袭，卫而出之于境，不令贰于众也。况其身死已久，枯朽之骨，凶秽之馀，岂宜以入宫禁？孔子曰："敬鬼神而远之。"古之诸侯吊于其国，必令巫祝先以桃茢祓除不祥，然后进吊。今无故取朽秽之物，亲临观之，巫祝不先，桃茢不用，群臣不言其非，御史不举其失，臣实耻之。乞以此骨付之水火，永绝根本，断天下之疑，绝前代之惑，使天下之人知大圣人之所作为出于寻常万万也。佛如有灵,能作祸祟,凡有殃咎,宜加臣身。上天鉴临,臣不怨悔。"

表入,帝大怒,持示宰相,将抵以死。裴度、崔群曰:"愈言讦牾,罪之诚宜。然非内怀至忠,安能及此?愿少宽假,以来谏争。"帝曰:"愈言我奉佛太过,犹可容;至谓东汉奉佛以后,天子咸夭促,言何乖剌邪?愈,人臣,狂妄敢尔,固不可赦。"于是中外骇惧,虽戚里诸贵,亦为愈言,乃贬潮州刺史。

既至潮,以表哀谢曰:"臣以狂妄戆愚,不识礼度,陈佛骨事,言涉不恭,正名定罪,万死莫塞。陛下哀臣愚忠,恕臣狂直,谓言虽可罪,心亦无它,特屈刑章,以臣为潮州刺史,既免刑诛,又获禄食,圣恩宽大,天地莫量,破脑刳心,岂足为谢!

臣所领州,在广府极东,过海口,下恶水,涛泷壮猛,难计期程,飓风鳄鱼,患祸不测。州南近界,涨海连天,毒雾瘴氛,日夕发作。臣少多病,年才五十,发白齿落,理不久长。加以罪犯至重,所处远恶,忧惶惭悸,死亡无日。单立一身,朝无亲党,居蛮夷之地,与魑魅同群,苟非陛下哀而念之,谁肯为臣言者?

臣受性愚陋,人事多所不通,维酷好学问文章,未尝一日暂废,实为时辈所见推许。臣于当时之文,亦未有过人者。至于论述陛下功德,与《诗》《书》相表里,作为歌诗,荐之郊庙,纪太山之封,镂白玉之牒,铺张对天之宏休,扬厉无前之伟绩,编于《诗》《书》之策而无愧,措于天地之间而无亏,虽使古人复生,臣未肯让。

伏以皇唐受命有天下,四海之内,莫不臣妾,南北东西,地各万里。自天宝以后政治少懈,文致未优,武克不刚,孽臣奸隶,蠹居棋处,摇毒自防,外顺内悖,父死子代,以祖以孙,如古诸侯,自擅其地,不朝不贡,六七十年。四圣传序,以至陛下。陛下即位以来,躬亲听断,旋乾转坤,关机阖开,雷厉风飞,日月清照,天戈所麾,无不从顺。宜定乐章,以告神明,东巡泰山,奏功皇天,具著显庸,明示得意,使永永年服我成烈。当此之际,所谓千载一时不可逢之嘉会,而臣负罪婴衅,自拘海岛,戚戚嗟嗟,日与死迫,曾不得奏薄伎于从官之内、隶御之间,穷思毕精,以赎前过。怀痛穷天,死不闭目,伏惟陛下天地父母哀而怜之。"

帝得表,颇感悔,欲复用之,持示宰相曰:"愈前所论是天爱朕,然不当言天子事佛乃年促耳。"皇甫镈素忌愈直,即奏言:"愈终狂疏,可且内移。"乃改袁州刺史。

初,愈至潮,问民疾苦,皆曰:"恶溪有鳄鱼,食民畜产且尽,民以是穷。"数日,愈自往视之,令其属秦济以一羊一豚投溪水而祝之曰:"昔先王既有天下,刬山泽,罔绳擉刃以除虫蛇恶物为民物害者,驱而出之四海之外。及德薄,不能远有,则江、汉之间尚皆弃之,以与蛮夷楚、越,况湖、岭之间去京师万里哉?鳄鱼之涵淹卵育于此,亦固其所。

今天子嗣唐位,神圣慈武,四海之外,六合之内,皆抚而有之,况禹迹所掩,扬州之近地,刺史县令之所治,出贡赋以供天地、宗庙、百神之祀之壤者哉?鳄鱼其不可与刺史杂处此土也。刺史受天子命,守此土,治此民,而鳄鱼睅然不安溪潭,据处食民畜熊豕鹿獐以肥其身,以种其子孙,与刺史拒争为长雄。刺史虽驽弱,亦安肯为鳄鱼低首下心,伈伈睍睍,为吏民羞,以偷活于此也?承天子命来为吏,固其势不得不与鳄鱼辨。鳄鱼有知,其听刺史。潮之州,大海在其南,鲸鹏之大,虾蟹之细,无不容归,以生以食,鳄鱼朝发而夕至也。今与鳄鱼约:'尽三日,其率丑类南徙于海,以避天子之命吏。三日不能,至五日;五日不能,至七日。七日不能,是终不肯徙也,是不有刺史,听从其言也。不然,则是鳄鱼冥顽不灵,刺史虽有言,不闻不知也。夫傲天子之命吏,不听其言,不徙以避之,与顽不灵而为民物害者,皆可杀。刺史则选材技民,操强弓毒矢,以与鳄鱼从事,必尽杀乃止,其无悔!'"

祝之夕,暴风震电起溪中,数日水尽涸,西徙六十里,自是潮无鳄鱼患。

袁人以男女为隶,过期不赎,则没入之。愈至,悉计庸得赎所没,归之父母七百馀人。因与约,禁其为隶。召拜国子祭酒,转兵部侍郎。

镇州乱,杀田弘正而立王廷凑,诏愈宣抚。既行,众皆危之。元稹言:"韩愈可惜。"穆宗亦悔,诏愈度事从宜,无必入。愈至,廷凑严兵迓之,甲士陈廷。既坐,廷凑曰:"所以纷纷者,乃此士卒也。"愈大声曰:"天子以公为有将帅材,故赐以节,岂意同贼反邪?"语未终,士前奋曰:"先太师为国击朱滔,血衣犹在,此军何负,乃以为贼乎?"愈曰:"以为尔不记先太师也,若犹记之,固善。天宝以来,安禄山、史思明、李希烈等有子若孙在乎?亦有居官者乎?"众曰:"无。"愈曰:"田公以魏、博六州归朝廷,官中书令,父子受旗节,刘悟、李祐皆大镇,此尔军所共闻也。"众曰:"弘正刻,故此军不安。"愈曰:"然尔曹亦害田公,又残其家矣,复何道?"众欢曰:"善。"廷凑虑众变,疾麾使去。因曰:"今欲廷凑何所为?"愈曰:"神策六军将如牛元翼者为不乏,但朝廷顾大体,不可弃之。公久围之,何也?"廷凑曰:"即出之。"愈曰:"若尔,则无事矣。"会元翼亦溃围出,廷凑不追。愈归奏其语,帝大悦。转吏部侍郎。

时宰相李逢吉恶李绅,欲逐之,遂以愈为京兆尹兼御史大夫,特诏不台参,而除绅中丞。绅果劾奏愈,愈以诏自解。其后文刺纷然,宰相以台、府不协,遂罢愈为兵部侍郎,而出绅江西观察使。绅见帝,得留,愈亦复为吏部侍郎。长庆四年卒,年五十七,赠礼部尚书,谥曰文。

愈性明锐,不诡随。与人交,终始不少变。成就后进士,往往知名,经愈指授,皆称"韩门弟子",愈官显,稍谢遣。凡内外亲若交友无后者,为嫁遣孤女而恤其家。嫂郑丧,为服期以报。

每言文章自汉司马相如、太史公、刘向、杨雄后,作者不世出,故愈深探本元,卓然树立,成一家言。其《原道》《原性》《师说》等数十篇,皆奥衍闳深,与孟轲、杨雄相表里而佐佑六经云。至它文造端置辞,要为不袭蹈前人者。然惟愈为之,沛然若有馀,至其徒李翱、李汉、皇甫湜从而效之,遽不及远甚。从愈游者,若孟郊、张籍,亦皆自名于时。(《新唐书》卷一七六)

愈,字退之,南阳人。早孤依嫂,读书日记数千言,通百家。贞元八年擢第。凡三诣光范上书,始得调。董晋表署宣武节度推官。汴军乱,去依张建封,辟府推官。迁监察御史。上疏论宫市,德宗怒,贬阳山令。有善政,改江陵法曹参军。元和中,为国子博士、河南令。愈以才高难容,累下迁,乃作《进学解》以自谕。执政奇其才,转考功、知制诰,进中书舍人。裴度宣慰淮西,奏为行军司马。贼平,迁刑部侍郎。宪宗遣使迎佛骨入禁中,因上表极谏,帝大怒,欲杀,裴度、崔群力救,乃贬潮州刺史。任后上表,陈词哀切,诏量移袁州刺史。诏拜国子祭酒,转兵部侍郎、京兆尹、兼御史大夫。长庆四年卒。公英伟间生,才名冠世,继道德之统,明列圣之心。独济狂澜,词彩灿烂,齐、梁绮艳,毫发都捐。有冠冕珮玉之气,宫商金石之音,为一代文宗,使颓纲复振,岂易言也哉!固无辞足以赞述云。至若歌诗累百篇,而驱驾气势,若掀雷走电,撑决于天地之垠,词锋学浪,先有定价也。时功曹张署亦工诗,与公同为御史,又同迁谪,唱答见于集中。有诗赋杂文等四十卷,今行于世。(《唐才子传》卷五)

柳宗元

柳宗元,字子厚,河东人。后魏侍中济阴公之系孙。曾伯祖奭,高宗朝宰相。父镇,太常博士,终侍御史。宗元少聪警绝众,尤精西汉、《诗》《骚》。下笔构思,与古为侔。精裁密致,璨若珠贝。当时流辈咸推之。登进士第,应举宏辞,授校书郎、蓝田尉。贞元十九年,为监察御史。

顺宗即位,王叔文、韦执谊用事,尤奇待宗元。与监察吕温密引禁中，与之图事。转尚书礼部员外郎。叔文欲大用之，会居位不久，叔文败，与同辈七人俱贬。宗元为邵州刺史，在道，再贬永州司马。既罹窜逐，涉复蛮瘴，崎岖堙厄，蕴骚人之郁悼，写情叙事，动必以文。为骚文十数篇，览之者为之凄恻。

元和十年，例移为柳州刺史。时朗州司马刘禹锡得播州刺史，制书下，宗元谓所亲曰："禹锡有母年高，今为郡蛮方，西南绝域，往复万里，如何与母偕行。如母子异方，便为永诀。吾于禹锡为执友，胡忍见其若是？"即草章奏，请以柳州授禹锡，自往播州。会裴度亦奏其事，禹锡终易连州。

柳州土俗，以男女质钱，过期则没入钱主，宗元革其乡法。其已没者，仍出私钱赎之，归其父母。江岭间为进士者，不远数千里皆随宗元师法；凡经其门，必为名士。著述之盛，名动于时，时号柳州云。有文集四十卷。元和十四年十月五日卒，时年四十七，子周六、周七，才三、四岁。观察使裴行立为营护其丧及妻子还于京师，时人义之。（《旧唐书》卷一六〇）

柳宗元，字子厚，其先盖河东人。从曾祖奭为中书令，得罪武后，死高宗时。父镇，天宝末遇乱，奉母隐王屋山，常间行求养，后徙于吴。肃宗平贼，镇上书言事，擢左卫率府兵曹参军。佐郭子仪朔方府，三迁殿中侍御史。以事触窦参，贬夔州司马。还，终侍御史。

宗元少精敏绝伦，为文章卓伟精致，一时辈行推仰。第进士、博学宏辞科，授校书郎，调蓝田尉。贞元十九年，为监察御史里行。善王叔文、韦执谊，二人者奇其才。及得政，引内禁近，与计事，擢礼部员外郎，欲大进用。

俄而叔文败，贬邵州刺史，不半道，贬永州司马。既窜斥，地又荒疠，因自放山泽间，其堙厄感郁，一寓诸文，仿《离骚》数十篇，读者咸悲恻。雅善萧俛，诒书言情曰："仆向者进当臲卼不安之势，平居闭门，口舌无数，又久与游者，岌岌而操其间。其求进而退者，皆聚为仇怨，造作粉饰，蔓延益肆。非的然昭晰、自断于内，孰能了仆于冥冥间哉？仆当时年三十三，自御史里行得礼部员外郎，超取显美，欲免世之求进者怪怒媢疾，可得乎？与罪人交十年，官以是进，辱在附会。圣朝宽大，贬黜甚薄，不塞众人之怒，谤语转侈，嚣嚣嗷嗷，渐成怪人。饰智求仕者，更䳑仆以悦仇人之心，日为新奇，务相悦可，自以速援引之路。仆辈坐益困辱，万罪横生，不知其端，悲夫！人生少六七十者，今三十七矣，长来觉日月益促，岁岁更甚，大都不过数十寒暑，无此身矣。是非荣辱，又何足道！云云不已，只益为罪。

居蛮夷中久，惯习炎毒，昏眊重腿，意以为常。忽遇北风晨起，薄寒中体，则肌革惨懔，毛发萧条，瞿然注视，怵惕以为异候，意绪殆非中国人也。楚、越间声音特异，鴂舌啅噪，今听之恬然不怪，已与为类矣。家生小童，皆自然哓哓，昼夜满耳，闻北人言，则啼呼走匿，虽病夫亦怛然骇之。出门见适州闾市井者，其十八九杖而后兴。自料居此尚复几何，岂可更不知止，言说长短，重为一世非笑哉？读《易·困卦》至'有言不信，尚口乃穷'，往复益喜，曰：'嗟乎！余虽家置一喙以自称道，诟益甚耳。'用是更乐瘖默，与木石为徒，不复致意。

今天子兴教化，定邪正，海内皆欣欣怡愉，而仆与四五子者，沦陷如此，岂非命欤？命乃天也，非云云者所制，又何恨？然居治平之世，终身为顽人之类，犹有少耻，未能尽忘。倘因贼平庆赏之际，得以见白，使受天泽馀润，虽朽枿败腐不能生植，犹足蒸出芝菌，以为瑞物。一释废锢，移数县之地，则世必曰罪稍解矣。然后收召魂魄，买土一廛耕氓，朝夕歌谣，使成文章，庶木铎者采取，献之法宫，增圣唐大雅之什，虽不得位，亦不虚为太平人矣。"

又诒京兆尹许孟容曰："宗元早岁与负罪者亲善，始奇其能，谓可以共立仁义，裨教化。过不自料，勤勤勉励，唯以忠正信义为志，兴尧、舜、孔子道，利安元元为务，不知愚陋不可以强，其素意如此也。末路厄塞臲卼，事既壅隔，狠忤贵近，狂疏缪戾，蹈不测之辜。今其党与幸获宽贷，各得善地，无公事，坐食奉禄，德至渥也，尚何敢更俟除弃废痼,希望外之泽哉?年少气锐,不识几微,不知当否,但欲一心直遂,果陷刑法,皆自所求取,又何怪也?

宗元于众党人中,罪状最甚,神理降罚,又不能即死,犹对人语言,饮食自活,迷以知耻,日复一日。然亦有大故。自以得姓来二千五百年,代为冢嗣,今抱非常之罪,居夷獠之乡,卑湿昏雾,恐一日填委沟壑,旷坠先绪,以是怛然痛恨,心骨沸热。茕茕孤立,未有子息,荒陬中少士人女子,无与为婚,世亦不肯与罪人亲昵。以是嗣续之重,不绝如缕,每春秋时飨,孑立捧奠,顾眄无后继者,懔懔然欷歔惴惕,恐此事便已,摧心伤骨,若受锋刃。此诚丈人所共悯惜也。先墓在城南,无异子弟为主,独托村邻。自遣逐来,消息存亡不一至乡间,主守固以益怠。昼夜哀愤,惧便毁伤松柏,刍牧不禁,以成大戾。近世礼重拜扫,今阙者四年矣。每遇寒食,则北向长号,以首顿地。想田野道路,士女遍满,皂隶庸丐,皆得上父母丘墓,马医、夏畦之鬼,无不受子孙追养者。然此已息望,又何以云哉?城西有数顷田,树果数百株,多先人手自封植,今已荒秽,恐便斩伐,无复爱惜。家有赐书三千卷,尚在善和里旧宅,宅今三易主,书存亡不可知。皆付受所重,常系心腑,然无可为者。立身一败,万事瓦裂,身残家破,为世大僇。是以当食不知辛咸节适,洗沐盥漱,动逾岁时,一搔皮肤,尘垢满爪,诚忧恐悲伤,无所告诉,以至此也。

自古贤人才士,秉志遵分,被谤议不能自明者以百数。故有无兄盗嫂、娶孤女挝妇翁者,然赖当世豪桀分明辨列,卒光史册。管仲遇盗,升为功臣;匡章被不孝名,孟子礼之。今己无古人之实为而诟,欲望世人之明己,不可得也。直不疑买金以偿同舍;刘宽下车,归牛乡人。此诚知疑似之不可辩,非口舌所能胜也。郑詹束缚于晋,终以无死;钟仪南音,卒获返国;叔向囚房,自期必免;范痤骑危,以生易死;蒯通据鼎耳,为齐上客;张苍、韩信伏斧锧,终取将相;邹阳狱中,以书自治;贾生斥逐,复召宣室;兒宽摈厄,后至御史大夫;董仲舒、刘向下狱当诛,为汉儒宗。此皆瓌伟博辩奇壮之士,能自解脱。今以恒怯洟涊，下才末伎，又婴痼病，虽欲慷慨攘臂，自同昔人，愈疏阔矣。

贤者不得志于今，必取贵于后，古之著书者皆是也。宗元近欲务此，然力薄志劣，无异能解，欲秉笔觑缕，神志荒耗，前后遗忘，终不能成章。往时读书，自以不至抵滞，今皆顽然无复省录。读古人一传，数纸后，则再三伸卷，复观姓氏，旋又废失。假令万一除刑部囚籍，复为士列，亦不堪当世用矣！

伏惟兴哀于无用之地，垂德于不报之所，以通家宗祀为念，有可动心者操之勿失。虽不敢望归扫茔域，退托先人之庐，以尽馀齿，姑遂少北，益轻瘴疠，就婚娶，求胄嗣，有可付托，即冥然长辞，如得甘寝，无复恨矣！"

然众畏其才高，惩刘复进，故无用力者。

宗元久汩振，其为文，思益深。尝著书一篇，号《贞符》，曰："臣所贬州流人吴武陵为臣言：'董仲舒对三代受命之符，诚然？非邪？'臣曰：'非也。何独仲舒尔，司马相如、刘向、扬雄、班彪、彪子固皆沿袭嗤嗤，推古瑞物以配受命，其言类淫巫瞽史，诳乱后代，不足以知圣人立极之本，显至德，扬大功，甚失厥趣。臣为尚书郎时，尝著《贞符》，言唐家正德受命于生人之意、累积厚久宜享无极之义，本末闳阔。会贬逐中辍，不克备究。'武陵即叩头邀臣：'此大事不宜以辱故休缺，使圣王之典不立，无以抑诡类、拔正道、表核万代。'臣不胜奋激，即具为书。今终泯没蛮夷，不闻于时，独不为也。苟一明大道，施于人世，死无所憾，用是自决。臣宗元稽首拜手以闻曰：

孰称古初朴蒙空侗而无争，厥流以讹，越乃奋夺斗怒振动，专肆为淫威？曰：是不知道。惟人之初，总总而生，林林而群。雪霜风雨雷雹暴其外，于是乃知架巢空穴，挽草木，取皮革；饥渴牝牡之欲驱其内，于是乃噬禽兽，咀果谷，合偶而居。交焉而争，睽焉而斗，力大者搏，齿利者啮，爪刚者决，群众者轧，兵良者杀，披披藉藉，草野涂血。然后强有力者出而治之，往往为曹于险阻，用号令起，而君臣什伍之法立。德绍者嗣，道怠者夺。于是有圣人焉，曰黄帝，游其兵车，交贯乎其内，一统类，齐制量，然犹大公之道不克建。于是有圣人焉，曰尧，置州牧四岳，持而纲之，立有德有功有能者，参而维之，运臂率指，屈伸把握，莫不统率，年老，举圣人而禅焉，大公乃克建。由是观之，厥初罔匪极乱，而后稍可为也。而非德不树，故仲尼叙《书》，于尧曰'克明俊德'，于舜曰'浚哲文明'，于禹曰'文命祗承于帝'，于汤曰'克宽克仁，章信兆民'，于武王曰'有道曾孙'。稽揆《典》《誓》，贞哉惟兹德，实受命之符，以奠永祀。后之袄淫嚣昏好怪之徒，乃始陈大电、大虹、玄鸟、巨迹、白狼、白鱼、流火之乌以为符，斯皆诡谲阔诞，其可羞也，莫知本于厥贞。

汉用大度，克怀于有泯，登能庸贤，濯痍煦寒，以瘳以熙，兹其为符也。而其妄臣，乃下取虺蛇，上引天光，推类号休，用夸诬于无知泯，增以驺虞、神鼎，胁驱纵踊，俾东之泰山、石间，作大号谓之'封禅'，皆《尚书》所无有。莽、述承效，卒奋鹜逆。其后有贤帝曰光武，克绥天下，复承旧物，犹崇《赤伏》，以玷厥德。魏晋而下，尨乱钩裂，厥符不贞，邦用不靖，亦罔克久，驳乎无以议为也。

积大乱至于隋氏，环四海以为鼎，跨九垠以为炉，爨以毒燎，煽以虐焰，其人沸涌灼烂，号呼腾蹈，莫有救止。于是大圣乃起，丕降霖雨，浚涤荡沃，蒸为清氛，疏为泠风，人乃潫然休然，相睎以生，相持以成，相弥以宁。琢斫屠剥膏流节离之祸不作，而人乃克完平舒愉，尸其肌肤，以达于夷途。焚坏抵掎奔走转死之害不起，而人乃克鸠类集族，歌舞悦怿，用祗于元德。徒奋祖呼，犒迎义旅，欢动六合，至于麾下。大盗豪据，阻命遏德，义威殄戮，咸坠厥绪。无刘于虐，人乃并受休嘉，去隋氏，克归于唐，踸踔讴歌，灏灏和宁。帝庸威栗，惟人之为。敬奠厥赋，积藏于下，是谓丰国。乡为义禀，敛发谨饬，岁丁大侵，人以有年。简于厥刑，不残而惩，是谓严威。小蜀而支，大生而孥，恺悌祗敬，用底于治。凡其所欲，不谒而获；凡其所恶，不祈而息。四夷稽服，不作兵革，不竭货力。丕扬于后嗣，用垂于帝式，十圣济厥治，孝仁平宽，惟祖之则。泽久而逾深，仁增而益高，人之戴唐，永永无穷。

是故受命不于天,于其人;休符不于实,于其仁。惟人之仁,匪祥于天。匪祥于天,兹惟贞符哉! 未有丧仁而久者也,未有恃祥而寿者也。商之王以桑谷昌,以雉雊大,宋之君以法星寿,郑以龙衰,鲁以麟弱,白雉亡汉,黄犀死莽,恶在其为符也? 不胜唐德之代,光绍明浚,深鸿庞大,保人斯无疆,宜荐于郊庙,文之雅诗,祗告于德之休。帝曰谌哉! 乃黜休祥之奏,究贞符之奥,思德之所未大,求仁之所未备,以极于邦治,以敬于人事。其诗曰:

於穆敬德,黎人皇之。惟贞厥符,浩浩将之。仁函于肤,刃莫毕屠。泽爞于爨,沸炎以浣。勃厥凶德,乃驱乃夷。懿其休风,是煦是吹。父子熙熙,相宁以嬉。赋彻而藏,厚我糇粮。刑轻以清,我完靡伤。贻我子孙,百代是康,十圣嗣于治,仁后之子。子思孝父,易患于己。拱之戴之,神其尔宜。载扬于雅,承天之嘏。天之诚神,宜鉴于仁。神之曷依? 宜仁之归。濮铅于北,祝栗为南,幅员西东,祗一乃心。祝唐之纪,后天罔坠;祝皇之寿,与地咸久。曷徒祝之,心诚笃之。神协人同,道以告之。俾弥亿万年,不震不危。我代之延,永永毗之。仁增以崇,曷不尔思? 有号于天,佥曰呜呼,咨尔皇灵,无替厥符!"

宗元不得召,内闵悼,悔念往咎,作赋自儆曰:"惩咎愆以本始兮,孰非余心之所求? 处卑污以闵世兮,固前志之为尤。始余学而观古兮,怪今昔之异谋。惟聪明为可考兮,追骏步而遐游。絜诚之既信直兮,仁友蔼而萃之。日施陈以系縻兮,邀尧舜与之为。上睢盱而混茫兮,下驳诡而怀私。旁罗列以交贯兮,求大中之所宜。

曰道有象兮,而无其形。推变乘时兮,与忘相迎。不及则殆兮,过则失贞。谨守而中兮,与时偕行。万类芸芸兮,率由以宁。刚柔弛张兮,出入纶经。登能抑枉兮,白黑浊清。蹈于大方兮,物莫能婴。

奉訏谟以植内兮,欣余志之有获。再明信乎策书兮,谓耿然而不惑。愚者果于自用兮,惟惧夫诚之不一。不顾虑以周图兮,专兹道以为服。逸妒构而不戒兮,犹断断于所执。哀吾党之不淑兮,遭遇任之卒迫。势危疑而多诈兮,逢天地之否隔。欲图退而保己兮,悼乖期乎曩昔。欲操术以致忠兮,众呀然而互吓。进与退吾无归兮,甘脂润兮鼎镬。幸皇鉴之明宥兮,累郡印而南适。惟罪大而宠厚兮,宜夫重仍乎祸谪。既明惧乎天讨兮,又幽栗乎鬼责。惶惶乎夜寤而昼骇兮,类麇麚之不息。

凌洞庭之洋洋兮,诉湘流之沄沄。飘风击以扬波兮,舟摧抑而回邅。日霾曀以昧幽兮,黝云涌而上屯。暮屑窣以淫雨兮,听嗷嗷之哀猿。众鸟萃而啾号兮,沸洲渚以连山。漂遥逐其讵止兮,逝莫属余之形魂。攒峦奔以纡委兮,束汹涌之崩湍。畔尺进而寻退兮,荡洄汨乎沦涟。际穷冬而止居兮,羁累梦以萦缠。

哀吾生之孔艰兮,循《凯风》之悲诗。罪通天而降酷兮,不亟死而生为!逾再岁之寒暑兮,犹贸贸而自持。将沉渊而陨命兮,讵蔽罪以塞祸?惟灭身而无后兮,顾前志犹未可。进路呀以划绝兮,退伏匿又不果。为孤囚以终世兮,长拘挛而辗轲。

曩余志之修蹇兮,今何为此戾也?岂贪食而盗名兮,不混同于世也。将显身以直遂兮,众之所宜蔽也。不择言以危肆兮,固群祸之际也。

御长辕之无橄兮,行九折之峨峨。却惊櫂以横江兮,溯凌天之腾波。幸余死之已缓兮,完形躯之既多。苟余齿之有惩兮,蹈前烈而不颇。死蛮夷固吾所兮,虽显宠其焉加?配大中以为偶兮,谅天命之谓何!"

元和十年,徙柳州刺史。时刘禹锡得播州,宗元曰:"播非人所居,而禹锡亲在堂,吾不忍其穷无辞以白其大人,如不往,便为母子永决。"即具奏欲以柳州授禹锡而自往播。会大臣亦为禹锡请,因改连州。

柳人以男女质钱,过期不赎,子本均,则没为奴婢。宗元设方计,悉赎归之。尤贫者,令书庸,视直足相当,还其质。已没者,出己钱助赎。南方为进士者,走数千里从宗元游,经指授者,为文辞皆有法。

世号柳柳州。十四年卒，年四十七。

宗元少时嗜进，谓功业可就。既坐废，遂不振。然其才实高，名盖一时。韩愈评其文曰："雄深雅健，似司马子长，崔、蔡不足多也。"既没，柳人怀之，托言降于州之堂，人有慢者辄死。庙于罗池，愈因碑以实之云。(《新唐书》卷一六八)

宗元，字子厚，河东人。贞元九年苑论榜第进士。又试博学宏辞，授校书郎，调蓝田县尉，累迁监察御史里行。与王叔文、韦执谊善，二人引之谋事，擢礼部员外郎。欲大用，值叔文败，贬邵州刺史，半道，有诏贬永州司马。遍贻朝士书言情，众忌其才，无为用心者。元和十年，徙柳州刺史。时刘禹锡同谪，得播州，宗元以播非人所居，且禹锡母老，具奏以柳州让禹锡，而自往播。会大臣亦有为请者，遂改连州。宗元在柳，多惠政。及卒，百姓追慕，立祠享祀，血食至今。公天才绝伦，文章卓伟，一时辈行，咸推仰之。工诗，语意深切，发纤秾于简古，寄至味于淡泊，非馀子所及也。司空图论之曰："梅止于酸，盐止于咸，饮食不可无，而其美常在酸咸之外，可以一唱而三叹也。子厚诗在陶渊明下，韦应物上，退之豪放奇险则过之，而温厉靖深不及也。"今诗赋杂文等三十卷，传于世。(《唐才子传》卷五)

欧阳詹

欧阳詹，字行周，泉州晋江人。其先皆为本州州佐、县令。闽、越地肥衍，有山泉禽鱼，虽能通文书吏事，不肯北宦。及常衮罢宰相为观察使，始择县乡秀民能文辞者，与为宾主钧礼，观游飨集必与，里人矜耀，故其俗稍相劝仕。初，詹与罗山甫同隐潘湖，往见衮，衮奇之。辞归，泛舟饮饯。举进士，与韩愈、李观、李绛、崔群、王涯、冯宿、庾承宣联第，皆天下选，时称"龙虎榜"。闽人第进士，自詹始。

詹事父母孝，与朋友信义。其文章切深，回复明辩，与愈友善。

詹先为国子监四门助教,率其徒伏阙下,举愈博士。卒,年四十馀。崔群哭之甚,愈为詹哀辞,自书以遗群。初,徐晦举进士不中,詹数称之,明年高第,仕为福建观察使。语及詹,必流涕。(《新唐书》卷二〇三)

刘禹锡

刘禹锡,字梦得,彭城人。祖云,父溆,仕历州县令佐,世以儒学称。禹锡贞元九年擢进士第,又登宏辞科。禹锡精于古文,善五言诗,今体文章复多才丽。从事淮南节度使杜佑幕,典记室,尤加礼异。从佑入朝,为监察御史。与吏部郎中韦执谊相善。

贞元末,王叔文于东宫用事,后辈务进,多附丽之,禹锡尤为叔文知奖,以宰相器待之。顺宗即位,久疾不任政事,禁中文诰,皆出于叔文,引禹锡及柳宗元入禁中,与之图议,言无不从。转屯田员外郎、判度支监铁案,兼崇陵使判官。颇怙威权,中伤端士。宗元素不悦武元衡,时武元衡为御史中丞,乃左授右庶子。侍御史窦群奏禹锡挟邪乱政,不宜在朝,群即日罢官。韩皋凭藉贵门,不附叔文党,出为湖南观察使。既任喜怒凌人,京师人士不敢指名,道路以目,时号二王、刘、柳。

叔文败,坐贬连州刺史,在道,贬朗州司马。地居西南夷,土风僻陋,举目殊俗,无可与言者。禹锡在朗州十年,唯以文章吟咏,陶冶情性。蛮俗好巫,每淫祠鼓舞,必歌俚辞。禹锡或从事于其间,乃依骚人之作,为新辞以教巫祝。故武陵溪洞间夷歌,率多禹锡之辞也。

初,禹锡、宗元等八人犯众怒,宪宗亦怒,故再贬。制有"逢恩不原"之令。然执政惜其才,欲洗涤痕累,渐序用之。会程异复掌转运,有诏以韩皋及禹锡等为远郡刺史。属武元衡在中书,谏官十馀人论列,言不可复用而止。

禹锡积岁在湘、澧间,郁悒不怡,因读《张九龄文集》,乃叙其意曰："世称曲江为相，建言放臣不宜于善地，多徙五溪不毛之乡。今读其文章，自内职牧始安，有瘴疠之叹，自退相守荆州，有拘囚之思。托讽禽鸟，寄辞草树，郁然与骚人同风。嗟夫，身出于遐陬，一失意而不能堪，矧华人士族，而必致丑地，然后快意哉！议者以曲江为良臣，识胡雏有反相，羞与凡器同列，密启廷诤，虽古哲人不及，而燕翼无似，终为馁魂。岂忮心失恕，阴谪最大，虽二美莫赎耶？不然，何袁公一言明楚狱而钟祉四叶。以是相较，神可诬乎？"

元和十年，自武陵召还，宰相复欲置之郎署。时禹锡作《游玄都观咏看花君子》诗，语涉讥刺，执政不悦，复出为播州刺史。诏下，御史中丞裴度奏曰："刘禹锡有母，年八十馀。今播州西南极远，猿狖所居，人迹罕至。禹锡诚合得罪，然其老母必去不得，则与此子为死别，臣恐伤陛下孝理之风。伏请屈法，稍移近处。"宪宗曰："夫为人子，每事尤须谨慎，常恐贻亲之忧。今禹锡所坐，更合重于他人，卿岂可以此论之？"度无以对。良久，帝改容而言曰："朕所言，是责人子之事，然终不欲伤其所亲之心。"乃改授连州刺史。去京师又十馀年，连刺数郡。

大和二年，自和州刺史征还，拜主客郎中。禹锡衔前事未已，复作《游玄都观诗序》曰："予贞元二十一年为尚书屯田员外郎，时此观中未有花木，是岁出牧连州，寻贬朗州司马。居十年，召还京师，人人皆言有道士手植红桃满观，如烁晨霞，遂有诗以志一时之事。旋又出牧，于今十有四年，得为主客郎中。重游兹观，荡然无复一树，唯兔葵燕麦，动摇于春风，因再题二十八字，以俟后游。"其前篇有"玄都观里桃千树，总是刘郎去后栽"之句，后篇有"种桃道士今何在，前度刘郎又到来"之句，人嘉其才而薄其行。禹锡甚怒武元衡、李逢吉，而裴度稍知之。大和中，度在中书，欲令知制诰，执政又闻《诗序》，滋不悦，累转礼部郎中、集贤院学士。度罢知政事，禹锡求分司东都。终以恃才褊心，不得久处朝列。六月，授苏州刺史，就赐金紫。秩满入朝，授汝州刺史，迁太子宾客，分司东都。

禹锡晚年与少傅白居易友善，诗笔文章，时无在其右者。常与禹锡唱和往来，因集其诗而序之曰："彭城刘梦得，诗豪者也。其锋森然，少敢当者，予不量力，往往犯之。夫合应者声同，交争者力敌。一往一复，欲罢不能。由是每制一篇，先于视草，视竟则兴作，兴作则文成。一二年来，日寻笔砚，同和赠答，不觉滋多。大和三年春以前，纸墨所存者，凡一百三十八首。其馀乘兴仗醉，率然口号者不在此数。因命小佺龟儿编录，勒成两轴。仍写二本，一付龟儿，一授梦得小男崙郎，各令收藏，附两家文集。予顷与元微之唱和颇多，或在人口。尝戏微之云：'仆与足下二十年来为文友诗敌，幸也，亦不幸也。吟咏情性，播扬名声，其适遗形，其乐忘老，幸也。然江南士女语才子者，多云元、白，以子之故，使仆不得独步于吴、越间，此亦不幸也。今垂老复遇梦得，非重不幸耶？'梦得梦得，文之神妙，莫先于诗。若妙与神，则吾岂敢？如梦得'雪里高山头白早，海中仙果子生迟'，'沉舟侧畔千帆过，病树前头万木春'之句之类，真谓神妙矣。在在处处，应有灵物护持，岂止两家子弟秘藏而已！"其为名流许与如此。梦得尝为《西塞怀古》《金陵五题》等诗，江南文士称为佳作，虽名位不达，公卿大僚多与之交。

开成初，复为太子宾客分司，俄授同州刺史。秩满，检校礼部尚书、太子宾客分司。会昌二年七月卒，时年七十一，赠户部尚书。（《旧唐书》卷一六〇）

刘禹锡，字梦得，自言系出中山。世为儒。擢进士第，登博学宏辞科，工文章。淮南杜佑表管书记。入为监察御史。素善韦执谊。时王叔文得幸太子，禹锡以名重一时，与之交，叔文每称有宰相器。太子即位，朝廷大议秘策多出叔文，引禹锡及柳宗元与议禁中，所言必从。擢屯田员外郎，判度支、盐铁案，颇冯藉其势，多中伤士。若武元衡不为柳宗元所喜，自御史中丞下除太子右庶子；御史窦群劾禹锡挟邪乱政，群即日罢；韩皋素贵，不肯亲叔文等，斥为湖南观察使。凡所进退，视爱怒重轻，人不敢指其名，号"二王、刘、柳"。

宪宗立，叔文等败，禹锡贬连州刺史，未至，斥朗州司马。州接夜郎诸夷，风俗陋甚，家喜巫鬼，每祠，歌《竹枝》，鼓吹裴回，其声伧伫。禹锡谓屈原居沅、湘间作《九歌》，使楚人以迎送神，乃倚其声，作《竹枝辞》十馀篇。于是武陵夷俚悉歌之。

始，坐叔文贬者八人，宪宗欲终斥不复，乃诏虽后更赦令不得原。然宰相哀其才且困，将澡濯用之，会程异复起领运务，乃诏禹锡等悉补远州刺史。而元衡方执政，谏官颇言不可用，遂罢。

禹锡久落魄，郁郁不自聊，其吐辞多讽托幽远，作《问大钧》《谪九年》等赋数篇。又叙："张九龄为宰相，建言放臣不宜与善地，悉徙五溪不毛处。然九龄自内职出始安，有瘴疠之叹；罢政事守荆州，有拘囚之思。身出遐陬，一失意不能堪，矧华人士族必致丑地，然后快意哉！议者以为开元良臣，而卒无嗣，岂忮心失恕，阴责最大，虽它美莫赎邪！"欲感讽权近，而憾不释。久之，召还。宰相欲任南省郎，而禹锡作《玄都观看花君子》诗，语讥忿，当路者不喜，出为播州刺史。诏下，御史中丞裴度为言："播极远，猿狖所宅，禹锡母八十馀，不能往，当与其子死诀，恐伤陛下孝治，请稍内迁。"帝曰："为人子者宜慎事，不贻亲忧。若禹锡望它人，尤不可赦。"度不敢对，帝改容曰："朕所言责人子事，终不欲伤其亲。"乃易连州，又徙夔州刺史。

禹锡尝叹天下学校废，乃奏记宰相曰："言者谓天下少士，而不知养材之道，非天不生材也，郁堙不扬也。是不耕而叹廪庾之无馀，可乎？贞观时，学舍千二百区，生徒三千馀，外夷遣子弟入附者五国。今室庐圮废，生徒衰少，非学官不振，病无资以给也。

凡学官，春秋祭于先师，斯止于太学辟雍、泮宫，非及天下。今州县咸以春秋上丁有事孔子庙，其礼不应古，甚非孔子意。汉初群臣起屠贩，故孝惠、高后间置原庙于郡国，逮元帝时，韦玄成遂议罢之。夫子孙尚不敢违礼飨其祖，况后学师先圣道而欲违之。传曰：'祭不欲数。'又曰：'祭神如神在。'与其烦于荐飨，孰若行其教？今教颓靡，而以非礼之祀媚之，儒者所宜疾。窃观历代无有是事。

武德初，诏国学立周公、孔子庙，四时祭。贞观中，诏修孔子庙兖州。后许敬宗等奏天下州县置三献官，其他如立社。玄宗与儒臣议，罢释奠牲牢，荐酒脯。时王孙林甫为宰相，不涉学，使御史中丞王敬从以明衣牲牢著为令，遂无有非之者。今夔四县岁释奠费十六万，举天下州县岁凡费四千万，适资三献官饰衣裳，饴妻子，于学无补也。

请下礼官博士议，罢天下州县牲牢衣币，春秋祭如开元时，籍其资半畀所隶州，使增学校，举半归太学，犹不下万计，可以营学室，具器用，丰馔食，增掌故，以备使令。儒官各加稍食，州县进士皆立程督，则贞观之风，粲然可复。"当时不用其言。

由和州刺史入为主客郎，复作《游玄都》诗，且言："始谪十年，还京师，道士植桃，其盛若霞。又十四年过之，无复一存，唯兔葵、燕麦动摇春风耳。"以诋权近，闻者益薄其行。俄分司东都。宰相裴度兼集贤殿大学士，雅知禹锡，荐为礼部郎中、集贤直学士。度罢，出为苏州刺史。以政最，赐金紫服。徙汝、同二州。迁太子宾客，复分司。

禹锡恃才而废，褊心不能无怨望，年益晏，偃蹇寡所合，乃以文章自适。素善诗，晚节尤精，与白居易酬复颇多。居易以诗自名者，尝推为"诗豪"，又言："其诗在处应有神物护持。"

会昌时，加检校礼部尚书。卒，年七十二，赠户部尚书。始疾病，自为《子刘子传》，称："汉景帝子胜，封中山，子孙为中山人。七代祖亮，元魏冀州刺史，迁洛阳，为北部都昌人，坟墓在洛北山，后其地狭不可依，乃葬荥阳檀山原。德宗弃天下，太子立，时王叔文以善弈得通籍，因间言事，积久，众未知。至起苏州掾，超拜起居舍人、翰林学士，阴荐丞相杜佑为度支、盐铁使，翌日，自为副，贵震一时。叔文，北海人，自言猛之后，有远祖风，东平吕温、陇西李景俭、河东柳宗元以为信然。三子者皆予厚善，日夕过，言其能。叔文实工言治道，能以口辩移人，既得用，所施为人不以为当。太上久疾，宰臣及用事者不得对，宫掖事秘，建桓立顺，功归贵臣，由是及贬。"其自辩解大略如

此。(《新唐书》卷一六八)

禹锡,字梦得,中山人。贞元九年进士。又中博学宏词科,工文章。时王叔文得幸,禹锡与之交,尝称其有宰相器。朝廷大议,多引禹锡及柳宗元与议禁中。判度支盐铁案,凭藉其势,多中伤人。御史窦群劾云:"挟邪乱政。"即日罢。宪宗立,叔文败,斥朗州司马。州接夜郎,俗信巫鬼,每祠,歌《竹枝》,鼓吹俄延,其声伧伫。禹锡谓屈原居沅、湘间,作《九歌》,使楚人以迎送神,乃倚声作《竹枝辞》十篇,武陵人悉歌之。始,坐叔文贬者,虽赦不原。宰相哀其才且困,将澡用之,乃悉诏补远州刺史,谏官奏罢之。时久落魄,郁郁不自抑,其吐辞多讽托远意,感权臣而憾不释。久之,召还,欲任南省郎,而作《玄都观看花君子》诗,语讥忿,当路不喜,又谪守播州。中丞裴度言:"播,猿狖所宅,且其母年八十馀,与子死决,恐伤陛下孝治,请稍内迁。"乃易连州,又徙夔州。后由和州刺史入为主客郎中。至京后,游玄都咏诗,且言:"始谪十年,还辇下,道士种桃,其盛若霞。又十四年而来,无复一存,唯兔葵、燕麦动摇春风耳。"权近闻者,益薄其行。裴度荐为翰林学士,俄分司东都,迁太子宾客。会昌时,加检校礼部尚书,卒。公恃才而放,心不能平,行年益晏,偃蹇寡合,乃以文章自适。善诗,精绝,与白居易酬唱颇多,尝推为"诗豪",曰:"刘君诗在处,有神物护持。"有集四十卷,今传。(《唐才子传》卷五)

韦 纾

纾,贞元中进士。元和朝官户部郎中。(《全唐文》卷六百十三小传)两唐书无传。

李直方

直方,德宗朝官左司员外郎。历中书舍人,试太常卿。贞元二十一年,自韶州刺史移赣州刺史,迁司勋郎中。(《全唐文》卷六百十八小传)两唐书无传。

吕　温

吕温,字和叔,一字化光,河中人。贞元末,擢进士第。因善王叔文,再迁为左拾遗,以侍御史使吐蕃,元和元年乃还。柳宗元等皆坐叔文贬,温独免。进户部员外郎,与窦群、羊士谔相昵。群为御史中丞,荐温知杂事,士谔为御史,宰相李吉甫持之不报。温乘间奏吉甫阴事,诘辩皆妄,贬均州刺史。议者不厌,再贬道州。久之,徙衡州卒。集十卷,内诗二卷,今编诗二卷。(《全唐诗》小传)两唐书无传。

温,字和叔,河中人。初从陆贽治《春秋》、梁肃为文章。贞元十四年,李随榜及第。中宏辞。与王叔文厚善,骤迁左拾遗。除侍御史,使吐蕃,留不得遣弥年。温在绝域,常自悲惋。元和元年还,进户部员外郎。与窦群、羊士谔相爱。群为中丞,荐温为御史,宰相李吉甫持久不报。会吉甫病,夜召术士,群等因奏之,事见群传。上怒,贬筠州,再贬道州刺史,诏徙衡州,卒官所。温藻翰粗赡,一时流辈咸推尚。性险躁,谲怪而好利。今有集十卷,行于世。(《唐才子传》卷五)

元　稹

元稹,字微之,河南人。后魏昭成皇帝,稹十代祖也。兵部尚书、昌平公岩,六代祖也。曾祖延景,岐州参军。祖悱,南顿丞。父宽,比部郎中、舒王府长史,以積贵,赠左仆射。

積八岁丧父。其母郑夫人,贤明妇人也,家贫,为積自授书,教之书学。積九岁能属文。十五两经擢第。二十四调判入第四等,授秘书省校书郎。二十八应制举才识兼茂、明于体用科,登第者十八人,積为第一,元和元年四月也。制下,除右拾遗。

積性锋锐,见事风生。既居谏垣,不欲碌碌自滞,事无不言,即日上疏论谏职。又以前时王叔文、王伾以猥亵待诏,蒙幸太子,永贞之际,大挠朝政。是以训导太子宫官,宜选正人,乃献《教本书》曰:"臣伏见陛下降明诏,修废学,增胄子,选司成。大哉,尧之为君,伯夷典礼,夔教胄子之深旨也!然而事有万万于此者,臣敢冒昧殊死而言之。臣闻诸贾生曰:'三代之君,仁且久者,教之然也。'诚哉是言!且夫周成王,人之中才也,近管、蔡则逸入,有周、召则义闻,岂可谓天聪明哉?然而克终于道者,得不谓教之然耶?俾伯禽、唐叔与之游,《礼》《乐》《诗》《书》为之习,目不得阅淫艳妖诱之色,耳不得闻优笑凌乱之音,口不得习操断击博之书,居不得近容顺阴邪之党,游不得纵追禽逐兽之乐,玩不得有遐异僻绝之珍。凡此数者,非谓备之于前而不为也,亦将不得见之矣。及其长而为君也,血气既定,游习既成,虽有放心快己之事日陈于前,固不能夺已成之习、已定之心矣。则彼忠直道德之言,固吾之所习闻也,陈之者有以谕焉;彼庸佞违道之说,固吾之所积惧也,诡之者有以辨焉。人之情,莫不欲耀其所能而党其所近;苟将得志,则必快其所蕴矣。物之性亦然。是以鱼得水而游,马逸驾而走,鸟得风而翔,火得薪而炽。此皆物之快其所蕴也。今夫成王所蕴道德也,所近圣贤也。是以举其近,则周公左而召公右,伯禽鲁而太公齐。快其蕴,则兴礼乐而朝诸侯,措刑罚而美教化。教之至也,可不谓信然哉!

及夫秦则不然。灭先王之学,曰将以愚天下;黜师保之位,曰将以明君臣。胡亥之生也,《诗》《书》不得闻,圣贤不得近。彼赵高者,诈宦之戮人也;而傅之以残忍戕贼之术,且曰恣睢天下以为贵,莫见其面以为尊。是以天下之人人未尽愚,而胡亥固已不能分兽畜矣。赵高之威慑天下,而胡亥固已自幽于深宫矣。彼李斯,秦之宠丞相也。因谗冤死,无所自明,而况于疏远之臣庶乎!若然,则秦之亡有以致之也。

汉高承之以兵革,汉文守之以廉谨,卒不能苏复大训。是以景、武、昭、宣,天资甚美,才可以免祸乱;哀、平之间,则不能虞篡弑矣。然而惠帝废易之际,犹赖羽翼以胜邪心。是后有国之君,议教化者,莫不以兴廉举孝、设学崇儒为意,曾不知教化之不行,自贵始。略其贵者,教其贱者,无乃邻于倒置乎?

洎我太宗文皇帝之在藩邸,以至于为太子也,选知道德者十八人与之游习。即位之后,虽游宴饮食之间,若十八人者,实在其中。上失无不言,下情无不达。不四三年而名高盛古,岂一日二日而致是乎?游习之渐也!贞观以还,师傅皆宰相兼领,其馀宫僚,亦甚重焉。马周以位高恨不得为司议郎,此其验也。文皇之后,渐疏贱之。用至母后临朝,蔑弃王室。当中、睿二圣勤劳之际,虽有骨鲠敢言之士,既不得在调护保安之职,终不能吐扶卫之一辞。而令医匠安金藏剖腹以明之,岂不大哀也耶?

兵兴以来,兹弊尤甚。师资保傅之官,非疾废眊聩不任事者为之,即休戎罢帅不知书者处之。至于友谕赞议之徒,疏冗散贱之甚者,缙绅耻由之。夫以匹士之爱其子者,犹求明哲慈惠之师以教之,直谅多闻之友以成之。岂天下之元良,而可以疾废眊聩不知书者为之师乎?疏冗散贱不适用者为之友乎?此何不及上古之甚也!近制,宫僚之外,往往以沉滞僻老之儒,充侍直、侍读之选,而又疏弃斥逐之,越月逾时,不得召见,彼又安能傅成道德而保养其身躬哉?臣以为积此弊者,岂不以皇天眷佑,祚我唐德,以舜继尧,传陛下十一圣矣,莫不生而神明,长而仁圣,以是为屑屑习仪者故不之省耳。臣独以为于列圣之谋则可也,计传后嗣则不可。脱或万代之后,若有周成之中才,而又生于深宫优笑之间,无周、召保助之教,则将不能知喜怒哀乐之所自矣，况稼穑艰难乎？

今陛下以上圣之资，肇临海内，是天下之人倾耳注心之日。特愿陛下思成王训导之功，念文皇游习之渐，选重师保，慎择宫僚，皆用博厚弘深之儒，而又明达机务者为之。更相进见，日就月将。因令皇太子聚诸生，定齿胄讲业之仪，行严师问道之礼。至德要道以成之，彻膳记过以警之。血气未定，则去禽色之娱以就学；圣质已备，则资游习之善以弘德。此所谓"一人元良，万方以贞"之化也。岂直修废学，选司成，而足伦匹其盛哉？而又俾则百王，莫不幼同师，长同术，识君道之素定，知天伦之自然，然后选用贤良，树为藩屏。出则有晋、郑、鲁、卫之盛，入则有东牟、硃虚之强，盖所谓宗子维城、犬牙盘石之势也，又岂与夫魏、晋以降，因贱其兄弟而自剪其本枝者，同年而语哉？"宪宗览之甚悦。

又论西北边事，皆朝政之大者，宪宗召对，问方略。为执政所忌，出为河南县尉。丁母忧，服除，拜监察御史。四年，奉使东蜀，劾奏故剑南东川节度使严砺违制擅赋，又籍没涂山甫等吏民八十八户田宅一百一十一、奴婢二十七人、草千五百束、钱七千贯。时砺已死，七州刺史皆责罚。稹虽举职，而执政有与砺厚者恶之。使还，令分务东台。浙西观察使韩皋封杖决湖州安吉令孙澥，四日内死。徐州监军使孟升卒，节度使王绍传送升丧柩还京，给券乘驿，仍于邮舍安丧柩。稹并劾奏以法。河南尹房式为不法事，稹欲追摄，擅令停务。既飞表闻奏，罚式一月俸，仍召稹还京。宿敷水驿，内官刘士元后至，争厅，士元怒，排其户，稹蔑而走厅后。士元追之，后以箠击稹伤面。执政以稹少年后辈，务作威福，贬为江陵府士曹参军。

稹聪警绝人，年少有才名，与太原白居易友善。工为诗，善状咏风态物色。当时言诗者称元、白焉。自衣冠士子，至闾阎下里，悉传讽之，号为"元和体"。既以俊爽不容于朝，流放荆蛮者仅十年。俄而白居易亦贬江州司马，稹量移通州司马。虽通、江县邈，而二人来往赠答，凡所为诗，有自三十、五十韵乃至百韵者。江南人士，传道讽诵，流闻阙下，里巷相传，为之纸贵。观其流离放逐之意，靡不凄惋。

十四年，自虢州长史征还，为膳部员外郎。宰相令狐楚一代文宗，雅知稹之辞学，谓稹曰："尝览足下制作，所恨不多，迟之久矣。请出其所有，以豁予怀。"稹因献其文，自叙曰："稹初不好文，徒以仕无他歧，强由科试。及有罪谴弃之后，自以为废滞潦倒，不复为文字有闻于人矣。曾不知好事者抉摘刍芜，尘渎尊重。窃承相公特于廊庙间道稹诗句，昨又面奉教约，令献旧文。战汗悚踊，惭靦无地。

稹自御史府谪官，于今十馀年矣。闲诞无事，遂专力于诗章。日益月滋，有诗句千馀首。其间感物寓意，可备矇瞽之风者有之。辞直气粗，罪尤是惧，固不敢陈露于人。唯杯酒光景间，屡为小碎篇章，以自吟畅。然以为律体卑庳，格力不扬，苟无姿态，则陷流俗。常欲得思深语近，韵律调新，属对无差，而风情宛然，而病未能也。江湖间多新进小生，不知天下文有宗主，妄相放效，而又从而失之，遂至于支离褊浅之辞，皆目为元和诗体。

稹与同门生白居易友善。居易雅能诗，就中爱驱驾文字，穷极声韵，或为千言，或五百言律诗，以相投寄。小生自审不能过之，往往戏排旧韵，别创新辞，名为次韵相酬，盖欲以难相排。自尔江湖间为诗者，复相放效，力或不足，则至于颠倒语言，重复首尾，韵同意等，不异前篇，亦目为元和诗体。而司文者考变雅之由，往往归咎于稹。尝以为雕虫小事，不足以自明。始闻相公记忆，累旬以来，实虑粪土之墙，庇之以大厦，使不复破坏，永为板筑者之误。辄写古体歌诗一百首，百韵至两韵律诗一百首，为五卷，奉启跪陈。或希构厦之馀，一赐观览，知小生于章句中栾栌榱桷之材，尽曾量度，则十馀年之遭回，不为无用矣。"

楚深称赏，以为今代之鲍、谢也。

穆宗皇帝在东宫，有妃嫔左右尝诵稹歌诗以为乐曲者，知稹所为，尝称其善，宫中呼为元才子。荆南监军崔潭峻甚礼接稹，不以掾吏遇之，常征其诗什讽诵之。长庆初，潭峻归朝，出稹《连昌宫辞》等百馀篇奏御，穆宗大悦，问稹安在，对曰："今为南宫散郎。"即日转祠部郎中、知制诰。朝廷以书命不由相府，甚鄙之，然辞诰所出，飐然与古为侔，遂盛传于代，由是极承恩顾。尝为《长庆宫辞》数十百篇，京师竞相传唱。居无何，召入翰林，为中书舍人、承旨学士。中人以潭峻之故，争与稹交，而知枢密魏弘简尤与稹相善，穆宗愈深知重，河东节度使裴度三上疏，言稹与弘简为刎颈之交，谋乱朝政，言甚激讦。穆宗顾中外人情，乃罢稹内职，授工部侍郎。上恩顾未衰，长庆二年，拜平章事。诏下之日，朝野无不轻笑之。

时王廷凑、朱克融连兵围牛元翼于深州，朝廷俱赦其罪，赐节钺，令罢兵，俱不奉诏。稹以天子非次拔擢，欲有所立以报上。有和王傅于方者，故司空顾之子，干进于稹，言有奇士王昭、王友明二人，尝客于燕、赵间，颇与贼党通熟，可以反间而出元翼，仍自以家财资其行，仍赂兵、吏部令史为出告身二十通，以便宜给赐，稹皆然之。有李赏者，知于方之谋，以稹与裴度有隙，乃告度云："于方为稹所使，欲结客王昭等刺度。"度隐而不发。及神策军中尉奏于方之事，乃诏三司使韩皋等讯鞠，而害裴事无验，而前事尽露，遂俱罢稹、度平章事，乃出稹为同州刺史，度守仆射。谏官上疏，言责度太重，稹太轻，上心怜稹，止削长春宫使。

稹初罢相，三司狱未奏，京兆尹刘遵古遣坊所由潜逻稹居第，稹奏诉之，上怒，罚遵古，遣中人抚谕稹。稹至同州，因表谢上，自叙曰："臣稹辜负圣明，辱累恩奖，便合自求死所，岂谓尚忝官荣？臣稹死罪。

臣八岁丧父，家贫无业。母兄乞丐以供资养。衣不布体，食不充肠。幼学之年，不蒙师训。因感邻里儿稚有父兄为开学校，涕咽发愤，愿知《诗》《书》。慈母哀臣，亲为教授。年十有五，得明经出身，由是苦心为文，夙夜强学。年二十四，登吏部乙科，授校书郎。年二十八，蒙制举首选，授左拾遗。始自为学，至于升朝，无朋友为臣吹嘘，无亲戚为臣援庇。莫非苦己，实不因人，独立性成，遂无交结。任拾遗日,屡陈时政,蒙先皇帝召问于延英。旋为宰相所憎,出臣河南县尉。及为监察御史,又不规避,专心纠绳,复为宰相怒臣下庇亲党,因以他事贬臣江陵判官。废弃十年,分死沟渎。

元和十四年,宪宗皇帝开释有罪,始授臣膳部员外郎。与臣同省署者,多是臣登朝时举人;任卿相者,半是臣同谏院时拾遗、补阙。愚臣既不料陛下天听过卑,知臣薄艺,砾书授臣制诰,延英召臣赐绯。宰相恶臣不出其门,由是百万侵毁。陛下察臣无罪,宠奖逾深,召臣固授舍人,遣充承旨翰林学士,金章紫服,光饰陋躯,人生之荣,臣亦至矣。然臣益遭诽谤,日夜忧危。唯陛下圣鉴昭临,弥加保任,竟排群议,擢授台司。臣忝有肺肝,岂并寻常宰相?况当行营退散之后,牛元翼未出之间,每闻陛下轸念之言,愚臣恨不身先士卒。所问于方计策,遣王友明等救解深州,盖欲上副圣情,岂是别怀他意?不料奸人疑臣杀害裴度,妄有告论,尘渎圣聪,愧羞天地。臣本待辨明一了,便拟杀身谢责,岂料圣慈尚加,薄贬同州。虽违咫尺之间,不远郊圻之境,伏料必是宸衷独断,乞臣此官。若遣他人商量,乍可与臣远处方镇,岂肯遣臣俯近阙廷?

所恨今月三日,尚蒙召对延英。此时不解泣血,仰辞天颜,乃至今日窜逐。臣自离京国,目断魂销。每至五更朝谒之时,实制泪不已。臣若馀生未死,他时万一归还,不敢更望得见天颜,但得再闻京城钟鼓之音,臣虽黄土覆面,无恨九泉。臣无任自恨自惭,攀恋圣慈之至。"

在郡二年,改授越州刺史、兼御史大夫、浙东观察使。会稽山水奇秀,稹所辟幕职,皆当时文士,而镜湖、秦望之游,月三四焉。而讽咏诗什,动盈卷帙。副使窦巩,海内诗名,与稹酬唱最多,至今称兰亭绝唱。稹既放意娱游,稍不修边幅,以渎货闻于时。凡在越八年。

大和初,就加检校礼部尚书。三年九月,入为尚书左丞。振举纪纲,出郎官颇乖公议者七人。然以稹素无检操,人情不厌服。会宰相王播仓卒而卒,稹大为路歧,经营相位。四年正月,检校户部尚书,兼鄂州刺史、御史大夫、武昌军节度使。五年七月二十二日暴疾,一日而卒于镇,时年五十三,赠尚书右仆射。有子曰道护,时年三岁。稹仲兄司农少卿积,营护丧事。所著诗赋、诏册、铭诔、论议等杂文一百卷,号曰《元氏长庆集》。又著古今刑政书三百卷,号《类集》,并行于代。

稹长庆末因编删其文稿,自叙曰:"刘歆云:制不可削。予以为有可得而削之者,贡谋猷,持嗜欲,君有之则誉归于上,臣专之则誉归于下。苟而存之,其攘也,非道也。经制度,明利害,区邪正,辨嫌惑,存之则事分著,去之则是非泯。苟而削之,其过也,非道也。

元和初,章武皇帝新即位,臣下未有以言刮视听者。予时始以对诏在拾遗中供奉,由是献《教本书》《谏职》《论事》等表十数通,仍为裴度、李正辞、韦熏讼所言当,而宰相曲道上语。上颇悟,召见问状。宰相大恶之,不一月,出为河南尉。后累岁,补御史,使东川。谨以元和赦书,劾节度使严砺籍涂山甫等八十八家,过赋梓、遂之民数百万。朝廷异之,夺七刺史料,悉以所籍归于人。会潘孟阳代砺为节度使,贪过砺,且有所承迎,虽不敢尽废诏,因命当得所籍者皆入资。资过其称,榷薪盗赋无不为,仍为砺密状不当得丑谥。予自东川还,朋砺者潜切齿矣。

无何,分莅东都台。天子久不在都,都下多不法者。百司皆牢狱,有裁接吏械人逾岁而台府不得而知之者,予因飞奏绝百司专禁锢。河南尉判官,予劾之,忤宰相旨。监徐使死于军,徐帅邮传其柩,柩至洛,其下欧诟主邮吏,予命吏徙柩于外,不得复乘传。浙西观察使封杖决安吉令至死;河南尹诬奏书生尹太阶请死之;飞龙使诱赵寔家逃奴为养子;田季安盗娶洛阳衣冠女;汴州没入死商钱且千万;滑州赋于民以千,授于人以八百;朝廷馈东师,主计者误命牛车四千三百乘飞刍越太行。类是数十事,或移或奏,皆主之。贞元以来,不惯用文法,内外宠臣皆喑呜。会河南尹房式诈谖事发,奏摄之。前所喑呜者叫噪。宰相素以劾叛官事相衔,乘是黜予江陵掾。后十年,始为膳部员外郎。

穆宗初，宰相更相用事，丞相段公一日独得对，因请亟用兵部郎中薛存庆、考功员外郎牛僧孺，予亦在请中，上然之。不十数日次用为给、舍，他忿恨者日夜构飞语，予惧罪，比上书自明。上怜之，三召与语。语及兵赋洎西北边事，因命经纪之。是后书奏及进见，皆言天下事，外间不知，多臆度。陛下益怜其不漏禁中语，召入禁林，且欲亟用为宰相。是时裴度在太原，亦有宰相望，巧者谋欲俱废之，乃以予所无构于裴。裴奏至，验之皆失实。上以裴方握兵，不欲校曲直，出予为工部侍郎，而相裴之期亦衰矣。不累月，上尽得所构者，虽不能暴扬之，遂果初意，卒用予与裴俱为宰相。复有购狂民告予借客刺裴者，鞠之复无状，而裴与予以故俱罢免。

始元和十五年八月得见上，至是未二岁，僭忝恩宠，无是之速者；遭罹谤咎，亦无是之甚者。是以心腹肾肠，縻费于扶卫危亡之不暇，又恶暇经纪陛下之所付哉！然而造次颠沛之中，前后列上兵赋边防之状，可得而存者一百一十五。苟而削之，是伤先帝之器使也。至于陈畅辨谤之章，去之则无以自明于朋友矣。其馀郡县之奏请，贺庆之礼，因亦附于件目。始《教本书》，至于为人杂奏，二十有七轴，凡二百二十有七奏。终殁吾世，贻之子孙式，所以明经制之难行，而销毁之易至也。"

其自叙如此，欲知其作者之意，备于此篇。

稹文友与白居易最善。后进之士，最重庞严，言其文体类己，保荐之。(《旧唐书》卷一六六)

元稹，字微之，河南河内人。六代祖岩，为隋兵部尚书。稹幼孤，母郑贤而文，亲授书传。九岁工属文，十五擢明经，判入等，补校书郎。元和元年举制科，对策第一，拜左拾遗。性明锐，遇事辄举。

始，王叔文、王伾蒙幸太子宫，而桡国政，稹谓宜选正人辅导，因献言曰："伏见陛下降明诏，修废学，增胄子，然而事有先于此，臣敢昧死言之。

贾谊有言：'三代之君仁且久者，教之然也。'周成王本中才，近管、蔡则谗入，任周、召则善闻。岂天聪明哉？而克终于道者，教也。始为太子也，太公为师，周公为傅，召公为保，伯禽、唐叔与游，目不阅淫艳，耳不闻优笑，居不近庸邪，玩不备珍异。及为君也，血气既定，游习既成，虽有放心，不能夺已成之性。则彼道德之言，固吾所习闻，陈之者易谕焉；回佞庸违，固吾所积惧，诒之者易辩焉。人之情莫不耀所能，党所近，苟得志，必快其所蕴。物性亦然，故鱼得水而游，鸟乘风而翔，火得薪而炽。夫成王所蕴，道德也；所近，圣贤也。快其蕴，则兴礼乐，朝诸侯，措刑罚，教之至也。

秦则不然，灭先王之学，黜师保之位。胡亥之生也，《诗》《书》不得闻，圣贤不得近。彼赵高，刑馀之人，傅之以残忍戕贼之术，日恣睢，天下之人未尽愚，而亥不能分马鹿矣；高之威慑天下，而亥自幽深宫矣。若秦亡，则有以致之也。

太宗为太子，选知道德者十八人与之游；即位后，虽间宴饮食，十八人者皆在。上之失无不言，下之情无不达，不四三年而名高盛古，斯游习之致也。贞观以来，保、傅皆宰相兼领，馀官亦时重选，故马周恨位高不为司议郎，其验也。

母后临朝，剪弃王室，中、睿为太子，虽有骨鲠敢言之士，不得在调护保安职，及逸言中伤，惟乐工剖腹为证，岂不哀哉！比来兹弊尤甚，师资保傅，不疾废眊目贵，即休戎罢帅者处之。又以僻滞华首之儒备侍直、侍读，越月逾时不得召。夫以匹士之爱其子，犹求明哲慈惠之师，岂天下元良而反不及乎？

臣以为高祖至陛下十一圣，生而神明，长而仁圣，以是为屑屑者，故不之省。设万世之后，有周成中才，生于深宫，无保助之教，则将不能知喜怒哀乐所自，况稼穑艰难乎！愿令皇太子泊诸王齿胄讲业，行严师问道之礼，辍禽色之娱，资游习之善，岂不美哉！"

又自以职谏净，不得数召见，上疏曰："臣闻治乱之始，各有萌象。容直言，广视听，躬勤庶务，委信大臣，使左右近习不得蔽疏远之人，此治象也。大臣不亲，直言不进，抵忌讳者杀，犯左右者刑，与一二近习决事深宫中，群臣莫得与，此乱萌也。人君始即位，萌象未见，必有狂直敢言者。上或激而进之，则天下君子望风曰：'彼狂而容于上，其欲来天下士乎？吾之道可以行矣！'其小人则觫利曰：'彼之直，得幸于上，吾将直言以徼利乎！'由是天下贤不肖各以所忠贡于上，上下之志，霈然而通。合天下之智，治万物之心，人人乐得其所，戴其上如赤子之亲慈母也，虽欲诱之为乱，可得乎？及夫进计者入，而直言者戮，则天下君子内谋曰：'与其言不用而身为戮，吾宁危行言逊以保其终乎！'其小人则择利曰：'吾君所恶者拂心逆耳，吾将苟顺是非以事之。'由是进见者革而不内，言事者寝而不闻，若此则十步之事不得见，况天下四方之远乎！故曰：聋瞽之君非无耳目，左右前后者屏蔽之，不使视听，欲不乱，可得哉？

太宗初即位，天下莫有言者，孙伏伽以小事持谏，厚赐以勉之。自是论事者唯惧言不直、谏不极、不能激上之盛意，曾不以忌讳为虞。于是房、杜、王、魏议可否于前，四方言得失于外，不数年大治。岂文皇独运聪明于上哉？盖下尽其言，以宣扬发畅之也。夫乐全安，恶戮辱，古今情一也，岂独贞观之人轻犯忌讳而好戮辱哉？盖上激而进之也。喜顺从，怒謇犯，亦古今情一也，岂独文皇甘逆耳、怒从心哉？盖以顺从之利轻，而危亡之祸大，思为子孙建永安计也。为后嗣者，其可顺一朝意，而蔑文皇之天下乎？

陛下即位已一岁，百辟卿士、天下四方之人，曾未有献一计进一言而受赏者；左右前后拾遗补阙，亦未有奏封执谏而蒙劝者。设谏鼓，置匦函，曾未闻雪冤决事、明察幽之意者。以陛下睿博洪深，励精求治，岂言而不用哉？盖下不能有所发明耳！承顾问者，独一二执政，对不及顷而罢，岂暇陈治安、议教化哉？它有司或时召见，仅能奉簿书计钱谷登降耳。以陛下之政，视贞观何如哉？贞观时，尚有房、杜、王、魏辅翊之智，日有献可替否者。今陛下当致治之初，而言事进计者岁无一人，岂非群下因循窃位之罪乎？辄昧死条上十事：一、教太子，正邦本；二、封诸王，固磐石；三、出宫人；四、嫁宗女；五、时召宰相讲庶政；六、次对群臣，广聪明；七、复正衙奏事；八、许方幅纠弹；九、禁非时贡献；十、省出入游畋。"

于时论俭、高弘本、豆卢靖等出为刺史，阅旬追还诏书，稹谏："诏令数易，不能信天下。"又陈西北边事。宪宗悦，召问得失。当路者恶之，出为河南尉，以母丧解。服除，拜监察御史。按狱东川，因劾奏节度使严砺违诏过赋数百万，没入涂山甫等八十馀家田产奴婢。时砺已死，七刺史皆夺俸，砺党怒。俄分司东都。

时浙西观察使韩皋杖安吉令孙澥，数日死；武宁王绍护送监军孟升丧乘驿，内丧邮中，吏不敢止；内园擅系人逾年，台不及知；河南尹诬杀诸生尹大阶；飞龙使诱亡命奴为养子；田季安盗取洛阳衣冠女；汴州没入死贾钱千万。凡十馀事，悉论奏。会河南尹房式坐罪，稹举劾，按故事追摄，移书停务。诏薄式罪，召稹还。次敷水驿，中人仇士良夜至，稹不让，中人怒，击稹败面。宰相以稹年少轻树威，失宪臣体，贬江陵士曹参军，而李绛、崔群、白居易皆论其枉。久乃徙通州司马，改虢州长史。元和末，召拜膳部员外郎。

稹尤长于诗，与居易名相埒，天下传讽，号"元和体"，往往播乐府。穆宗在东宫，妃嫔近习皆诵之，宫中呼元才子。稹之谪江陵，善监军崔潭峻。长庆初，潭峻方亲幸，以稹歌词数十百篇奏御，帝大悦。问稹今安在，曰："为南宫散郎。"即擢祠部郎中，知制诰。变诏书体，务纯厚明切，盛传一时。然其进非公议，为士类訾薄。稹内不平，因《诫风俗诏》历诋群有司逞其憾。

俄迁中书舍人、翰林承旨学士。数召入，礼遇益厚，自谓得言天下事。中人争与稹交，魏弘简在枢密，尤相善。裴度出屯镇州，有所论奏，共沮却之。度三上疏劾弘简、稹倾乱国政："陛下欲平贼，当先清朝廷乃可。"帝迫群议，乃罢弘简，而出稹为工部侍郎。然眷倚不衰，未几，进同中书门下平章事，朝野杂然轻笑，稹思立奇节报天子以厌人心。时王廷凑方围牛元翼于深州，稹所善于方言："王昭、于友明皆豪士，雅游燕、赵间，能得贼要领，可使反间而出元翼。愿以家资办行，得兵部虚告二十，以便宜募士。"稹然之。李逢吉知其谋，阴令李赏诉裴度曰："于方为稹结客，将刺公。"度隐不发。神策军中尉以闻，诏韩皋、郑覃及逢吉杂治，无刺度状，而方计暴闻，遂与度偕罢宰相，出为同州刺史。谏官争言度不当免，而黜稹轻。帝独怜稹，但削长春宫使。初，狱未具，京兆刘遵古遣吏罗禁稹第，稹诉之，帝怒，责京兆，免捕贼尉，使使者慰稹。再期，徙浙东观察使。明州岁贡蚶，役邮子万人，不胜其疲，稹奏罢之。

大和三年，召为尚书左丞，务振纲纪，出郎官尤无状者七人。然稹素无检，望轻，不为公议所右。王播卒，谋复辅政甚力，讫不遂。俄拜武昌节度使。卒，年五十三，赠尚书右仆射。

所论著甚多，行于世。在越时，辟窦巩。巩，天下工为诗，与之酬和，故镜湖、秦望之奇益传，时号"兰亭绝唱"。稹始言事峭直，欲以立名，中见斥废十年，信道不坚，乃丧所守。附宦贵得宰相，居位才三月罢。晚弥沮丧，加廉节不饰云。(《新唐书》卷一七四)

稹，字微之，河南人。九岁工属文，十五擢明经，书判入等，补校书郎。元和初，对策第一，拜左拾遗。数上书言利害，当路恶之，出为河南尉。后拜监察御史，按狱东川。还次敷水驿，中人仇士良夜至，稹不让邸，仇怒，击稹败面。宰相以稹年少轻威，失宪臣体，贬江陵士曹参军，李绛等论其枉。元和末，召拜膳部员外郎。稹诗变体，往往宫中乐色皆诵之，呼为才子。然缀属虽广，乐府专其警策也。

初在江陵，与监军崔潭峻善。长庆中，崔进其歌诗数十百篇，帝大悦，问今安在，曰："为南宫散郎。"擢祠部郎中、知制诰，俄迁中书舍人、翰林承旨，后拜同中书门下平章事。初以瑕衅，举动浮薄，朝野杂笑，未几罢。然素无检，望轻，不为公议所右，除武昌节度使，卒。在越时，辟窦巩。巩工诗，日酬和，故镜湖、秦望之奇益传，时号"兰亭绝唱"。微之与白乐天最密，虽骨肉未至，爱慕之情，可欺金石，千里神交,若合符契,唱和之多,无逾二公者。有《元氏长庆集》一百卷及《小集》十卷,今传。

夫松柏饱风霜,而后胜梁栋之任,人必劳饿空乏,而后无充诎之态。誉早必气锐,气锐则志骄,志骄则敛怨。先达者未足喜,晚成者或可贺。况庆吊相望于门闾,不可测哉。人评元诗如李龟年说天宝遗事,貌悴而神不伤。况尤物移人,侈俗迁性,足见其举止斐薄丰茸。仍且不容胜己,至登庸成忝,贻笑于多士,其来尚矣。不矜细行,终累大德。岂不闻言行君子之枢机,荣辱之主耶？古人不耻能治而无位,耻有位而不能治也。(《唐才子传》卷六)

白居易

白居易,字乐天,太原人。北齐五兵尚书建之仍孙。建生士通,皇朝利州都督。士通生志善,尚衣奉御。志善生温,检校都官郎中。温生锽,历酸枣、巩二县令。锽生季庚,建中初为彭城令。时李正己据河南十馀州叛。正己宗人洧为徐州刺史,季庚说洧以彭门归国,因授朝散大夫、大理少卿、徐州别驾,赐绯鱼袋,兼徐泗观察判官。历衢州、襄州别驾。自锽至季庚,世敦儒业,皆以明经出身。季庚生居易。初,建立功于高齐,赐田于韩城,子孙家焉,遂移籍同州。至温徙于下邽,公为下邽人焉。

居易幼聪慧绝人,襟怀宏放。年十五六时,袖文一编,投著作郎吴人顾况。况能文,而性浮薄,后进文章无可意者。览居易文,不觉迎门礼遇曰:"吾谓斯文遂绝,复得吾子矣。"贞元十四年,始以进士就试,礼郡侍郎高郢擢升甲科,吏部判入等,授秘书省校书郎。元和元年四月,宪宗策试制举人,应才识兼茂、明于体用科,策入第四等,授盩厔县尉、集贤校理。

居易文辞富艳,尤精于诗笔。自仇校至结绶畿甸,所著歌诗数十百篇,皆意存讽赋,箴时之病,补政之缺,而士君子多之,而往往流闻禁中。章武皇帝纳谏思理，渴闻谠言，二年十一月，召入翰林为学士。三年五月，拜左拾遗。居易自以逢好文之主，非次拔擢，欲以生平所贮，仰酬恩造。拜命之日，献疏言事曰："蒙恩授臣左拾遗，依前翰林学士，已与崔群同状陈谢。但言忝冒，未吐衷诚。今再渎宸严，伏惟重赐详览。臣谨按《六典》，左右拾遗，掌供奉讽谏，凡发令举事，有不便于时、不合于道者，小则上封，大则廷诤。其选甚重，其秩甚卑，所以然者，抑有由也。大凡人之情，位高则惜其位，身贵则爱其身；惜位则偷合而不言，爱身则苟容而不谏，此必然之理也。故拾遗之置，所以卑其秩者，使位未足惜，身未足爱也；所以重其选者，使下不忍负心，上不忍负恩也。夫位不足惜，恩不忍负，然后能有阙必规，有违必谏；朝廷得失无不察，天下利病无不言。此国朝置拾遗之本意也。由是而言，岂小臣愚劣暗懦所宜居之哉？

况臣本乡校竖儒，府县走吏，委心泥滓，绝望烟霄。岂意圣慈，擢居近职，每宴饮无不先预，每庆赐无不先沾，中厩之马代其劳，内厨之膳给其食。朝惭夕惕，已逾半年，尘旷渐深，忧愧弥剧。未申微效，又擢清班。臣所以授官以来仅经十日，食不知味，寝不遑安。唯思粉身以答殊宠，但未获粉身之所耳。

今陛下肇临皇极，初受鸿名，夙夜忧勤，以求致理。每施一政、举一事，无不合于道、便于时者。万一事有不便于时者，陛下岂不欲闻之乎？万一政有不合于道者，陛下岂不欲知之乎？倘陛下言动之际，诏令之间，小有阙遗，稍关损益，臣必密陈所见，潜献所闻，但在圣心裁断而已。臣又职在禁中，不同外司，欲竭愚诚，合先陈露。伏希天鉴，深察赤诚。"

居易与河南元稹相善，同年登制举，交情隆厚。稹自监察御史谪为江陵府士曹掾，翰林学士李绛、崔群上前面论稹无罪，居易累疏切谏曰：

"臣昨缘元稹左降，频已奏闻。臣内察事情，外听众议，元稹左降有不可者三。何者？元稹守官正直，人所共知。自授御史以来，举奏不避权势，只如奏李佐公等事，多是朝廷亲情。人谁无私，因以挟恨，或假公议，将报私嫌，遂使诬谤之声，上闻天听。臣恐元稹左降以后，凡在位者，每欲举职，必先以稹为诫，无人肯为陛下当官守法，无人肯为陛下嫉恶绳愆。内外权贵亲党，纵有大过大罪者，必相容隐而已，陛下从此无由得知。此其不可者一也。

昨元稹所追勘房式之事，心虽徇公，事稍过当。既从重罚，足以惩违，况经谢恩，旋又左降。虽引前事以为责辞，然外议喧喧，皆以为稹与中使刘士元争厅，因此获罪。至于争厅事理，已具前状奏陈。况闻士元蹋破驿门，夺将鞍马，仍索弓箭，吓辱朝官，承前以来，未有此事。今中官有罪，未闻处置；御史无过，却先贬官。远近闻知，实损圣德。臣恐从今以后，中官出使，纵暴益甚；朝官受辱，必不敢言。纵有被凌辱殴打者，亦以元稹为戒，但吞声而已。陛下从此无由得闻。此其不可二也。

臣又访闻元稹自去年以来，举奏严砺在东川日枉法，没入平人资产八十馀家；又奏王绍违法给券，令监军押柩及家口入驿；又奏裴玢违敕征百姓草；又奏韩皋使军将封杖打杀县令。如此之事，前后甚多，属朝廷法行，悉有惩罚。计天下方镇，皆怒元稹守官。今贬为江陵判司，即是送与方镇，从此方便报怨，朝廷何由得知？臣伏闻德宗时有崔善贞者，告李锜必反，德宗不信，送与李锜，锜掘坑炽火，烧杀善贞。曾未数年，李锜果反，至今天下为之痛心。臣恐元稹贬官，方镇有过，无人敢言，陛下无由得知不法之事。此其不可者三也。

假若无此三不可，假如朝廷误左降一御史，盖是小事，臣安敢烦渎圣听，至于再三！诚以所损者深，所关者大，以此思虑，敢不极言！"

疏入不报。

又淄青节度使李师道进绢，为魏徵子孙赎宅，居易谏曰："徵是陛下先朝宰相，太宗尝赐殿材成其正室，尤与诸家第宅不同。子孙典贴，其钱不多，自可官中为之收赎，而令师道掠美，事实非宜。"宪宗深然之。

上又欲加河东王锷平章事,居易谏曰:"宰相是陛下辅臣,非贤良不可当此位。锷诛剥民财,以市恩泽,不可使四方之人谓陛下得王锷进奉,而与之宰相,深无益于圣朝。"乃止。

王承宗拒命,上令神策中尉吐突承璀为招讨使,谏官上章者十七八,居易面论,辞情切至。既而又请罢河北用兵,凡数千百言,皆人之难言者,上多听纳。唯谏承璀事切,上颇不悦,谓李绛曰:"白居易小子,是朕拔擢致名位,而无礼于朕,朕实难奈。"绛对曰:"居易所以不避死亡之诛,事无巨细必言者,盖酬陛下特力拔擢耳,非轻言也。陛下欲开谏诤之路,不宜阻居易言。"上曰:"卿言是也。"由是多见听纳。

五年,当改官,上谓崔群曰:"居易官卑俸薄,拘于资地,不能超等,其官可听自便奏来。"居易奏曰:"臣闻姜公辅为内职,求为京府判司,为奉亲也。臣有老母,家贫养薄,乞如公辅例。"于是,除京兆府户曹参军。六年四月,丁母陈夫人之丧,退居下邽。九年冬,入朝,授太子左赞善大夫。

十年七月,盗杀宰相武元衡,居易首上疏论其冤,急请捕贼以雪国耻。宰相以宫官非谏职,不当先谏官言事。会有素恶居易者,掎摭居易,言浮华无行,其母因看花堕井而死,而居易作《赏花》及《新井》诗,甚伤名教,不宜置彼周行。执政方恶其言事,奏贬为江表刺史。诏出,中书舍人王涯上疏论之,言居易所犯状迹,不宜治郡,追诏授江州司马。

居易儒学之外,尤通释典,常以忘怀处顺为事,都不以迁谪介意。在浔城,立隐舍于庐山遗爱寺,尝与人书,言之曰:"予去年秋始游庐山,到东西二林间香炉峰下,见云木泉石,胜绝第一。爱不能舍,因立草堂。前有乔松十数株,修竹千馀竿,青萝为墙援,白石为桥道,流水周于舍下,飞泉落于檐间,红榴白莲,罗生池砌。"居易与凑、满、朗、晦四禅师,追永、远、宗、雷之迹,为人外之交。每相携游咏,跻危登险,极林泉之幽邃。至于修然顺适之际,几欲忘其形骸。或经时不归,或逾月而返,郡守以朝贵遇之,不之责。

时元稹在通州,篇咏赠答往来,不以数千里为远。尝与稹书,因论作文之大旨曰:"夫文,尚矣,三才各有文。天之文三光首之;地之文五材首之;人之文六经道之。就六经言,《诗》又首之。何者?圣人感人心而天下和平。感人心者,莫先乎情,莫始乎言,莫切乎声,莫深乎义。诗者,根情,苗言,华声,实义。上自贤圣,下至愚呆,微及豚鱼,幽及鬼神。群分而气同,形异而情一。未有声入而不应、情交而不感者。圣人知其然,因其言,经之以六义;缘其声,纬之以五音。音有韵,义有类。韵协则言顺,言顺则声易入;类举则情见,情见则感易交。于是乎孕大含深,贯微洞密,上下通而二气泰,忧乐合而百志熙。二帝三王所以直道而行、垂拱而理者,揭此以为大柄,决此以为大窦也。故闻'元首明,股肱良'之歌,则知虞道昌矣。闻五子洛汭之歌,则知夏政荒矣。言者无罪,闻者作诫,言者闻者莫不两尽其心焉。

洎周衰秦兴,采诗官废,上不以诗补察时政,下不以歌泄导人情。用至于谄成之风动,救失之道缺。于时六义始刓矣。国风变为骚辞,五言始于苏、李。《诗》《骚》皆不遇者,各系其志,发而为文。故河梁之句,止于伤别;泽畔之吟,归于怨思。彷徨抑郁,不暇及他耳。然去《诗》未远,梗概尚存。故兴离别则引双凫一雁为喻,讽君子小人则引香草恶鸟为比。虽义类不具,犹得风人之什二三焉。于时六义始缺矣。晋、宋以还,得者盖寡。以康乐之奥博,多溺于山水;以渊明之高古,偏放于田园。江、鲍之流,又狭于此。如梁鸿《五噫》之例者,百无一二。于时六义浸微矣。陵夷至于梁、陈间,率不过嘲风雪、弄花草而已。噫!风雪花草之物,三百篇中岂舍之乎?顾所用何如耳。设如'北风其凉',假风以刺威虐;'雨雪霏霏',因雪以愍征役;'棠棣之华',感华以讽兄弟;'采采芣苢',美草以乐有子也。皆兴发于此而义归于彼。反是者,可乎哉!然则"馀霞散成绮,澄江净如练","归花先委露,别叶乍辞风"之什,丽则丽矣,吾不知其所讽焉。故仆所谓嘲风雪、弄花草而已。于时六义尽去矣。

唐兴二百年,其间诗人不可胜数。所可举者,陈子昂有《感遇诗》

二十首,鲍防《感兴诗》十五篇。又诗之豪者,世称李、杜。李之作,才矣!奇矣!人不逮矣!索其风雅比兴,十无一焉。杜诗最多,可传者千馀首。至于贯穿古今,觊缕格律,尽工尽善,又过于李焉。然撮其《新安》《石壕》《潼关吏》《芦子关》《花门》之章,"朱门酒肉臭,路有冻死骨"之句,亦不过十三四。杜尚如此,况不逮杜者乎?仆常痛诗道崩坏,忽忽愤发,或废食辍寝,不量才力,欲扶起之。嗟乎!事有大谬者,又不可一二而言,然亦不能不粗陈于左右。

仆始生六七月时,乳母抱弄于书屏下,有指'之'字、'无'字示仆者,仆口未能言,心已默识。后有问此二字者,虽百十其试,而指之不差。则知仆宿习之缘,已在文字中矣。及五六岁,便学为诗。九岁谙识声韵。十五六,始知有进士,苦节读书。二十以来,书课赋,夜课书,间又课诗,不遑寝息矣。以至于口舌成疮,手肘成胝。既壮而肤革不丰盈,未老而齿发早衰白;瞥然如飞蝇垂珠在眸子中者,动以万数,盖以苦学力文之所致!

又自悲家贫多故,年二十七,方从乡赋。既第之后,虽专于科试,亦不废诗。及授校书郎时,已盈三四百首。或出示交友如足下辈,见皆谓之工,其实未窥作者之域耳。自登朝来,年齿渐长,阅事渐多。每与人言,多询时务;每读书史,多求理道。始知文章合为时而著,歌诗合为事而作。是时皇帝初即位,宰府有正人,屡降玺书,访人急病。

仆当此日,擢在翰林,身是谏官,月请谏纸。启奏之间,有可以救济人病,裨补时阙,而难于指言者,辄咏歌之,欲稍稍进闻于上。上以广宸听,副忧勤;次以酬恩奖,塞言责;下以复吾平生之志。岂图志未就而悔已生,言未闻而谤已成矣!

又请为左右终言之。凡闻仆《贺雨诗》,众口籍籍,以为非宜矣;闻仆《哭孔戡诗》,众面脉脉,尽不悦矣;闻《秦中吟》,则权豪贵近者,相目而变色矣;闻《登乐游园》寄足下诗,则执政柄者扼腕矣;闻《宿紫阁村》诗,则握军要者切齿矣。大率如此,不可遍举。不相与者,号为沽誉,号为诋讦,号为讪谤。苟相与者,则如牛僧孺之诫焉。乃至骨肉妻孥,皆以我为非也。其不我非者,举世不过三两人。有邓鲂者,见仆诗而喜,无何鲂死。有唐衢者,见仆诗而泣,未几而衢死。其馀即足下。足下又十年来困踬若此。呜呼!岂六义四始之风,天将破坏,不可支持耶?抑又不知天意不欲使下人病苦闻于上耶?不然,何有志于诗者,不利若此之甚也!

然仆又自思关东一男子耳,除读书属文外,其他懵然无知,乃至书画棋博,可以接群居之欢者,一无通晓,即其愚拙可知矣。初应进士时,中朝无缌麻之亲,达官无半面之旧;策蹇步于利足之途,张空拳于战文之场。十年之间,三登科第,名落众耳,迹升清贯,出交贤俊,入侍冕旒。始得名于文章,终得罪于文章,亦其宜也。

日者闻亲友间说,礼、吏部举选人,多以仆私试赋判为准的。其馀诗句,亦往往在人口中。仆恧然自愧,不之信也。及再来长安,又闻有军使高霞寓者,欲聘倡妓,妓大夸曰:'我诵得白学士《长恨歌》,岂同他哉?'由是增价。又足下书云:到通州日,见江馆柱间有题仆诗者。何人哉?又昨过汉南日,适遇主人集众娱乐,他宾诸妓见仆来,指而相顾曰:此是《秦中吟》《长恨歌》主耳。自长安抵江西三四千里,凡乡校、佛寺、逆旅、行舟之中,往往有题仆诗者;士庶、僧徒、孀妇、处女之口,每有咏仆诗者。此诚雕篆之戏,不足为多,然今时俗所重,正在此耳。虽前贤如渊、云者,前辈如李、杜者,亦未能忘情于其间。

古人云:'名者公器,不可多取。'仆是何者,窃时之名已多。既窃时名,又欲窃时之富贵,使己为造物者,肯兼与之乎?今之屯穷,理固然也。况诗人多蹇,如陈子昂、杜甫,各授一拾遗,而屯剥至死。孟浩然辈不及一命,穷悴终身。近日孟郊六十,终试协律;张籍五十,未离一太祝。彼何人哉?况仆之才又不迨彼。今虽谪佐远郡,而官品至第五,月俸四五万,寒有衣,饥有食,给身之外,施及家人。亦可谓不负白氏子矣。微之,微之,勿念我哉!

仆数月来,检讨囊帙中,得新旧诗,各以类分,分为卷目。自拾遗来,凡所遇所感,关于美刺兴比者;又自武德至元和,因事立题,题为

《新乐府》者,共一百五十首,谓之讽谕诗。又或退公,或卧病闲居,知足保和,吟玩性情者一百首,谓之闲适诗。又有事物牵于外,情理动于内,随感遇而形于叹咏者一百首,谓之感伤诗。又有五言、七言、长句、绝句,自百韵至两韵者,四百馀首,谓之杂律诗。凡为十五卷,约八百首。异时相见,当尽致于执事。

微之,古人云:'穷则独善其身,达则兼济天下。'仆虽不肖,常师此语。大丈夫所守者道,所待者时。时之来也,为云龙,为风鹏,勃然突然,陈力以出;时之不来也,为雾豹,为冥鸿,寂兮寥兮,奉身而退。进退出处,何往而不自得哉!故仆志在兼济,行在独善,奉而始终之则为道,言而发明之则为诗。谓之讽谕诗,兼济之志也;谓之闲适诗,独善之义也。故览仆诗者,知仆之道焉。其馀杂律诗,或诱于一时一物,发于一笑一吟,率然成章,非平生所尚者,但以亲朋合散之际,取其释恨佐欢,今铨次之间,未能删去。他时有为我编集斯文者,略之可也。

微之,夫贵耳贱目,荣古陋今,人之大情也。仆不能远征古旧,如近岁韦苏州歌行,才丽之外,颇近兴讽;其五言诗,又高雅闲淡,自成一家之体,今之秉笔者谁能及之?然当苏州在时,人亦未甚爱重,必待身后,人始贵之。今仆之诗,人所爱者,悉不过杂律诗与《长恨歌》以下耳。时之所重,仆之所轻。至于讽谕者,意激而言质;闲适者,思澹而辞迂。以质合迂,宜人之不爱也。今所爱者,并世而生,独足下耳。然百千年后,安知复无如足下者出,而知爱我诗哉?故自八九年来,与足下小通则以诗相戒,小穷则以诗相勉,索居则以诗相慰,同处则以诗相娱。知吾罪吾,率以诗也。

如今年春游城南时,与足下马上相戏,因各诵新艳小律,不杂他篇,自皇子陂归昭国里,迭吟递唱,不绝声者二十里馀。樊、李在傍,无所措口。知我者以为诗仙,不知我者以为诗魔。何则?劳心灵,役声气,连朝接夕,不自知其苦,非魔而何?偶同人当美景,或花时宴罢,或月夜酒酣,一咏一吟,不觉老之将至。虽骖鸾鹤、游蓬瀛者之适，无以加于此焉，又非仙而何？微之，微之！此吾所以与足下外形骸、脱踪迹、傲轩鼎、轻人寰者，又以此也。

当此之时，足下兴有馀力，且欲与仆悉索还往中诗，取其尤长者，如张十八古乐府，李二十新歌行，卢、杨二秘书律诗，窦七、元八绝句，博搜精掇，编而次之，号为《元白往还集》。众君子得拟议于此者，莫不踊跃欣喜，以为盛事。嗟乎！言未终而足下左转，不数月而仆又继行，心期索然，何日成就？又可为之太息矣！

仆常语足下，凡人为文，私于自是，不忍于割截，或失于繁多。其间妍媸，益又自惑。必待交友有公鉴无姑息者，讨论而削夺之，然后繁简当否，得其中矣。况仆与足下，为文尤患其多。己尚病，况他人乎？今且各纂诗笔，粗为卷第，待与足下相见日，各出所有，终前志焉。又不知相遇是何年，相见是何地，溘然而至，则如之何？微之知我心哉！

浔阳腊月，江风苦寒，岁暮鲜欢，夜长少睡。引笔铺纸，悄然灯前，有念则书，言无铨次。勿以繁杂为倦，且以代一夕之话言也。"

居易自叙如此，文士以为信然。

十三年冬，量移忠州刺史。自浔阳浮江上峡。十四年三月，元稹会居易于峡口，傍舟夷陵三日。时季弟行简从行，三人于峡州西二十里黄牛峡口石洞中，置酒赋诗，恋恋不能诀。南宾郡当峡路之深险处也，花木多奇，居易在郡，为《木莲荔枝图》，寄朝中亲友，各记其状曰："荔枝生巴、峡间，形圆如帷盖。叶如桂，冬青；华如橘，春荣；实如丹，夏熟。朵如蒲萄，核如枇杷，壳如红缯，膜如紫绡，瓤肉莹白如雪，浆液甘酸如醴酪。大略如此，其实过之。若离本枝，一日而色变，二日而香变，三日而味变，四五日外，色香味尽去矣。""木莲大者高四五丈，巴民呼为黄心树，经冬不凋。身如青杨，有白文。叶如桂，厚大无脊。花如莲，香色艳腻皆同，房独蕊有异。四月初始开，自开迨谢，仅二十日。元和十四年夏，命道士毋丘元志写之。惜其遐僻，因以三绝赋之。"有"天教抛掷在深山"之句，咸传于都下，好事者喧然模写。

其年冬,召还京师,拜司门员外郎。明年,转主客郎中、知制诰,加朝散大夫,始着绯。时元稹亦征还为尚书郎、知制诰,同在纶阁。长庆元年三月,受诏与中书舍人王起覆试礼部侍郎钱徽下及第人郑朗等一十四人。十月,转中书舍人。十一月,穆宗亲试制举人,又与贾𫗧、陈岵为考策官。凡朝廷文字之职,无不首居其选,然多为排摈,不得用其才。

时天子荒纵不法,执政非其人,制御乖方,河朔复乱。居易累上疏论其事,天子不能用,乃求外任。七月,除杭州刺史。俄而元稹罢相,自冯翊转浙东观察使。交契素深,杭、越邻境,篇咏往来,不间旬浃。尝会于境上,数日而别。秩满,除太子左庶子,分司东都。宝历中,复出为苏州刺史。文宗即位,征拜秘书监,赐金紫。九月上诞节,召居易与僧惟澄、道士赵常盈对御讲论于麟德殿。居易论难锋起,辞辨泉注,上疑宿构,深嗟挹之。大和二年正月,转刑部侍郎,封晋阳县男,食邑三百户。三年,称病东归,求为分司官,寻除太子宾客。

居易初对策高第,擢入翰林,蒙英主特达顾遇,颇欲奋厉效报,苟致身于讦谟之地,则兼济生灵。蓄意未果,望风为当路者所挤,流徙江湖。四五年间,几沦蛮瘴。自是宦情衰落,无意于出处,唯以逍遥自得,吟咏情性为事。大和以后,李宗闵、李德裕朋党事起,是非排陷,朝升暮黜,天子亦无如之何。杨颖士、杨虞卿与宗闵善,居易妻,颖士从父妹也。居易愈不自安,惧以党人见斥,乃求致身散地,冀于远害。凡所居官,未尝终秩,率以病免,固求分务,识者多之。五年除河南尹。七年,复授太子宾客分司。

初,居易罢杭州,归洛阳。于履道里得故散骑常侍杨凭宅,竹木池馆,有林泉之致。家妓樊素、蛮子者,能歌善舞。居易既以尹正罢归,每独酌赋咏于舟中,因为《池上篇》曰:"东都风土水木之胜在东南偏,东南之胜在履道里,里之胜在西北隅,西闬北垣第一第,即白氏叟乐天退老之地。地方十七亩,屋室三之一,水五之一,竹九之一,而岛树桥道间之。初乐天既为主,喜且曰:'虽有池台,无粟不能守也。'乃作池东粟廪。又曰:'虽有子弟,无书不能训也。'乃作池北书库。又曰:'虽有宾朋,无琴酒不能娱也。'乃作池西琴亭,加石樽焉。

乐天罢杭州刺史,得天竺石一、华亭鹤二以归。始作西平桥,开环池路。罢苏州刺史时,得太湖石五、白莲、折腰菱、青板舫以归,又作中高桥,通三岛径。罢刑部侍郎时,有粟千斛,书一车,洎臧获之习管磬弦歌者指百以归。先是颖川陈孝仙与酿酒法,味甚佳;博陵崔晦叔与琴,韵甚清;蜀客姜发授《秋思》,声甚淡;弘农杨贞一与青石三,方长平滑,可以坐卧。

太和三年夏,乐天始得请为太子宾客,分秩于洛下,息躬于池上。凡三任所得,四人所与,洎吾不才身,今率为池中物。每至池风春,池月秋,水香莲开之旦,露清鹤唳之夕,拂杨石,举陈酒,援崔琴,弹《秋思》,颓然自适,不知其他。酒酣琴罢,又命乐童登中岛亭,含奏《霓裳散序》,声随风飘,或凝或散,悠扬于竹烟波月之际者久之。曲未竟,而乐天陶然石上矣。睡起偶咏,非诗非赋,阿龟握笔,因题石间。视其粗成韵章,命为《池上篇》云:

十亩之宅,五亩之园,有水一池,有竹千竿。勿谓土狭,勿谓地偏,足以容膝,足以息肩。有堂有亭,有桥有船,有书有酒,有歌有弦。有叟在中,白须飒然,识分知足,外无求焉。如鸟择木,姑务巢安;如蛙作坎,不知海宽。灵鹊怪石,紫菱白莲,皆吾所好,尽在我前。时引一杯,或吟一篇。妻孥熙熙,鸡犬闲闲。优哉游哉,吾将老乎其间。"

又效陶潜《五柳先生传》作《醉吟先生传》以自况。文章旷达,皆此类也。

大和末,李训构祸,衣冠涂地,士林伤感,居易愈无宦情。开成元年,除同州刺史,辞疾不拜。寻授太子少傅,进封冯翊县开国侯。四年冬,得风病,伏枕者累月,乃放诸妓女樊、蛮等,仍自为墓志,病中吟咏不辍。自言曰:"予年六十有八,始患风痹之疾,体瘝首眩,左足不支。盖老病相乘,有时而至耳。予栖心释梵,浪迹老、庄,因疾观身。果有所得。何则?外形骸而内忘忧患,先禅观而后顺医治。旬月以还，厥疾少间，杜门高枕，澹然安闲。吟咏兴来，亦不能遏，遂为《病中诗》十五篇以自谕。"

会昌中，请罢太子少傅，以刑部尚书致仕，与香山僧如满结香火社，每肩舆往来，白衣鸠杖，自称香山居士。大中元年卒，时年七十六，赠尚书右仆射。有文集七十五卷，《经史事类》三十卷，并行于世。长庆末，浙东观察使元稹为居易集序曰："乐天始未言，试指'之''无'字，能不误。始既言，读书勤敏，与他儿异。五六岁识声韵，十五志辞赋，二十七举进士。贞元末，进士尚驰竞，不尚文，就中六籍尤摈落。礼部侍郎高郢始用经艺为进退，乐天一举擢上第。明年，中拔萃甲科，由是《性习相近远》《玄珠》《斩白蛇剑》等赋洎百节判，新进士竞相传于京师。会宪宗皇帝策召天下士，对诏称旨，又登甲科。未几，选入翰林，掌制诰。比比上书言得失，因为《贺雨诗》《秦中吟》等数十章，指言天下事，时人比之《风》《骚》焉。

予始与乐天同秘书，前后多以诗章相赠答。予谴掾江陵，乐天犹在翰林，寄予百韵律体及杂体，前后数十诗。是后各佐江、通，复相酬寄。巴、蜀、江、楚间洎长安中少年，递相仿效，竞作新辞，自谓为元和诗。而乐天《秦中吟》《贺雨》讽谕闲适等篇，时人罕能知者。然而二十年间，禁省观寺、邮候墙壁之上无不书；王公妾妇、牛童马走之口无不道。其缮写模勒，炫卖于市井，或因之以交酒茗者，处处皆是。其甚至有盗窃名姓，苟求自售，杂乱间厕，无可奈何。予尝于平水市中，见村校诸童，竞习歌咏，召而问之，皆对曰：'先生教我乐天、微之诗。'固亦不知予为微之也。又鸡林贾人求市颇切，自云：'本国宰相，每以一金换一篇，甚伪者，宰相辄能辨别之。'自篇章已来，未有如是流传之广者。

长庆四年，乐天自杭州刺史以右庶子召还，予时刺会稽，因得尽征其文，手自排缵，成五十卷，凡二千二百五十一首。前辈多以前集、中集为名，予以为陛下明年当改元，长庆讫于是矣，因号《白氏长庆集》。

大凡人之文各有所长，乐天长可以为多矣。夫讽谕之诗长于激，闲适之时长于遣,感伤之诗长于切,五字律诗百言而上长于赡,五字、七字百言而下长于情,赋赞箴诫之类长于当,碑记叙事制诰长于实,启奏表状长于直,书檄辞册剖判长于尽。总而言之,不亦多乎哉!"

人以为积序尽其能事。

居易尝写其文集,送江州东西二林寺、洛城香山圣善等寺,如佛书杂传例流行之。无子,以其侄孙嗣。遗命不归下邽,可葬于香山如满师塔之侧,家人从命而葬焉。(《旧唐书》卷一六六)

白居易,字乐天,其先盖太原人。北齐五兵尚书建,有功于时,赐田韩城,子孙家焉。又徙下邽。父季庚,为彭城令,李正己之叛,说刺史李洧自归,累擢襄州别驾。

居易敏晤绝人,工文章。未冠,谒顾况。况,吴人,恃才少所推可,见其文,自失曰:"吾谓斯文遂绝,今复得子矣!"贞元中,擢进士、拔萃皆中,补校书郎。元和元年,对制策乙等,调盩厔尉,为集贤校理。月中,召入翰林为学士。迁左拾遗。

四年,天子以旱甚,下诏有所蠲贷,振除灾沴。居易见诏节未详,即建言乞尽免江淮两赋,以救流瘠,且多出宫人。宪宗颇采纳。是时,于頔入朝,悉以歌舞人内禁中,或言普宁公主取以献,皆頔嬖爱。居易以为不如归之,无令頔得归曲天子。李师道上私钱六百万,为魏徵孙赎故第,居易言:"徵任宰相,太宗用殿材成其正寝,后嗣不能守,陛下犹宜以贤者子孙赎而赐之。师道人臣,不宜掠美。"帝从之。河东王锷将加平章事,居易以为:"宰相天下具瞻,非有重望显功不可任。按锷诛求百计,不恤雕瘵,所得财号为'羡馀'以献。今若假以名器,四方闻之,皆谓陛下得所献,与宰相。诸节度私计曰:'谁不如锷?'争裒割生人以求所欲。与之则纲纪大坏,不与则有厚薄,事一失不可复追。"是时,孙璹以禁卫劳,擢凤翔节度使,张奉国定徐州、平李錡有功,迁金吾将军。居易为帝言:"宜罢璹,进奉国,以竦天下忠臣心。"度支有囚系阌乡狱,更三赦不得原。又奏言:"父死,絷其子,夫久系,妻嫁,债无偿期,禁无休日,请一切免之。"奏凡十馀上,益知名。

会王承宗叛,帝诏吐突承璀率师出讨,居易谏:"唐家制度,每征伐,专委将帅,责成功,比年始以中人为都监。韩全义讨淮西,贾良国监之;高崇文讨蜀,刘贞亮监之。且兴天下兵,未有以中人专统领者。神策既不置行营节度,即承璀为制将,又充诸军招讨处置使,是实都统。恐四方闻之,必轻朝廷。后世且传中人为制将自陛下始,陛下忍受此名哉?且刘济等洎诸将必耻受承璀节制,心有不乐,无以立功。此乃资承宗之奸,挫诸将之锐。"帝不听。既而兵老不决,居易上言:"陛下讨伐,本委承璀,外则卢从史、范希朝、张茂昭。今承璀进不决战,已丧大将,希朝、茂昭数月乃入贼境,观其势,似阴相为计,空得一县,即壁不进,理无成功。不亟罢之,且有四害。以府帑金帛、齐民膏血助河北诸侯,使益富强,一也。河北诸将闻吴少阳受命,将请洗涤承宗,章一再上,无不许,则河北合从,其势益固。与夺恩信,不出朝廷,二也。今暑湿暴露,兵气熏烝,虽不顾死,孰堪其苦?又神策杂募市人,不狃于役,脱奔逃相动,诸军必摇,三也。回鹘、吐蕃常有游侦,闻讨承宗历三时无功,则兵之强弱,费之多少,彼一知之,乘虚入寇,渠能救首尾哉?兵连事生,何故蔑有?四也。事至而罢,则损威失柄,只可逆防,不可追悔。"亦会承宗请罪,兵遂罢。

后对殿中,论执强鲠,帝未谕,辄进曰:"陛下误矣。"帝变色,罢,谓李绛曰:"是子我自拔擢,乃敢尔,我叵堪此,必斥之!"绛曰:"陛下启言者路,故群臣敢论得失。若黜之,是箝其口,使自为谋,非所以发扬盛德也。"帝悟,待之如初。岁满当迁,帝以资浅,且家素贫,听自择官。居易请如姜公辅以学士兼京兆户曹参军,以便养,诏可。明年,以母丧解,还,拜左赞善大夫。

是时,盗杀武元衡,京都震扰。居易首上疏,请亟捕贼,刷朝廷耻,以必得为期。宰相嫌其出位,不悦。俄有言"居易母堕井死,而居易赋《新井篇》,言浮华,无实行,不可用"。出为州刺史。中书舍人王涯上言不宜治郡,追贬江州司马。既失志,能顺适所遇,托浮屠生死说,若忘形骸者。久之,徙忠州刺史。入为司门员外郎,以主客郎中知制诰。

穆宗好畋游,献《续虞人箴》以讽,曰:"唐受天命,十有二圣。兢兢业业,咸勤厥政。鸟生深林,兽在丰草。春搜冬狩,取之以道。鸟兽虫鱼,各遂其生。民野君朝,亦克用宁。在昔玄祖,厥训孔彰:'驰骋畋猎,俾心发狂。'何以效之,曰羿与康。曾不是诫,终然覆亡。高祖方猎,苏长进言:'不满十旬,未足为欢。'上心既悟,为之辍畋。降及宋璟,亦谏玄宗。温颜听纳,献替从容。璟趋以出,鹞死握中。噫!逐兽于野,走马于路。岂不快哉,衔橛可惧。审其安危,惟圣之虑。"

俄转中书舍人。田布拜魏博节度使,命持节宣谕,布遗五百缣,诏使受之,辞曰:"布父仇国耻未雪,人当以物助之,乃取其财,谊不忍。方谕问旁午,若悉有所赠,则贼未殄,布资竭矣。"诏听辞饷。

是时,河朔复乱,合诸道兵出讨,迁延无功。贼取弓高,绝粮道,深州围益急。居易上言:"兵多则难用,将众则不一。宜诏魏博、泽潞、定、沧四节度,令各守境,以省度支资饷。每道各出锐兵三千,使李光颜将。光颜故有凤翔、徐、滑、河阳、陈许军无虑四万,可径薄贼,开弓高粮路,合下博,解深州之围,与牛元翼合。还裴度招讨使,使悉太原兵西压境,见利乘隙夹攻之,间令招谕以动其心,未及诛夷,必自生变。且光颜久将,有威名,度为人忠勇,可当一面,无若二者。"于是天子荒纵,宰相才下,赏罚失所宜,坐视贼,无能为。居易虽进忠,不见听,乃丐外迁。为杭州刺史,始筑堤捍钱塘湖,钟泄其水,溉田千顷;复浚李泌六井,民赖其汲。久之,以太子左庶子分司东都。复拜苏州刺史,病免。

文宗立,以秘书监召,迁刑部侍郎,封晋阳县男。大和初,二李党事兴,险利乘之,更相夺移,进退毁誉,若旦暮然。杨虞卿与居易姻家,而善李宗闵,居易恶缘党人斥,乃移病还东都,除太子宾客分司。逾年,即拜河南尹,复以宾客分司。开成初,起为同州刺史,不拜,改太子少傅,进冯翊县侯。会昌初,以刑部尚书致仕。六年,卒,年七十五,赠尚书右仆射,宣宗以诗吊之。遗命薄葬,毋请谥。

居易被遇宪宗时,事无不言,湔剔抉摩,多见听可,然为当路所忌,遂摈斥,所蕴不能施,乃放意文酒。既复用,又皆幼君,偃蹇益不合,居官辄病去,遂无立功名意。与弟行简、从祖弟敏中友爱。东都所居履道里,疏沼种树,构石楼香山,凿八节滩,自号醉吟先生,为之传。暮节惑浮屠道尤甚,至经月不食荤,称香山居士。尝与胡杲、吉旼、郑据、刘真、卢真、张浑、狄兼谟、卢贞燕集,皆高年不事者,人慕之,绘为《九老图》。

居易于文章精切,然最工诗。初,颇以规讽得失,及其多,更下偶俗好,至数千篇,当时士人争传。鸡林行贾售其国相,率篇易一金,甚伪者,相辄能辩之。初,与元稹酬咏,故号"元白";稹卒,又与刘禹锡齐名,号"刘白"。其始生七月能展书,姆指"之""无"两字,虽试百数不差;九岁暗识声律。其笃于才章,盖天禀然。敏中为相,请谥,有司曰文。后履道第卒为佛寺。东都、江州人为立祠焉。

赞曰:居易在元和、长庆时,与元稹俱有名,最长于诗,它文未能称是也,多至数千篇,唐以来所未有。其自叙言:"关美刺者,谓之讽谕;咏性情者,谓之闲适;触事而发,谓之感伤;其它为杂律。"又讥"世人所爱惟杂律诗,彼所重,我所轻。至讽谕意激而言质,闲适思澹而辞迂,以质合迂,宜人之不爱也"。今视其文,信然。而杜牧谓:"纤艳不逞,非庄士雅人所为。流传人间,子父女母交口教授,淫言媟语入人肌骨不可去。"盖救所失不得不云。

观居易始以直道奋,在天子前争安危,冀以立功,虽中被斥,晚益不衰。当宗闵时,权势震赫,终不附离为进取计,完节自高。而稹中道徼险得宰相,名望灌然。呜呼,居易其贤哉!(《新唐书》卷一一九)

居易,字乐天,太原下邽人。弱冠名未振,观光上国,谒顾况。况,吴人,恃才少所推可,因谑之曰:"长安百物皆贵,居大不易!"及览诗卷,至"离离原上草,一岁一枯荣,野火烧不尽,春风吹又生",乃叹曰："有句如此，居天下亦不难。老夫前言戏之尔。"贞元十六年，中书舍人高郢下进士，拔萃皆中，补校书郎。元和元年，作乐府及诗百馀篇，规讽时事，流闻禁中，上悦之。召拜翰林学士，历左拾遗。时盗杀宰相，京师汹汹，居易首上疏，请亟捕贼。权臣有嫌其出位，怒，俄有言居易母堕井死而赋《新井篇》，言既浮华，行不可用，贬江州司马。初以勋庸暴露不宜，实无他肠，怫怒奸党，遂失志。亦能顺所遇，托浮屠死生说，忘形骸者。久之，转中书舍人，知制诰。河朔乱，兵出无功，又言事，不见听，乞外，除为杭州刺史。文宗立，召迁刑部侍郎。会昌初，致仕，卒。

居易累以忠鲠遭摈，乃放纵诗酒。既复用，又皆幼君，仕情顿尔索寞。卜居履道里，与香山僧如满等结净社，疏沼种树，构石楼，凿八节滩，为游赏之乐，茶铛酒杓不相离。尝科头箕踞，谈禅咏古，晏如也。自号"醉吟先生"，作传。酷好佛，亦经月不荤，称"香山居士"。与胡杲、吉旼、郑据、刘真、卢贞、张浑、如满、李文爽燕集，皆高年不仕，日相招致，时人慕之，绘《九老图》。

公诗以六义为主，不尚艰难。每成篇，必令其家老妪读之，问解则录。后人评白诗如山东父老课农桑，言言皆实者也。鸡林国行贾售于其国相，率篇百金，伪者即能辨之。与元稹极善胶漆，音韵亦同，天下曰"元白"。元卒，与刘宾客齐名，曰"刘白"云。公好神仙，自制飞云履，焚香振足，如拨烟雾，冉冉生云。初来九江，居庐阜峰下，作草堂烧丹，今尚存。有《白氏长庆集》七十五卷，及所撰古今事实为《六帖》，及述作诗格法，欲自除其病，名《白氏金针集》三卷，并行于世。（《唐才子传》卷六）

皇甫湜

皇甫湜，字持正，睦州新安人。擢进士第，为陆浑尉，仕至工部郎中。辨急使酒，数忤同省，求分司东都。留守裴度辟为判官。度修福先寺,将立碑,求文于白居易。湜怒曰:"近舍湜而远取居易,请从此辞。"度谢之。湜即请斗酒,饮酣,援笔立就。度赠以车马缯采甚厚,湜大怒曰:"自吾为《顾况集序》,未常许人。今碑字三千,字三缣,何遇我薄邪?"度笑曰:"不羁之才也。"从而酬之。

湜尝为蜂螫指,购小儿敛蜂,捣取其液。一日命其子录诗,一字误,诟跃呼杖,杖未至,啮其臂血流。(《新唐书》卷一七六)

符　载

唐武都符载,字厚之,本蜀人,有奇才。始与杨衡、宋济栖青城山以习业,杨衡擢进士第,宋济先死无成,唯符公以王霸自许,耻于常调怀会之望。韦南康镇蜀,辟为支使,虽曰受知,尚多偃蹇。韦公于二十四化设醮,请撰斋词。于时陪饮于摩诃之池,符公离席盥漱,命使院小吏十二人捧砚,人分两题,绕步池滨,各授口占,其敏速如此。刘辟时为金吾仓曹参军,依栖韦公,特与譔《真赞》,其词云:"矫矫化初,气杰文雄。灵螭出水,秋鹗乘风。行义则固,辅仁乃通。他年良觌,麟阁之中。"洎京兆变故,彭城知留务,起雄据之意,符为其所縻,凡有代奏,愈更恭顺。刘辟之败也,幕僚多罹其祸,唯符生以笺奏稿草一箧呈高崇文相公,长揖东下,栖于庐山,即前之《真赞》,可谓有先鉴也。居浔阳二林间,优游卒岁。南昌军奏请为副倅,授奉礼郎,不赴。命小僮持一幅上于襄阳,乞百万钱买山。四方交辟,羔雁盈于山门。草堂中以女妓二十人娱侍,声名藉甚。于时守道循常者号曰"凶人"。(孙光宪《北梦琐言》卷五)

符载(生卒年未详),又作苻载,字厚之,郡望武都(治今甘肃武都东南),凤翔(今属陕西)人,家居成都(今属四川)。早年与杨衡、王简言、李元象隐于青城山。建中初,四人相携至庐山,号"山中四友"。贞元五年(789),李巽为江西观察使,荐其材,授奉礼郎,为南昌军副使。贞元八年,依山南东道节度使樊泽。后为四川节度使韦皋掌书记。韦皋卒,刘辟据蜀作乱,载亦在幕中。刘辟败,载以曾劝刘行仁义,遂得免祸。后为江陵赵宗儒记室,官终监察御史。元和中卒。段文昌为撰墓志。(参王仲镛《唐诗纪事校笺》卷五一《杨衡》《符载》及相关考证;钱钟联等主编《中国文学大辞典》,上海辞书出版社,2000年版,第289页。)

李德裕

李德裕,字文饶,赵郡人。祖栖筠,御史大夫。父吉甫,赵国忠懿公,元和初宰相。祖、父自有传。德裕幼有壮志,苦心力学,尤精《西汉书》《左氏春秋》。耻与诸生从乡赋,不喜科试。年才及冠,志业大成。贞元中,以父谴逐蛮方,随侍左右,不求仕进。元和初,以父再秉国钧,避嫌不仕台省,累辟诸府从事。十一年,张弘靖罢相,镇太原,辟为掌书记。由大理评事得殿中侍御史。十四年府罢,从弘靖入朝,真拜监察御史。明年正月,穆宗即位,召入翰林充学士。帝在东宫,素闻吉甫之名,既见德裕,尤重之。禁中书诏,大手笔多诏德裕草之。是月,召对思政殿,赐金紫之服。逾月,改屯田员外郎。

穆宗不持政道,多所恩贷,戚里诸亲,邪谋请谒,传导中人之旨,与权臣往来,德裕嫉之。长庆元年正月,上疏论之曰:"伏见国朝故事,驸马缘是亲密,不合与朝廷要官往来。玄宗开元中,禁止尤切。访闻近日驸马辄至宰相及要官私第,此辈无他才伎可以延接,唯是泄漏禁密,交通中外,群情所知,以为甚弊。其朝官素是杂流,则不妨来往。若职在清列,岂可知闻?伏乞宣示宰臣,其驸马诸亲,今后公事即于中书见宰相,请不令诣私第。"上然之。寻转考功郎中、知制诰。二年二月,转中书舍人,学士如故。

初,吉甫在相位时,牛僧孺、李宗闵应制举直言极谏科。二人对诏,深诋时政之失,吉甫泣诉于上前。由是,考策官皆贬,事在《李宗闵传》。元和初,用兵伐叛,始于杜黄裳诛蜀。吉甫经画,欲定两河,方欲出师而卒,继之元衡、裴度。而韦贯之、李逢吉沮议,深以用兵为非,而韦、李相次罢相,故逢吉常怨吉甫、裴度。而德裕于元和时,久之不调,而逢吉、僧孺、宗闵以私怨恒排摈之。

时德裕与李绅、元稹俱在翰林,以学识才名相类,情颇款密,而逢吉之党深恶之。其月,罢学士,出为御史中丞。时元稹自禁中出,拜工部侍郎、平章事。三月,裴度自太原复辅政。是月,李逢吉亦自襄阳入朝,乃密赂纤人,构成于方狱。六月,元稹、裴度俱罢相,稹出为同州刺史,逢吉代裴度为门下侍郎、平章事。既得权位,锐意报怨。时德裕与牛僧孺俱有相望,逢吉欲引僧孺,惧绅与德裕禁中沮之,九月,出德裕为浙西观察使,寻引僧孺同平章事。由是交怨愈深。

润州承王国清兵乱之后,前使窦易直倾府藏赏给。军旅寖骄,财用殚竭。德裕俭于自奉,留州所得,尽以赡军,虽施与不丰,将卒无怨。二年之后,赋舆复集。德裕壮年得位,锐于布政,凡旧俗之害民者,悉革其弊。江、岭之间信巫祝,惑鬼怪,有父母兄弟厉疾者,举室弃之而去。德裕欲变其风,择乡人之有识者,谕之以言,绳之以法,数年之间,弊风顿革。属郡祠庙,按方志前代名臣贤后则祠之,四郡之内,除淫祠一千一十所。又罢私邑山房一千四百六十,以清寇盗。人乐其政,优诏嘉之。

昭愍皇帝童年缵历,颇事奢靡,即位之年七月,诏浙西造银盝子妆具二十事进内。德裕奏曰:"臣百生多幸,获遇昌期。受寄名藩,常忧旷职,孜孜夙夜,上报国恩。数年以来,灾旱相继,罄竭微虑,粗免流亡,物力之间,尚未完复。臣伏准今年三月三日赦文,常贡之外,不令进献。此则陛下至圣至明,细微洞照,一恐聚敛之吏缘以成奸,一恐凋瘵之人不胜其弊。上弘俭约之德,下敷恻悯之心。万国群氓,鼓舞未息。昨奉五月二十三日诏书,令访茅山真隐,将欲师处谦守约之道,发务实去华之美。虽无人上塞丹诏,实率土已偃玄风,岂止微臣,独怀抃贺。

况进献之事，臣子常心，虽有敕文不许，亦合竭力上贡。唯臣当道，素号富饶，近年以来，比旧即异。贞元中，李锜任观察使日，职兼盐铁。百姓除随贯出榷酒钱外，更置官酤，两重纳榷，获利至厚。又访闻当时进奉，亦兼用盐铁羡馀，贡献繁多，自后莫及。至薛苹任观察使时，又奏置榷酒。上供之外，颇有馀财，军用之间，实为优足。自元和十四年七月三日敕，却停榷酤。又准元和十五年五月七日敕文，诸州羡馀，不令送使，唯有留使钱五十万贯。每年支用，犹欠十三万贯不足，常须是事节俭，百计补填，经费之中，未免悬欠。至于绫纱等物，犹是本州所出，易于方圆。金银不出当州，皆须外处回市。

去二月中奉宣令进盏子，计用银九千四百馀两。其时贮备，都无二三百两，乃诸头收市，方获制造上供。昨又奉宣旨，今进妆具二十件，计用银一万三千两，金一百三十两。寻令并合四节进奉金银，造成两具进纳讫。今差人于淮南收买，旋到旋造，星夜不辍；虽力营求，深忧不迨。臣若因循不奏，则负陛下任使之恩；若分外诛求，又累陛下慈俭之德。伏乞陛下览前件榷酤及诸州羡馀之目，则知臣军用褊短，本末有由。伏料陛下见臣奏论，必赐详悉，知臣竭爱君守事之节，尽纳忠謇直之心。伏乞圣慈，宣令宰臣商议，何以遣臣上不违宣索，下不阙军储，不困疲人，不敛物怨，前后诏敕，并可遵承。辄冒宸严，不胜战汗之至。"

时准敕不许进献，逾月之后，征贡之使，道路相继，故德裕因诉而讽之。事奏，不报。

又诏进可幅盘绦缭绫一千匹，德裕又论曰："臣昨缘宣索，已具军资岁计及近年物力闻奏，伏料圣慈，必垂省览。又奉诏旨，令织定罗纱袍段及可幅盘绦缭绫一千匹。伏读诏书，倍增惶灼。

臣伏见太宗朝，台使至凉州见名鹰，讽李大亮献之。大亮密表陈诚。太宗赐诏云：'使遣献之，遂不曲顺。'再三嘉叹，载在史书。又玄宗命中使于江南采鸂鶒诸鸟，汴州刺史倪若水陈论，玄宗亦赐诏嘉纳，其鸟即时皆放。又令皇甫询于益州织半臂背子、琵琶扞拨、镂牙合子等，苏颋不奉诏书，辄自停织。太宗、玄宗皆不加罪，欣纳所陈。臣窃以鸂鶒、镂牙，至为微细，若水等尚以劳人损德，沥款效忠。当圣祖之朝，有臣如此，岂明王之代，独无其人？盖有位者蔽而不言，必非陛下拒而不纳。

又伏睹四月二十三日德音云：'方、召侯伯有位之士，无或弃吾谓不可教。其有违道伤理，徇欲怀安，面刺廷攻，无有隐讳。'则是陛下纳诲从善，道光祖宗，不尽忠规，过在臣下。况玄鹅天马，椒豹盘绦，文彩珍奇，只合圣躬自服。今所织千匹，费用至多，在臣愚诚，亦所未谕。昔汉文帝衣弋绨之衣，元帝罢轻纤之服，仁德慈俭，至今称之。伏乞陛下，近览太宗、玄宗之容纳，远思汉文、孝元之恭己；以臣前表宣示群臣，酌臣当道物力所宜，更赐节减。则海隅苍生，无不受赐。臣不胜恳切兢惶之至。"

优诏报之。其缭绫罢进。

元和以来，累敕天下州府，不得私度僧尼。徐州节度使王智兴聚货无厌，以敬宗诞月，请于泗州置僧坛，度人资福，以邀厚利。江、淮之民，皆群党渡淮。德裕奏论曰："王智兴于所属泗州置僧尼戒坛，自去冬于江、淮以南，所在悬榜招置。江、淮自元和二年后，不敢私度。自闻泗州有坛，户有三丁必令一丁落发，意在规避王徭，影庇资产。自正月以来，落发者无算。臣今于蒜山渡点其过者，一日一百馀人，勘问唯十四人是旧日沙弥，馀是苏、常百姓，亦无本州文凭，寻已勒还本贯。访闻泗州置坛次第，凡僧徒到者，人纳二缗，给牒即回，别无法事。若不特行禁止，比到诞节，计江、淮以南，失却六十万丁壮。此事非细，系于朝廷法度。"状奏，即日诏徐州罢之。

敬宗荒僻日甚，游幸无恒，疏远贤能，昵比群小。坐朝月不二三度，大臣罕得进言。海内忧危，虑移宗社。德裕身居廉镇，倾心王室，遣使献《丹扆箴》六首曰："臣闻'心乎爱矣，遐不谓矣'，此古之贤人所以笃于事君者也。夫迹疏而言亲者危，地远而意忠者忤。然臣窃念拔自先圣，偏荷宠光，若不爱君以忠，则是上负灵鉴。臣顷事先朝，属多阴沴,尝献《大明赋》以讽,颇蒙先朝嘉纳。臣今日尽节明主,亦由是心。昔张敞之守远郡,梅福之在遐徼,尚竭诚尽忠,不避尤悔。况臣尝学旧史,颇知箴讽,虽在疏远,犹思献替。谨献《丹扆箴》六首,仰尘睿鉴,伏积兢惶。"

其《宵衣箴》曰:"先王听政,昧爽以俟。鸡鸣既盈,日出而视。伯禹大圣,寸阴为贵。光武至仁,反支不忌。无俾姜后,独去簪珥。彤管记言,克念前志。"

其《正服箴》曰:"圣人作服,法象可观。虽在宴游,尚不怀安。汲黯庄色,能正不冠。杨阜毅然,亦讥缥纨。四时所御,各有其官。非此勿服,惟辟所难。"

其《罢献箴》曰:"汉文罢献,诏还骏耳。銮辂徐驱,焉用千里?厥后令王,亦能恭己。翟裘既焚,筒布则毁。道德为丽,慈仁为美。不过天道,斯为至理。"

其《纳诲箴》曰:"惟后纳诲,以求厥中。从善如流,乃能成功。汉骛流湎,举白浮钟。魏睿侈汰,凌霄作宫。忠虽不怍,善亦不从。以规为瑱,是谓塞聪。"

其《辩邪箴》曰:"居上处深,在察微萌。虽有谗慝,不能蔽明。汉之有昭,德过周成。上书知伪,照奸得情。燕、盖既折,王猷洽平。百代之后,乃流淑声。"

其《防微箴》曰:"天子之孝,敬遵王度。安必思危,乃无遗虑。乱臣猖蹶,非可遽数。玄黄莫辨,触瑟始仆。柏谷微行,豺豕塞路。睹貌献飧,斯可诫惧。"

帝手诏答曰:"卿文雅大臣,方隅重寄。表率诸部,肃清全吴。化洽行春,风澄坐啸。眷言善政,想叹在怀。卿之宗门,累著声绩,冠内廷者两代,袭侯伯者六朝。果能激爱君之诚,喻诗人之旨。在远而不忘忠告,讽上而常深虑微。博我以端躬,约予以循礼。三复规谏,累夕称嗟。置之座隅,用比韦弘之益;铭诸心腑,何啻药石之功?卿既以投诚,朕每怀开谏,苟有过举,无忘密陈。山川既遐,瞻属何已,必当克己,以副乃诚。"德裕意在切谏,不欲斥言,托箴以尽意。《宵衣》,讽坐朝稀晚也;《正服》,讽服御乖异也;《罢献》,讽征求玩好也;《纳诲》,讽侮弃谠言也;《辨邪》,讽信任群小也;《防微》,讽轻出游幸也。帝虽不能尽用其言,命学士韦处厚殷勤答诏,颇嘉纳其心焉。德裕久留江介,心恋阙廷,因事寄情,望回圣奖。而逢吉当轴,枳棘其涂,竟不得内徙。

宝历二年,亳州言出圣水,饮之者愈疾。德裕奏曰:"臣访闻此水,本因妖僧诳惑,狡计丐钱。数月以来,江南之人,奔走塞路。每三二十家,都顾一人取水。拟取之时,疾者断食荤血,既饮之后,又二七日蔬飧,危疾之人,俟之愈病。其水斗价三贯,而取者益之他水,沿路转以市人,老疾饮之,多至危笃。昨点两浙、福建百姓渡江者,日三五十人。臣于蒜山渡已加捉搦。若不绝其根本,终无益黎甿。昔吴时有圣水,宋、齐有圣火,事皆妖妄,古人所非。乞下本道观察使令狐楚,速令填塞,以绝妖源。"从之。

敬宗为两街道士赵归真说以神仙之术,宜访求异人以师其道;僧惟贞、齐贤、正简说以祠祷修福,以致长年。四人皆出入禁中,日进邪说。山人杜景先进状,请于江南求访异人。至浙西,言有隐士周息元寿数百岁,帝即令高品薛季稜往润州迎之,仍诏德裕给公乘遣之。德裕因中使还,献疏曰:"臣闻道之高者,莫如广成、玄元,人之圣者,莫若轩黄、孔子。昔轩黄问广成子:'理身之要,何以长久?'对曰:'无视无听,抱神以静。形将自正,神必自清。无劳子形,无摇子精,乃可长生。慎守其一,以处其和。故我修身千二百岁矣,吾形未尝衰。'又云:'得吾道者,上为皇而下为王。'玄元语孔子曰:'去子之骄气与多欲,态色与淫志,是皆无益于子之身。吾所告子者是已。'故轩黄发谓天之叹,孔子兴犹龙之感。前圣于道,不其至乎?

伏惟文武大圣广孝皇帝陛下,用玄祖之训,修轩黄之术;凝神闲馆,物色异人;将以觌冰雪之姿,屈顺风之请。恭惟圣感,必降真仙。若使广成、玄元混迹而至,语陛下之道,授陛下之言,以臣度思,无出于此。臣所虑赴召者,必迁怪之士,苟合之徒,使物淖冰,以为小术,炫耀邪僻,蔽欺聪明。如文成、五利,一无可验。臣所以三年之内,四奉诏书,未敢以一人塞诏,实有所惧。

臣又闻前代帝王,虽好方士,未有服其药者。故《汉书》称黄金可成,以为饮食器则益寿。又高宗朝刘道合、玄宗朝孙甑生,皆成黄金,二祖竟不敢服。岂不以宗庙社稷之重,不可轻易。此事炳然载于国史。以臣微见,倘陛下睿虑精求,必致真隐,唯问保和之术,不求饵药之功,纵使必成黄金,止可充于玩好。则九庙灵鉴,必当慰悦;寰海兆庶,谁不欢心?臣思竭愚衷,以裨玄化,无任兢忧之至。"

息元至京,帝馆之于山亭,问以道术。自言识张果、叶静能,诏写真待诏李士昉问其形状,图之以进。息元山野常人,本无道学,言事诞妄,不近人情。及昭愍遇盗而殂,文宗放还江左。德裕深识守正,皆此类也。

文宗即位,就加检校礼部尚书。大和三年八月,召为兵部侍郎,裴度荐以为相。而吏部侍郎李宗闵有中人之助,是月拜平章事,惧德裕大用。九月,检校礼部尚书,出为郑滑节度使。德裕为逢吉所摈,在浙西八年,虽远阙庭,每上章言事,文宗素知忠荩,采朝论征之。到未旬时,又为宗闵所逐,中怀於悒,无以自申。赖郑覃侍讲禁中,时称其善,虽朋党流言,帝乃心未已。宗闵寻引牛僧孺同知政事,二憾相结,凡德裕之善者,皆斥之于外。四年十月,以德裕检校兵部尚书、成都尹、剑南西川节度副大使、知节度事、管内观察处置、西山八国云南招抚等使。裴度于宗闵有恩,度征淮西时,请宗闵为彰义观察判官,自后名位日进。至是恨度援德裕,罢度相位,出为兴元节度使,牛、李权赫于天下。

西川承蛮寇剽虏之后,郭钊抚理无术,人不聊生。德裕乃复葺关防,缮完兵守。又遣人入南诏,求其所俘工匠,得僧道工巧四千馀人,复归成都。五年九月,吐蕃维州守将悉怛谋请以城降。其州南界江阳,岷山连岭而西,不知其极;北望陇山,积雪如玉;东望成都,若在井底。一面孤峰,三面临江,是西蜀控吐蕃之要地。至德后,河、陇陷蕃,唯此州尚存。吐蕃利其险要,将妇人嫁于此州阍者。二十年后,妇人生二子成长。及蕃兵攻城,二子内应,其州遂陷。吐蕃得之,号曰"无忧城"。贞元中,韦皋镇蜀,经略西山八国,万计取之不获,至是悉怛谋遣人送款。德裕疑其诈,遣人送锦袍金带与之,托云候取进止,悉怛谋乃尽率郡人归成都。德裕乃发兵镇守,因陈出攻之利害。时牛僧孺沮议,言新与吐蕃结盟,不宜败约,语在《僧孺传》。乃诏德裕却送悉怛谋一部之人还维州,赞普得之,皆加虐刑。德裕六年复修邛峡关,移巂州于台登城以捍蛮。

德裕所历征镇,以政绩闻。其在蜀也,西拒吐蕃,南平蛮、蜑。数年之内,夜犬不惊,疮痏之民,粗以完复。会监军王践言入朝知枢密,尝于上前言悉怛谋缚送以快戎心,绝归降之义,上颇尤僧孺。其年冬,召德裕为兵部尚书,僧孺罢相,出为淮南节度使。七年二月,德裕以本官平章事,进封赞皇伯,食邑七百户。六月,宗闵亦罢,德裕代为中书侍郎、集贤大学士。

其年十二月,文宗暴风恙,不能言者月馀。八年正月十六日,始力疾御紫宸见百僚。宰臣退问安否,上叹医无名工者久之,由是王守澄进郑注。初,注构宋申锡事,帝深恶之,欲令京兆尹杖杀之。至是以药稍效,始善遇之。守澄复进李训,善《易》。其年秋,上欲授训谏官,德裕奏曰:"李训小人,不可在陛下左右。顷年恶积,天下皆知,无故用之,必骇视听。"上曰:"人谁无过,俟其悛改。朕以逢吉所托,不忍负言。"德裕曰:"圣人有改过之义。训天性奸邪,无悛改之理。"上顾王涯曰:"商量别与一官。"遂授四门助教。制出,给事中郑肃、韩佽封之不下,王涯召肃面喻令下。俄而郑注亦自绛州至,训、注恶德裕排己,九月十日,复召宗闵于兴元,授中书侍郎、平章事,代德裕,出德裕为兴元节度使。德裕中谢日,自陈恋阙,不愿出藩,追敕守兵部尚书。宗闵奏制命已行,不宜自便,寻改检校尚书左仆射、润州刺史、镇海军节度、苏常杭润观察等使,代王璠。

德裕至镇，奉诏安排宫人杜仲阳于道观，与之供给。仲阳者，漳王养母，王得罪，放仲阳于润州故也。九年三月，左丞王璠、户部侍郎李汉进状，论德裕在镇，厚赂仲阳，结托漳王，图为不轨。四月，帝于蓬莱殿召王涯、李固言、路随、王璠、李汉、郑注等，面证其事。璠、汉加诬构结，语甚切至。路随奏曰："德裕实不至此。诚如璠、汉之言，微臣亦合得罪。"群论稍息。寻授德裕太子宾客，分司东都。其月，又贬袁州长史。路随坐证德裕，罢相，出镇浙西。其年七月，宗闵坐救杨虞卿，贬处州；李汉坐党宗闵，贬汾州。十一月，王璠与李训造乱伏诛，而文宗深悟前事，知德裕为朋党所诬。明年三月，授德裕银青光禄大夫，量移滁州刺史。七月，迁太子宾客。十一月，检校户部尚书，复浙西观察使。德裕凡三镇浙西，前后十馀年。

开成二年五月，授扬州大都督府长史、淮南节度副大使、知节度使事，代牛僧孺。初僧孺闻德裕代己，乃以军府事交付副使张鹭，即时入朝。时扬州府藏钱帛八十万贯匹，及德裕至镇，奏领得止四十万，半为张鹭支用讫。僧孺上章讼其事，诏德裕重检括，果如僧孺之数。德裕称初到镇疾病，为吏隐欺，请罚，诏释之。补阙王绩、魏谟、崔党、韦有翼，拾遗令狐绹、韦楚老、樊宗仁等，连章论德裕妄奏钱帛以倾僧孺，上竟不问。四年四月，就加检校尚书左仆射。五年正月，武宗即位。七月，召德裕于淮南。九月，授门下侍郎、同平章事。初，德裕父吉甫，年五十一出镇淮南，五十四自淮南复相。今德裕镇淮南，复入相，一如父之年，亦为异事。

会昌元年，兼左仆射。开成末，回纥为黠戛斯所攻，战败，部族离散，乌介可汗奉大和公主南来。会昌二年二月，牙于塞上，遣使求助兵粮，收复本国，权借天德军以安公主。时天德军使田牟，请以沙陀、退浑诸部落兵击之。上意未决，下百僚商议，议者多云如牟之奏。德裕曰："顷者国家艰难之际，回纥继立大功。今国破家亡，窜投无所，自居塞上，未至侵淫。以穷来归，遽行杀伐，非汉宣待呼韩邪之道也。不如聊济资粮，徐观其变。"宰相陈夷行曰："此借寇兵而资盗粮，非计也,不如击之便。"德裕曰:"田牟、韦仲平言沙陀、退浑并愿击贼,此缓急不可恃也。夫见利则进,遇敌则散,是杂虏之常态,必不肯为国家捍御边境。天德一城,戍兵寡弱,而欲与劲虏结仇,陷之必矣。不如以理恤之,俟其越轶,用兵为便。"帝以为然,许借米三万石。

俄而回纥宰相嗢没斯杀赤心宰相,以其众来降。赤心部族又投幽州,乌介势孤,而不与之米,其众饥乏,渐近振武保大栅、杷头峰,突入朔州州界。沙陀、退浑皆以其家保山险,云州张献节婴城自固。虏大纵掠,卒无拒者。上忧之,与宰臣计事。德裕曰:"杷头峰北便是沙碛,彼中野战,须用骑兵。若以步卒敌之,理难必胜。今乌介所恃者公主,如令勇将出奇夺得公主,虏自败矣。"上然之,即令德裕草制处分代北诸军,固关防,以出奇形势授刘沔。沔令大将石雄急击可汗于杀胡山,败之,迎公主还宫,语在《石雄传》。寻进位司空。

三年二月,赵蕃奏黠戛斯攻安西、北庭都护府,宜出师应援。德裕奏曰:

"据地志,安西去京七千一百里,北庭去京五千二百里。承平时,向西路自河西、陇右出玉门关,迤逦是国家州县,所在皆有重兵。其安西、北庭要兵,便于侧近征发。自艰难以后,河、陇尽陷吐蕃,若通安西、北庭,须取回纥路去。今回纥破灭,又不知的属黠戛斯否。纵令救得,便须却置都护,须以汉兵镇守。每处不下万人,万人从何征发?馈运取何道路?今天德、振武去京至近,兵力常苦不足。无事时贮粮不支得三年,朝廷力犹不及,况保七千里安西哉!臣所以谓纵令得之,实昔无用也。昔汉宣帝时,魏相请罢车师之田;汉元帝时,贾捐之请弃珠崖郡;国朝贤相狄仁杰亦请弃四镇,立斛瑟罗为可汗,又请弃安东,却立高氏。盖不欲贪外虚内,耗竭生灵。此三臣者,当自有之时,尚欲弃之,以肥中国,况隔越万里,安能救之哉!臣恐蕃戎多计,知国力不及,伪且许之,邀求中国金帛。陛下不可中悔,此则将实费以换虚事,即是灭一回纥而又生之,恐计非便。"

乃止。

德裕又以大和五年吐蕃维州守将以城降,为牛僧孺所沮,终失维州,奏论之曰:"臣在先朝,出镇西蜀。其时吐蕃维州首领悉怛谋,虽是杂虏,久乐皇风,将彼坚城,降臣本道。臣寻差兵马,入据其城,飞章以闻,先帝惊叹。其时与臣不足者,望风嫉臣,遽献疑言,上罔宸听,以为与吐蕃盟约,不可背之,必恐将此为辞,侵犯郊境。诏臣还却此城,兼执送悉怛谋等,令彼自戮。复降中使,迫促送还。昔白起杀降,终于杜邮致祸;陈汤见徙,是为郅支报仇。感叹前事,愧心终日。今者幸逢英主,忝备台司,辄敢追论,伏希省察。

且维州据高山绝顶,三面临江,在戎虏平川之冲,是汉地入兵之路。初,河、陇尽没,此州独存。吐蕃潜将妇人嫁与此州门子。二十年后,两男长成,窃开垒门,引兵夜入,因兹陷没,号曰'无忧'。因并力于西边,遂无虞于南路,凭凌近甸,宵旰累朝。贞元中,韦皋欲经略河湟,须以此城为始,尽锐万旅,急攻累年。吐蕃爱惜既甚,遂遣舅论莽热来援。雉堞高峻,临冲难及于层霄;鸟径屈盘,猛士多糜于礧石。莫展公输之巧,空擒莽热而还。

及南蛮负恩,扫地驱劫。臣初到西蜀,众心未安,外扬国威,中缉边备。其维州执臣信令,乃送款与臣。臣告以须俟奏闻,所冀探其情伪。其悉怛谋寻率一城之兵众,并州印甲仗,塞途相继,空壁归臣。臣大出牙兵,受其降礼。南蛮在列,莫敢仰视。况西山八国,隔在此州,比带使名,都成虚语。诸羌久苦蕃中征役,愿作大国王人。自维州降后,皆云但得臣信牒帽子,便相率内属。其蕃界合水、栖鸡等城,既失险厄,自须抽归,可减八处镇兵,坐收千里旧地。臣见莫大之利,乃为恢复之基。继具奏闻,请以酬赏。臣自与锦袍金带,颙俟诏书。且吐蕃维州未降以前一年,犹围鲁州。以此言之,岂守盟约?况臣未尝用兵攻取,彼自感化来降。又沮议之人,不知事实。犬戎迟钝,土旷人稀,每欲乘秋犯边,皆须数岁就食。臣得维州逾月,未有一使入疆。自此之后,方应破胆,岂有虑其后怨,鼓此游词。

臣受降之时,指天为誓,宁忍将三百馀人性命,弃信偷安。累表上陈，乞垂矜赦。答诏严切，竟令执还，加以体披桎梏，异于竹酋。及将就路，冤叫呼天。将吏对臣，无不流涕。其部送者，使遭蕃帅讥诮，曰：'既已降彼，何须送来？'乃却将此降人，戮于汉界之上，恣行残害，用固携离。乃至掷其婴孩，承以枪槊。臣闻楚灵诱杀蛮子，《春秋》明讥；周文外送邓叔，简册深鄙。况乎大国，负此异类，绝忠款之路，快凶虐之情，从古以来，未有此事。臣实痛悉怛谋举城受酷，由臣陷此无辜，乞慰忠魂，特加褒赠。"

帝意伤之，寻赐赠官。

其年，德裕兼守司徒。四月，泽潞节度使刘从谏卒，军人以其侄稹擅总留后，三军请降旄钺。帝与宰臣议可否，德裕曰："泽潞，国家内地，不同河朔。前后命帅，皆用儒臣。顷者李抱真成立此军，身殁之后，德宗尚不许继袭，令李缄护丧归洛。洎刘悟作镇，长庆中颇亦自专，属敬宗因循，遂许从谏继袭。开成初，于长子屯军，欲兴晋阳之甲，以除君侧，与郑注、李训交结至深，外托效忠，实怀窥伺。自疾病之初，便令刘稹管兵马。若不加讨伐，何以号令四方？若因循授之，则藩镇相效，自兹威令去矣！"帝曰："卿算用兵必克否？"对曰："刘稹所恃者，河朔三镇耳。但得魏镇不与稹同，破之必矣。请遣重臣一人，传达圣旨，言泽潞命帅，不同三镇。自艰难以来，列圣皆许三镇嗣袭，已成故事。今国家欲加兵诛稹，禁军不欲出山东。其山东三州，委镇魏出兵攻取。"上然之，乃令御史中丞李回使三镇谕旨，赐魏镇诏书云："卿勿为子孙之谋，欲存辅车之势。"何弘敬、王元逵承诏，耸然从命。初议出兵，朝官上疏相继，请依从谏例，许之继袭，而宰臣四人，亦有以出师非便者。德裕奏曰："如师出无功，臣请自当罪戾，请不累李绅、让夷等。"及弘敬、元逵出兵，德裕又奏曰："贞元、大和之间，朝廷伐叛，诏诸道会兵，才出界便费度支供饷，迟留逗挠，以困国力，或密与贼商量，取一县一栅以为胜捷，所以师出无功。今请处分元逵、弘敬，只令收州，勿攻县邑。"帝然之。及王宰、石雄进讨，经年未拔泽潞。及弘敬、元逵收邢、洺、磁三州，稹党遂离，以至平殄，皆如其算。

时王师方讨泽潞，三年十二月，太原横水戍兵因移戍榆社，乃倒戈入太原城，逐节度使李石，推其都将杨弁为留后。武宗以贼积未殄，又起太原之乱，心颇忧之。遣中使马元贯往太原宣谕，觇其所为。元贯受杨弁赂，欲保祐之。四年正月，使还，奏曰："杨弁兵马极多，自牙门列队至柳子，十五馀里，明光甲曳地。"德裕奏曰："李石比以城内无兵，抽横水兵一千五百人赴榆社，安能朝夕间便致十五里兵甲耶？"元贯曰："晋人骁敢，尽可为兵，重赏招致耳。"德裕曰："招召须财，昨横水兵乱，止为欠绢一匹。李石无处得，杨弁从何致耶？又太原有一联甲，并在行营，安致十五里明光耶？"元贯词屈。德裕奏曰："杨弁微贼，决不可恕。如国力不及，宁舍刘稹。"即时请降诏，令王逢起榆社军，又令王元逵兵自土门入，会于太原。河东监军吕义忠闻之，即日召榆社本道兵，诛杨弁以闻。

自开成五年冬回纥至天德，至会昌四年八月平泽潞，首尾五年，其筹度机宜，选用将帅，军中书诏，奏请云合，起草指踪，皆独决于德裕，诸相无预焉。以功兼守太尉，进封卫国公，三千户。五年，武宗上徽号后，累表乞骸，不许。德裕病月馀，坚请解机务，乃以本官平章事兼江陵尹、荆南节度使。数月追还，复知政事。宣宗即位，罢相，出为东都留守、东畿汝都防御使。

德裕特承武宗恩顾，委以枢衡。决策论兵，举无遗悔，以身捍难，功流社稷。及昭肃弃天下，不逞之伍咸害其功。白敏中、令狐绹，在会昌中德裕不以朋党疑之，置之台阁，顾待甚优。及德裕失势，抵掌戟手，同谋斥逐，而崔铉亦以会昌末罢相怨德裕。大中初，敏中复荐铉在中书，乃相与掎摭构致，令其党人李咸者，讼德裕辅政时阴事。乃罢德裕留守，以太子少保分司东都，时大中元年秋。寻再贬潮州司马。敏中等又令前永宁县尉吴汝纳进状，讼李绅镇扬州时谬断刑狱。明年冬，又贬潮州司户。德裕既贬，大中二年，自洛阳水路经江、淮赴潮州。其年冬，至潮阳，又贬崖州司户。至三年正月，方达珠崖郡。十二月卒，时年六十三。

德裕以器业自负，特达不群。好著书为文，奖善嫉恶，虽位极台辅，而读书不辍。有刘三复者，长于章奏，尤奇待之。自德裕始镇浙西，迄于淮甸，皆参佐宾筵。军政之馀，与之吟咏终日。在长安私第，别构起草院。院有精思亭，每朝廷用兵，诏令制置，而独处亭中，凝然握管，左右侍者无能预焉。东都于伊阙南置平泉别墅，清流翠筱，树石幽奇。初未仕时，讲学其中。及从官藩服，出将入相，三十年不复重游，而题寄歌诗，皆铭之于石。今有《花木记》《歌诗篇录》二石存焉。有文集二十卷。记述旧事，则有《次柳氏旧闻》《御臣要略》《伐叛志》《献替录》行于世。

初贬潮州，虽苍黄颠沛之中，犹留心著述，杂序数十篇，号曰《穷愁志》。其《论冥数》曰："仲尼罕言命，不语神，非谓无也。欲人严三纲之道，奉五常之教，修天爵而致人爵，不欲信富贵于天命，委福禄于冥数。昔卫卜协于沙兵，为谥已久；秦塞属于临洮，名子不悟；朝歌未灭，而国流丹乌；白帝尚在，而汉断素蛇。皆兆发于先，而符应于后，不可以智测也。周、孔与天地合德，与神明合契，将来之数，无所遁情。而狼跋于周，凤衰于楚，岂亲戚之义，不可去也，人伦之教，不可废也。条侯之贵，邓通之富，死于兵革可也，死于女室可也，唯不宜以馁终，此又不可以理得也。命偶时来，盗有名器者，谓祸福出于胸怀，荣枯生于口吻，沛然而安，溘然而笑，曾不知黄雀游于茂树，而挟弹者在其后也。

乙丑岁，予自荆楚，保釐东周，路出方城间，有隐者困于泥涂，不知其所如，谓方城长曰：'此官人居守后二年，南行万里。'则知憾予者必因天谴，潜予者乃自鬼谋。虽抱至冤，不为恨。予尝三遇异人，非卜祝之流，皆遁世者。初掌记北门，管涔隐者谓予曰：'君明年当在人君左右，为文翰之职，须值少主。'予闻之，愕然变色，隐者亦悔失言，避席求去。予问曰：'何为事少主？'对曰：'君与少主已有宿缘。'其年秋登朝，至明年正月，穆宗缵绪，召入禁苑。及为中丞，闽中隐者叩门请见，予下榻与语，曰：'时事非久，公不早去，冬必作相，祸将至矣。

若亟请居外，则代公者受患。公后十年终当作相，自西而入。'是秋，出镇吴门，时年三十六岁。经八稔，寻又仗钺南燕。秋暮，有邑子于生引邺郡道士至。才升阶，未及命席，谓予曰：'公当为西南节制，孟冬望舒前，符节至矣。'三者皆与之协，不差岁月。自宪闱竟十年居相位，由西蜀而入，代予持宪者，俄亦窜逐。唯再谪南荒，未尝有前知之士为予言之。岂祸患不可移者，神道所秘，莫得预闻。"

其自序如此。斯论可以警夫躁竞者，故书于事末。

德裕三子。烨，检校祠部员外郎、汴宋亳观察判官。大中二年，坐父贬象州立山尉。二子幼，从父殁于崖州。烨咸通初量移郴州郴县尉，卒于桂阳。子延古。

史臣曰：臣总角时，亟闻耆德言卫公故事。是时天子神武，明于听断，公亦以身犯难，酬特达之遇。言行计从，功成事遂，君臣之分，千载一时。观其禁掖弥纶，岩廊启奏，料敌制胜，襟灵独断，如由基命中，罔有虚发，实奇才也。语文章，则严、马扶轮；论政事，则萧、曹避席。罪其窃位，即太深文。所可议者，不能释憾解仇，以德报怨，泯是非于度外，齐彼我于环中。与夫市井之徒，力战锥刀之末，沦身瘴海，可为伤心。古所谓攫金都下，忽于市人，离娄不见于眉睫。才则才矣，语道则难。

赞曰：公之智决，利若青萍。破虏诛叛，摧枯建瓴。功成北阙，骨葬南溟。呜呼烟阁，谁上丹青？（《旧唐书》卷一七四）

李德裕，字文饶，元和宰相吉甫子也。少力于学，既冠，卓荦有大节。不喜与诸生试有司，以荫补校书郎。河东张弘靖辟为掌书记。府罢，召拜监察御史。

穆宗即位，擢翰林学士。帝为太子时，已闻吉甫名，由是顾德裕厚，凡号令大典册，皆更其手。数召见，赉奖优华。帝怠荒于政，故戚里多所请丐，挟宦人訽禁中语，关托大臣。德裕建言："旧制，驸马都尉与要官禁不往来。开元中，诃督尤切，今乃公至宰相及大臣私第。

是等无他材,直泄漏禁密,交通中外耳。请白事宰相者,听至中书,无辄诣第。"帝然之。再进中书舍人。未几,授御史中丞。

始,吉甫相宪宗,牛僧孺、李宗闵对直言策,痛诋当路,条失政。吉甫诉于帝,且泣,有司皆得罪,遂与为怨。吉甫又为帝谋讨两河叛将,李逢吉沮解其言,功未既而吉甫卒,裴度实继之。逢吉以议不合罢去,故追衔吉甫而怨度,摈德裕不得进。至是,间帝暗庸,訹度使与元稹相怨,夺其宰相而己代之。欲引僧孺益树党,乃出德裕为浙西观察使。俄而僧孺入相,由是牛、李之憾结矣。

初,润州承王国清乱,窦易直倾府库赉军,资用空殚,而下益骄。德裕自检约,以留州财赡兵,虽俭而均,故士无怨,再期,则赋物储牣。南方信禨巫,虽父母疠疾,子弃不敢养。德裕择长老可语者,谕以孝慈大伦,患难相收不可弃之义,使归相晓敕,违约者显置以法。数年,恶俗大变。又按属州非经祠者,毁千馀所,撤私邑山房千四百舍,寇无所庾蔽。天子下诏褒扬。

敬宗立,侈用无度,诏浙西上脂盝妆具,德裕奏:"比年旱灾,物力未完。乃三月壬子赦令,'常贡之外,悉罢进献'。此陛下恐聚敛之吏缘以成奸,雕窭之人不胜其敝也。本道素号富饶,更李锜、薛苹,皆榷酒于民,供有羡财。元和诏书停榷酤,又赦令禁诸州羡馀无送使。今存者惟留使钱五十万缗,率岁经费常少十三万,军用褊急。今所须脂盝妆具,度用银二万三千两,金百三十两,物非土产,虽力营索,尚恐不逮。愿诏宰相议,何以俾臣不违诏旨,不乏军兴,不疲人,不敛怨,则前敕后诏,咸可遵承。"不报。方是时,罢进献不阅月,而求贡使者足相接于道,故德裕推一以讽它。

又诏索盘绦缭绫千匹,复奏言:"太宗时,使至凉州,见名鹰,讽李大亮献之,大亮谏止,赐诏嘉叹。玄宗时,使者抵江南捕鸂鶒、翠鸟,汴州刺史倪若水言之,即见褒纳。皇甫询织半臂、造琵琶捍拨、镂牙笛于益州,苏颋不奉诏,帝不加罪。夫鸂鶒、镂牙,微物也。二三臣尚以劳人损德为言,岂二祖有臣如此,今独无之?盖有位者蔽而不闻,非陛下拒不纳也。且立鹅天马,盘条掬豹,文彩怪丽,惟乘舆当御。今广用千匹,臣所未谕。昔汉文身衣弋绨,元帝罢轻纤服,故仁德慈俭,至今称之。愿陛下师二祖容纳,远思汉家恭约,裁赐节减,则海隅苍生毕受赐矣。"优诏为停。

自元和后,天下禁毋私度僧。徐州王智兴绐言天子诞月,请筑坛度人以资福,诏可。即显募江淮间,民皆曹辈奔走,因牟撷其财以自入。德裕劾奏:"智兴为坛泗州,募愿度者人输钱二千,则不复勘诘,普加髡落。自淮而右,户三丁男,必一男剔发,规影徭赋,所度无算。臣阅度江者日数百,苏、常齐民,十固八九,若不加禁遏,则前至诞月,江淮失丁男六十万,不为细变。"有诏徐州禁止。

时帝昏荒,数游幸,狎比群小,听朝简忽。德裕上《丹扆六箴》,表言:"'心乎爱矣,遐不谓矣',此古之贤人笃于事君者也。夫迹疏而言亲者危,地远而意忠者忤。臣窃惟念拔自先圣,遍荷宠私,不能竭忠,是负灵鉴。臣在先朝,尝献《大明赋》以讽,颇蒙嘉采。今日尽节明主,亦由是也。"其一曰《宵衣》,讽视朝希晚也;二曰《正服》,讽服御非法也;三曰《罢戏》,讽敛求怪珍也;四曰《纳诲》,讽侮弃忠言也;五曰《辨邪》,讽任群小也;六曰《防微》,讽伪游轻出也。辞皆明直婉切。帝虽不能用其言,犹敕韦处厚谆谆作诏,厚谢其意。然为逢吉排笮,讫不内徙。

时亳州浮屠诡言水可愈疾,号曰"圣水",转相流闻,南方之人,率十户僦一人使往汲。既行若饮,病者不敢近荤血,危老之人率多死。而水斗三十千,取者益它汲转鬻于道,互相欺诳,往者日数十百人。德裕严勒津逻捕绝之,且言:"昔吴有圣水,宋、齐有圣火,皆本妖祥,古人所禁。请下观察使令狐楚填塞,以绝妄源。"从之。

帝方惑佛老,祷福祈年,浮屠方士,并出入禁中。狂人杜景先上言,其友周息元寿数百岁,帝遣宦者至浙西迎之,诏在所驰驲敦遣。德裕上疏曰:"道之高者,莫若广成、玄元;人之圣者,莫若轩辕、孔子。昔轩辕问广成子治身之要,曰:'无视无听,抱神以静,形将自正。无劳子形,无摇子精,乃可长生。慎守其一,以处其和。故我修身千二百岁矣,形未尝衰。'又曰:'得吾道者上为皇,下为王。'玄元语孔子曰:'去子之骄气与多欲、态色与淫志,是皆无益于子之身。'陛下修轩后之术,物色异人,若使广成、玄元混迹而至,告陛下之言,亦无出于此。臣虑今所得者,皆迂怪之士,使物淖冰,以小术欺聪明,如文成、五利者也。又前世天子虽好方士,未有御其药者。故汉人称黄金可成,以为饮食器则寿。高宗时刘道合、玄宗时孙甑生皆能作黄金,二祖不之服,岂非以宗庙为重乎?倘必致真隐,愿止师保和之术,慎毋及药,则九庙尉悦矣。"息元果诞谲不情,自言与张果、叶静能游。帝诏画工肖状为图以观之,终帝世无它验。文宗即位,乃逐之。

大和三年,召拜兵部侍郎。裴度荐材堪宰相,而李宗闵以中人助,先秉政,且得君,出德裕为郑滑节度使,引僧孺协力,罢度政事。二怨相济,凡德裕所善,悉逐之。于是二人权震天下,党人牢不可破矣。

逾年,徙剑南西川。蜀自南诏入寇,败杜元颖,而郭钊代之,病不能事,民失职,无聊生。德裕至,则完残奋怯,皆有条次。成都既南失姚、协,西亡维、松,由清溪下沫水而左,尽为蛮有。始,韦皋招来南诏,复巂州,倾内资结蛮好,示以战阵文法。德裕以皋启戎资盗,其策非是,养成痈疽,弟未决耳。至元颖时,遇隙而发,故长驱深入,蹂剔千里,荡无孑遗。今瘢夷尚新,非痛矫革,不能刷一方耻。乃建筹边楼,按南道山川险要与蛮相入者图之左,西道与吐蕃接者图之右。其部落众寡,馈饟远迩,曲折咸具。乃召习边事者与之指画商订,凡房之情伪尽知之。又料择伏獠旧獠与州兵之任战者,废遣狞耄什三四,士无敢怨。又请甲人于安定,弓人河中,弩人浙西。由是蜀之器械皆犀锐。率户二百取一人,使习战,贷勿事,缓则农,急则战,谓之"雄边子弟"。其精兵曰南燕保义、保惠、两河慕义、左右连弩;骑士曰飞星、鸷击、奇锋、流电、霆声、突骑。总十一军。筑杖义城,以制大度、青溪关之阻;作御侮城,以控荣经捣角势;作柔远城,以扼西山吐蕃;复邛崃关，徙巂州治台登，以夺蛮险。

旧制，岁杪运内粟赡黎、巂州，起嘉、眉，道阳山江，而达大度，乃分饷诸戍。常以盛夏至，地苦瘴毒，辇夫多死。德裕命转邛、雅粟，以十月为漕始，先夏而至，以佐阳山之运，馈者不涉炎月，远民乃安。

蜀人多鬻女为人妾，德裕为著科约，凡十三而上，执三年劳；下者，五岁。及期则归之父母。毁属下浮屠私庐数千，以地予农。蜀先主祠旁有獠村，其民剔发若浮屠者，畜妻子自如，德裕下令禁止。蜀风大变。

于是二边寖惧，南诏请还所俘掠四千人，吐蕃维州将悉怛谋以城降。维距成都四百里，因山为固，东北由索丛岭而下二百里，地无险，走长川不三千里，直吐蕃之牙，异时戍之，以制虏入者也。德裕既得之，即发兵以守，且陈出师之利。僧孺居中沮其功，命返悉怛谋于虏，以信所盟，德裕终身以为恨。会监军使王践言入朝，盛言悉怛谋死，拒远人向化意。帝亦悔之，即以兵部尚书召，俄拜中书门下平章事，封赞皇县伯。

故事，丞郎诣宰相，须少间乃敢通，郎官非公事不敢谒。李宗闵时，往往通宾客。李听为太子太傅，招所善载酒集宗闵阁，酣醉乃去。至德裕，则喻御史："有以事见宰相，必先白台乃听。凡罢朝，由龙尾道趋出。"遂无辄至阁者。又罢京兆筑沙堤、两街上朝卫兵。尝建言："朝廷惟邪正二途，正必去邪，邪必害正。然其辞皆若可听，愿审所取舍。不然，二者并进，虽圣贤经营，无由成功。"俄而宗闵罢，德裕代为中书侍郎、集贤殿大学士。始，二省符江淮大贾，使主堂厨食利，因是挟资行天下，所至州镇为右客，富人倚以自高。德裕一切罢之。

后帝暴感风，害语言。郑注始因王守澄以药进帝，少间，又荐李训使待诏，帝欲授谏官，德裕曰："昔诸葛亮有言：'亲贤臣，远小人，汉所以兴隆也。亲小人，远贤士，后汉所以倾颓也。'今训小人，顷咎恶暴天下，不宜引致左右。"帝曰："人谁无过，当容其改。且逢吉尝言之。"对曰："圣贤则有改过，若训天资奸邪，尚何能改？逢吉位宰相，而顾爱凶回,以累陛下,亦罪人也。"帝语王涯别与官,德裕摇手止涯,帝适见,不怿,训、注皆怨,即复召宗闵辅政,拜德裕为兴元节度使。入见帝,自陈愿留阙下,复拜兵部尚书,宗闵奏:"命已行,不可止。"更徙镇海军以代王璠。

先是,大和中,漳王养母杜仲阳归浙西,有诏在所存问。时德裕被召,乃檄留后使如诏书。璠入为尚书左丞,而漳王以罪废死,因与户部侍郎李汉共潜德裕尝赂仲阳导王为不轨。帝惑其言,召王涯、李固言、路隋质之。注、璠、汉三人者语益坚,独隋言:"德裕大臣,不宜有此。"谗焰少衰。遂贬德裕为太子宾客,分司东都。复贬袁州长史,隋亦免宰相。未几,宗闵以罪斥,而注、训等乱败,帝追悟德裕以诬构逐,乃徙滁州刺史。又以太子宾客分司东都。开成初,帝从容语宰相:"朝廷岂有遗事乎?"众进以宋申锡对。帝俯首涕数行下,曰:"当此时,兄弟不相保,况申锡邪?有司为我襃显之。"又曰:"德裕亦申锡比也。"起为浙西观察使。后对学士禁中,黎埴顿首言:"德裕与宗闵皆逐,而独三进官。"帝曰:"彼尝进郑注,而德裕欲杀之,今当以官与何人?"埴惧而出。又指坐扆前示宰相曰:"此德裕争郑注处。"

德裕三在浙西,出入十年,迁淮南节度使,代牛僧孺。僧孺闻之,以军事付其副张鹭,即驰去。淮南府钱八十万缗,德裕奏言止四十万,为鹭用其半。僧孺诉于帝,而谏官姚合、魏谟等共劾奏德裕挟私怨沮伤僧孺,帝置章不下,诏德裕覆实。德裕上言:"诸镇更代,例杀半数以备水旱、助军费。因索王播、段文昌、崔从相授簿最具在。惟从死官下,僧孺代之,其所杀数最多。"即自劾"始至镇,失于用例,不敢妄"。遂待罪,有诏释之。

武宗立,召为门下侍郎、同中书门下平章事。既入谢,即进戒帝:"辨邪正,专委任,而后朝廷治。臣尝为先帝言之,不见用。夫正人既呼小人为邪,小人亦谓正人为邪,何以辨之?请借物为谕,松柏之为木,孤生劲特,无所因倚。萝茑则不然,弱不能立,必附它木。故正人一心事君,无待于助。邪人必更为党,以相蔽欺。君人者以是辨之,则无惑矣。"又谓治乱系信任,引齐桓公问管仲所以害霸者,仲对琴瑟笙竽、弋猎驰骋,非害霸者;惟知人不能举,举不能任,任而又杂以小人,害霸也。太、玄、德、宪四宗皆盛朝,其始临御,自视若尧、舜,寖久则不及初,陛下知其然乎?始一委辅相,故贤者得尽心。久则小人并进,造党与,乱视听,故上疑而不专。政去宰相则不治矣。在德宗最甚,晚节宰相惟奉行诏书,所与图事者,李齐运、裴延龄、韦渠牟等,讫今谓之乱政。夫辅相有欺罔不忠,当亟免,忠而材者属任之。政无它门,天下安有不治?先帝任人,始皆回容,积纤微以至诛贬。诚使虽小过必知而改之,君臣无猜,则谗邪不干其间矣。"又言:"开元初,辅相率三考辄去,虽姚崇、宋璟不能逾。至李林甫秉权乃十九年,遂及祸败。是知亟进罢宰相,使政在中书,诚治本也。"

　　帝尝疑杨嗣复、李珏顾望不忠,遣使杀之,德裕知帝性刚而果于断,即率三宰相见延英,呜咽流涕曰:"昔太宗、德宗诛大臣,未尝不悔。臣欲陛下全活之,无异时恨。使二人罪恶暴著,天下共疾之。"帝不许,德裕伏不起。帝曰:"为公等赦之。"德裕降拜升坐。帝曰:"如令谏官论争,虽千疏,我不赦。"德裕重拜。因追还使者,嗣复等乃免。

　　时帝数出畋游,暮夜乃还,德裕上言:"人君动法于日,故出而视朝,入而燕息。传曰:'君就房有常节。'惟深察古谊,毋继以夜。侧闻五星失度,恐天以是勤勤儆戒。《诗》曰:'敬天之渝,不敢驰驱。'愿节田游,承天意。"寻册拜司空。

　　回鹘自开成时为黠戛斯所破。会昌后,乌介可汗挟公主牙塞下,种族大饥,以弱口、重器易粟于边。退浑、党项利房掠,因天德军使田牟上言,愿以部落兵击之。议者请可其奏。德裕曰:"回鹘于国尝有功,以穷来归,未辄扰边,遽伐之,非汉宣帝待呼韩之义。不如与之食,以待其变。"陈夷行曰:"资盗粮,非计也,不如击之便。"德裕曰:"沙陀、退浑,不可恃也。夫见利则进,遇敌则走,杂房之常态,孰肯为国家用邪?天德兵素弱,以一城与劲房确,无不败。请诏牟无听诸戎计。"帝于是贷粟三万斛。

会嗢没斯杀赤心以降，赤心兵溃去。于是回鹘势穷，数丐羊马，欲藉兵复故地，又愿假天德城以舍公主，帝不许。乃进逼振武保大栅杷头峰，以略朔川，转战云州，刺史张献节婴城不出。回鹘乃大掠，党项、退浑皆保险莫敢拒。帝益知向不许田牟用二部兵之效，乃复问以计，德裕曰："杷头峰北皆大碛，利用骑，不可以步当之。今乌介所恃公主尔，得健将出奇夺还之，王师急击，彼必走。今锐将无易石雄者，请以藩浑劲卒与汉兵衔枚夜击之，势必得。"帝即以方略授刘沔，令雄邀击可汗于杀胡山，败之，迎公主还，回鹘遂败。进位司徒。

黠戛斯遣使来，且言攻取安西、北廷，帝欲从黠戛斯求其地，德裕曰："不可。安西距京师七千里，北庭五千里。异时由河西、陇右抵玉门关，皆我郡县，往往有兵，故能缓急调发。自河、陇入吐蕃，则道出回鹘。回鹘今破灭，未知黠戛斯果有其地邪？假令安西可得，即复置都护，以万人往戍，何所兴发，何道馈辇？彼天德、振武于京师近，力犹苦不足，况七千里安西哉？臣以为纵得之，无用也。昔汉魏相请罢田车师，贾捐之请弃珠崖，近狄仁杰亦请弃四镇及安东，皆不愿贪外以耗内。此三臣者，当全盛时，尚欲弃割以肥中国，况久没甚远之地乎？是持实费市虚事，灭一回鹘，而又生之。"帝乃止。

泽潞刘从谏死，其从子稹擅留事，以邀节度，德裕曰："泽潞内地，非河朔比，昔皆儒术大臣守之。李抱真始建昭义军，最有功，德宗尚不许其子继。及刘悟死，敬宗方怠于政，遂以符节付从谏。大和时，擅兵长子，阴连训、注，外托效忠，请除君侧。及有狗马疾，谢医拒使，便以兵属稹。舍而不讨，无以示四方。"帝曰："可胜乎？"对曰："河朔，稹所恃以唇齿也。如令魏、镇不与，则破矣。夫三镇世嗣，列圣许之。请使近臣明告以：'泽潞命帅，不得视三镇，今朕欲诛稹，其各以兵会。'"帝然之。乃以李回持节谕王元逵、何弘敬，皆听命。始议用兵，中外交章固争，皆曰："悟功高，不可绝其嗣。又从谏畜兵十万，粟支十年，未可以破也。"它宰相亦嫮娴趋和，德裕独曰："诸葛亮言曹操善为兵，犹五攻昌霸，三越溴，况其下哉。然赢缩胜负，兵家之常，惟陛下圣策先定，不以小利钝为浮议所摇，则有功矣。有如不利，臣请以死塞责！"帝忿然曰："为我语于朝，有沮吾军议者，先诛之！"群论遂息。元逵兵已出，而弘敬逗留持两端，德裕建遣王宰以陈、许精甲，假道于魏以伐磁。弘敬闻，遽勒兵请自涉漳取磁、潞。

会横水戍兵叛，入太原，逐其帅李石，奉裨将杨弁主留事。方是时，磁未下，朝廷益为忧。议者颇言兵皆可罢。帝遣中人马元实如太原，侦其变。弁厚赂中人，帐饮三日。还，谬曰："弁兵多，属明光甲者十五里。"德裕诘曰："李石以太原无兵，故调横水卒千五百使戍榆社，弁因以乱，渠能列卒如此多邪？"则曰："晋人勇，皆兵也，募而得之。"德裕曰："募士当以财，李石以人欠一缣，故兵乱，石无以索之，弁何得邪？太原一铠一戟，举送行营，安致十五里明光乎？"使者语塞。德裕即奏："弁贱伍，不可赦。如力不足，请舍磁而诛弁。"遽趣王逢起榆社军，诏元逵趋土门，会太原。河东监军吕义忠闻，即日召榆社卒入斩弁，献首京师。

德裕每疾贞元、大和间有所讨伐，诸道兵出境，即仰给度支，多迁延以困国力。或与贼约，令懈守备，得一县一屯以报天子，故师无大功。因请敕诸将，令直取州，勿攻县。故元逵等下邢、洺、磁，而磁气索矣。俄而高文端归命，称磁粮乏，皆女子接穟哺兵。未几，郭谊持磁首降。帝问："何以处谊？"德裕曰："磁竖子，安知反？职谊为之。今三州已降，而磁穷蹙，又贩其族以邀富贵，不诛，后无以惩恶。"帝曰："朕意亦尔。"因诏石雄入潞，尽取谊等及尝为磁用者，悉诛之。策功拜太尉，进封赵国公。德裕固让，言："唐兴，太尉惟七人，尚父子仪乃不敢拜。近王智兴、李载义皆超拜保、傅，盖重惜此官。裴度为司徒十年，亦不迁，臣愿守旧秩足矣。"帝曰："吾恨无官酬公，毋固辞。"德裕又陈："先臣封于赵，冢孙宽中始生，字曰三赵，意将传嫡，不及支庶。臣前益封，已改中山。臣先世皆尝居汲，愿得封卫。"从之，遂改卫国公。

帝尝从容谓宰相曰："有人称孔子其徒三千亦为党，信乎？"德裕曰:"昔刘向云:'孔子与颜回、子贡更相称誉,不为朋党;禹、稷与皋陶转相汲引,不为比周。无邪心也。'臣尝以共、鲧、驩兜与舜、禹杂处尧朝,共工、驩兜则为党,舜、禹不为党。小人相与比周,迭为掩蔽也。贤人君子不然,忠于国则同心,闻于义则同志,退而各行其己,不可交以私。赵宣子、随会继而纳谏,司马侯、叔向比以事君,不为党也。公孙弘每与汲黯请间,黯先发之,弘推其后,武帝所言皆听。黯、弘虽并进,然廷诘齐人少情,讥其布被为诈,则先发后继,不为党也。太宗与房玄龄图事,则曰非杜如晦莫能筹之。及如晦在焉,亦推玄龄之策。则同心图国,不为党也。汉朱博、陈咸相为腹心,背公死党。周福、房植各以其党相倾,议论相轧,故朋党始于甘陵二部。及甚也,谓之钩党,继受诛夷。以王制言之,非不幸也。周之衰,列国公子有信陵、平原、孟尝、春申,游谈者以四豪为称首,亦各有客三千,务以谲诈势利相高;仲尼之徒,唯行仁义。今议者欲以比之,罔矣。臣未知所谓党者为国乎?为身乎?诚为国邪,随会、叔向、汲黯、房、杜之道可行,不必党也。今所谓党者,诬善蔽忠,附下罔上,车马驰驱,以趋权势,昼夜合谋,美官要选,悉引其党为之,否则抑压以退。仲尼之徒,有是乎?陛下以是察之,则奸伪见矣。"

时韦弘质建言,宰相不可兼治钱谷,德裕奏言:"管仲明于治国,其语曰:'国之重器,莫重于令。令重君尊,君尊国安。治人之本,莫要于令。'故曰:'亏令者死,益令者死,不行令者死,留令者死,不从令者死。五者无赦。'又曰:'令在上而论可否在下,是主威下系于人也。'太和后,风俗寖敝,令出于上,非之在下。此敝不止,无以治国。匡衡曰:'大臣者,国家股肱,万姓所瞻仰,明主所慎择也。'《传》曰:'下轻其上爵,贱人图柄臣,则国家摇动而人不静。'今弘质为人所教而言,是图柄臣者也。且萧望之,汉名儒,为御史大夫,奏云:'岁首,日月少光,咎在臣等。'宣帝以望之意轻丞相,下有司诘问。贞观中,监察御史陈师合上言:'人之思虑有限,一人不可总数职。'太宗曰:'此欲离间我君臣。'斥之岭外。臣谓宰相有奸谋隐慝,则人人皆得上论。至于制置职业,人主之柄,非小人所得干。古者朝廷之士,各守官业,思不出位。弘质贱臣,岂得以非所宜言妄触天听!是轻宰相。陛下照其邪计,从党人中来,当遏绝之。"德裕大意,欲朝廷尊,臣下肃,而政出宰相,深疾朋党,故感愤切言之。

又尝谓:"省事不如省官,省官不如省吏,能简冗官,诚治本也。"乃请罢郡县吏凡二千馀员,衣冠去者皆怨。时天下已平,数上疏乞骸骨,而星家言荧惑犯上相,又恳丐去位,皆不许。当国凡六年,方用兵时,决策制胜,它相无与,故威名独重于时。

宣宗即位,德裕奉册太极殿。帝退谓左右曰:"向行事近我者,非太尉邪?每顾我,毛发为森竖。"翌日,罢为检校司徒、同中书门下平章政事、荆南节度使。俄徙东都留守。白敏中、令狐绹、崔弦皆素仇,大中元年,使党人李咸斥德裕阴事。故以太子少保分司东都,再贬潮州司马。明年,又导吴汝纳讼李绅杀吴湘事,而大理卿卢言、刑部侍郎马植、御史中丞魏扶言:"绅杀无罪,德裕徇成其冤,至为黜御史,罔上不道。"乃贬为崖州司户参军事。明年,卒,年六十三。德裕既没,见梦令狐绹曰:"公幸哀我,使得归葬。"绹语其子滈,滈曰:"执政皆其憾,可乎?"既夕,又梦,绹惧曰:"卫公精爽可畏,不言,祸将及。"白于帝,得以丧还。

德裕性孤峭,明辩有风采,善为文章。虽至大位,犹不去书。其谋议援古为质,衮衮可喜。常以经纶天下自为,武宗知而能任之,言从计行,是时王室几中兴。

先是,韩全义败于蔡,杜叔良败于深,皆监军宦人制其权,将不得专进退,诏书一日三四下,宰相不豫。又诸道锐兵票士,皆监军取以自随,每督战,乘高建旗自表,师小不胜,辄卷旗去,大兵随以北。繇是王师所向多负。至讨回鹘、泽潞,德裕建请诏书付宰司乃下,监军不得干军要,率兵百人取一以为卫。自是,号令明壹,将乃有功。

元和后数用兵,宰相不休沐,或继火乃得罢。德裕在位,虽遽书警奏,皆从容裁决,率午漏下还第,休沐辄如令,沛然若无事时。其处报机急，帝一切令德裕作诏，德裕数辞，帝曰："学士不能尽吾意。"伐刘稹也，诏王元逵、何弘敬曰："勿为子孙之谋，存辅车之势。"元逵等情得，皆震恐思效。已而三州降，贼遂平。帝每称魏博功，则顾德裕道诏语，咨其切于事而能伐谋也。三镇每奏事，德裕引使者戒敕为忠义，指画丁宁，使归各谓其帅道之，故河朔畏威不敢慢。后除浮屠法，僧亡命多趣幽州，德裕召邸吏戒曰："为我谢张仲武，刘从谏招纳亡命，今视之何益？"仲武惧，以刀授居庸关吏曰："僧敢入者斩！"

帝既数讨叛有功，德裕虑忕于武，不可戢，即奏言："曹操破袁绍于官度，不追奔，自谓所获已多，恐伤威重。养由基古善射者，柳叶虽百步必中，观者曰：'不如少息，若弓拨矢钩，前功皆弃。'陛下征伐无不得所欲，愿以兵为戒，乃可保成功。"帝嘉纳其言。

方士赵归真以术进，德裕谏曰："是尝敬宗时以诡妄出入禁中，人皆不愿至陛下前。"帝曰："归真我自识，顾无大过，召与语养生术尔。"对曰："小人于利，若蛾赴烛。向见归真之门，车辙满矣。"帝不听。于是挟术诡时者进，帝志衰焉。

所居安邑里第，有院号起草，亭曰精思，每计大事，则处其中，虽左右侍御不得豫。不喜饮酒，后房无声色娱。生平所论著多行于世云。

子烨，仕汴宋幕府，贬象州立山尉。懿宗时，以赦令徙郴州。馀子皆从死贬所，

烨子延古，乾符中，为集贤校理，擢累司勋员外郎，还居平泉。昭宗东迁，坐不朝谒，贬卫尉主簿。

德裕之斥，中书舍人崔嘏，字乾锡，谊士也。坐书制不深切，贬端州刺史。嘏举进士，复以制策历邢州刺史。刘稹叛，使其党裴问戍于州，嘏说使听命，改考功郎中，时皆谓邀赏。至是，作诏不肯巧傅以罪。

吴汝纳之狱，朝廷公卿无为辨者，惟淮南府佐魏铏就逮，吏使诬引德裕，虽痛楚掠，终不从，竟贬死岭外。

又丁柔立者,德裕当国时,或荐其直清可任谏争官,不果用。大中初,为左拾遗。既德裕被放,柔立内愍伤之,为上书直其冤,坐阿附,贬南阳尉。

懿宗时,诏追复德裕太子少保、卫国公,赠尚书左仆射,距其没十年。

赞曰:汉刘向论朋党,其言明切,可为流涕,而主不悟,卒陷亡辜。德裕复援向言,指质邪正,再被逐,终婴大祸。嗟乎,朋党之兴也,殆哉!根夫主威夺者下陵,听弗明者贤不肖两进,进必务胜,而后人人引所私,以所私乘狐疑不断之隙,是引桀、跖、孔、颜相哄于前,而以众寡为胜负矣。欲国不亡,得乎?身为名宰相,不能损所憎,显挤以仇,使比周势成,根株牵连,贤智播奔,而王室亦衰,宁明有未哲欤?不然,功烈光明,佐武中兴,与姚、宋等矣。(《新唐书》卷一八〇)

今人傅璇琮撰有《李德裕年谱》(中华书局,2013年版),考其生平甚详,可参看。

韦处厚

韦处厚,字德载,京兆人。父万,监察御史,为荆南节度参谋。处厚本名淳,避宪宗讳,改名处厚。幼有至性,事继母以孝闻。居父母忧,庐于墓次。既免丧,游长安。通五经,博览史籍,而文思赡逸。元和初,登进士第,应贤良方正,擢居异等,授秘书省校书郎。裴垍以宰相监修国史,奏以本官充直馆,改咸阳县尉,迁右拾遗,并兼史职。修《德宗实录》五十卷上之,时称信史。转左补阙、礼部考功二员外。早为宰相韦贯之所重,时贯之以议兵不合旨出官,处厚坐友善,出为开州刺史。入拜户部郎中,俄以本官知制诰。穆宗以其学有师法,召入翰林,为侍讲学士,换谏议大夫,改中书舍人,侍讲如故。

时张平叔以便佞诙谐,他门捷进,自京兆少尹为鸿胪卿、判度支,不数月，宣授户部侍郎。平叔以征利中穆宗意，欲希大任。以榷盐旧法为弊年深，欲官自粜盐，可富国强兵，劝农积货，疏利害十八条。诏下其奏，令公卿议。处厚抗论不可，以平叔条奏不周，经虑未尽，以为利者返害，为简者至烦，乃取其条目尤不可者，发十难以诘之。时平叔倾巧有恩，自谓言无不允。及处厚条件驳奏，穆宗称善，令示平叔，平叔词屈无以答，其事遂寝。

处厚以幼主荒怠，不亲政务，既居纳诲之地，宜有以启导性灵，乃铨择经义雅言，以类相从，为二十卷，谓之《六经法言》，献之。锡以缯帛银器，仍赐金紫。以《宪宗实录》未成，诏处厚与路随兼充史馆修撰。实录未成，许二人分日入内，仍放常参。处厚俄又权兵部侍郎。

敬宗嗣位，李逢吉用事，素恶李绅，乃构成其罪，祸将不测。处厚与绅皆以孤进，同年进士，心颇伤之，乃上疏曰：“臣窃闻朋党议论，以李绅贬黜尚轻。臣受恩至深，职备顾问，事关圣听，不合不言。绅先朝奖用，擢在翰林，无过可书，无罪可戮。今群党得志，谗嫉大兴。询于人情，皆甚叹骇。诗云：'萋兮菲兮，成是贝锦。彼谮人者，亦已太甚。'又曰：'谗言罔极，交乱四国。'自古帝王，未有远君子、近小人而致太平者。古人云：'三年无改于父之道，可谓孝矣。'李绅是前朝任使，纵有罪愆，犹宜洗衅涤瑕，念旧忘过，以成无改之美。今逢吉门下故吏，遍满朝行，侵毁加诬，何词不有？所贬如此，犹为太轻。盖曾参有投杼之疑，先师有拾尘之戒。伏望陛下断自圣虑，不惑奸邪，则天下幸甚！建中之初，山东向化，只缘宰相朋党，上负朝廷。杨炎为元载复仇，卢杞为刘晏报怨，兵连祸结，天下不平。伏乞圣明，察臣愚恳。”

帝悟其事，绅得减死，贬端州司马。

处厚正拜兵部侍郎，谢恩于思政殿。时昭愍狂恣，屡出畋游，每月坐朝不三四日，处厚因谢从容奏曰：“臣有大罪，伏乞面首。”帝曰："何也？"处厚对曰："臣前为谏官，不能先朝死谏，纵先圣好畋及色，以至不寿，臣合当诛。然所以不死谏者，亦为陛下此时在春宫，年已十五。今则陛下皇子始一岁矣,臣安得更避死亡之诛?"上深感悟其意,赐锦彩一百匹、银器四事。

宝历元年四月,群臣上尊号,御殿受册肆赦。李逢吉以李绅之故,所撰赦文但云左降官已经量移者与量移,不言未量移者,盖欲绅不受恩例。处厚上疏曰:"伏见赦文节目中,左降官有不该恩泽者。在宥之体,有所未弘。臣闻物议皆言逢吉恐李绅量移,故有此节。若如此,则应是近年流贬官,因李绅一人皆不得量移。事体至大,岂敢不言?李绅先朝奖任,曾在内廷,自经贬官,未蒙恩宥。古人云:'人君当记人之功,忘人之过。'管仲拘囚,齐桓举为国相;冶长缧继,仲尼选为密亲。有罪犹宜涤荡,无辜岂可终累?况鸿名大号,册礼重仪,天地百灵之所鉴临,仪兆八纮之所赡戴,恩泽不广,实非所宜。臣与逢吉素无仇嫌,与李绅本非亲党,所论者全大体,所陈者在至公。伏乞圣慈察臣肝胆,倘蒙允许,仍望宣付宰臣,应近年左降官,并编入赦条,令准旧例,得量移近处。"帝览奏,深悟其事,乃追改赦文,绅方沾恩例。处厚为翰林承旨学士,每立视草,惬会圣旨。常奉急命于宣州征鹰鹫及杨、益、两浙索奇文绫绵,皆抗疏不奉命,且引前时赦书为证,帝皆可其奏。

宝历季年,急变中起,文宗厎绥内难,诏命将降,未有所定。处厚闻难奔赴,昌言曰:"《春秋》之法,大义灭亲,内恶必书,以明逆顺。正名讨罪,于义何嫌?安可依违,有所避讳!"遂奉藩教行焉。是夕,诏命制置及践祚礼仪,不暇责所司,皆出于处厚之议。及礼行之后,皆叶旧章。以佐命功,旋拜中书侍郎、同中书门下平章事、监修国史,加银青光禄大夫,进爵灵昌郡公。

处厚在相位,务在济时,不为身计。中外补授,咸得其宜。初,贞元中宰相齐抗奏减冗员,罢诸州别驾,其在京百司当入别驾者,多处之朝列。元和以来,两河用兵,偏裨立功者,往往擢在周行,率以储采王官杂补之,皆盛服趋朝,朱紫填拥。久次当进及受代闲居者,常数十人,趋中书及宰相私第,摩肩候谒,繁于辞语。及处厚秉政,复奏置六雄、十望、十紧、三十四州别驾以处之，而清流不杂，朝政清肃。

文宗勤于听政，然浮于决断，宰相奏事得请，往往中变。处厚常独论奏曰："陛下不以臣等不肖，用为宰相，参议大政。凡有奏请，初蒙听纳，寻易圣怀。若出自宸衷，即示臣等不信；若出于横议，臣等何名鼎司？且裴度元勋宿德，历辅四朝，孜孜竭诚，人望所属，陛下固宜亲重。窦易直良厚，忠事先朝，陛下固当委信。微臣才薄，首蒙陛下擢用，非出他门，言既不从，臣宜先退。"即趋下再拜陈乞。上矍然曰："何至此耶！卿之志业，朕素自知，登庸作辅，百职斯举。纵朕有所失，安可遽辞，以彰吾薄德？"处厚谢之而去，出延英门复令召还，谓曰："凡卿所欲言，并宜启论。"处厚因对彰善瘅恶，归之法制，凡数百言；又裴度勋高望重，为人尽心切直，宜久任，可壮国威。帝皆听纳。自是宰臣敷奏，人不敢横议。

俄而沧州李同捷叛，朝廷加兵。魏博史宪诚中怀向背，裴度以宿旧自任，待宪诚于不疑。尝遣亲吏请事至中书，处厚谓曰："晋公以百口于上前保尔使主，处厚则不然，但仰俟所为，自有朝典耳。"宪诚闻之大惧，自此输竭，竟有功于沧州。又尝以理财制用为国之本，撰《大和国计》二十卷以献。李载义累破沧、镇两军，兵士每有俘执，多遭刳剔，处厚以书喻之，载义深然其旨。自此沧、镇所获生口，配隶远地，前后全活数百千人。

处厚居家循易，如不克任。至于廷诤敷启，及驭辖待胥吏，劲确巍然不可夺。质状非魁伟，如甚懦者，而庶僚请事，畏惕相顾，虽与语移晷，不敢私谒。急于用才，酷嗜文学，尝病前古有以浮议坐废者，故推择群材，往往弃瑕录用，亦为时所讥。雅信释氏因果，晚年尤甚。聚书逾万卷，多手自刊校。奉诏修《元和实录》，未绝笔，其统例取舍，皆处厚创起焉。大和二年十二月，因延英奏对，造膝之际，忽奏"臣病作"，遽退。文宗命中官扶出归第，一夕而卒，年五十六，赠司空。处厚当国柄二周岁，启沃之谋，颇叶时誉，咸共惜之。(《旧唐书》卷一五九)

韦处厚,字德载,京兆万年人。事继母以孝闻,亲殁,庐墓终丧。中进士第,又擢才识兼茂科,授集贤校书郎。举贤良方正异等,宰相裴垍引直史馆。改咸阳尉。

宪宗初,擢左补阙。礼部尚书李绛请间言:"古帝王以纳谏为圣,拒谏为昏。今不闻进规纳忠,何以知天下事?"帝曰:"韦处厚、路隋数上疏,其言忠切,顾卿未知尔。"由是中外推其靖密。历考功员外郎,坐与宰相韦贯之善,出开州刺史。以户部郎中入知制诰。

穆宗立,为翰林侍讲学士。处厚以帝冲怠不向学,即与路隋合《易》《书》《诗》《春秋》《礼》《孝经》《论语》,掇其粹要,题为《六经法言》二十篇上之,冀助省览。帝称善,并赐金币。再迁中书舍人。张平叔以言利得幸于帝,建言官自鬻盐,笼天下之财。宰相不能诘,下群臣议,处厚发十难消其迂谬,平叔愧缩。遂寝。

敬宗初,李逢吉得柄,构李绅,逐为端州司马。其党刘栖楚等欲致绅必死,建言当徙丑地。处厚上言:"逢吉党与,以绅之斥犹有馀辜,人情危骇。《诗》云'萋兮斐兮,成是贝锦。彼谮人者,亦已太甚','谗言罔极,交乱四国'。此古人疾谗之深也。孔子曰:'三年无改于父之道,可谓孝矣。'按绅先朝旧臣,就令有过,尚当被瑕洗衅,成无改之美,况被谗乎!建中时,山东之乱兴,宰相朋党,杨炎为元载复仇,卢杞为刘晏偿怨,兵连祸结,天下骚然。此陛下亲所闻见,得不深念哉!"绅由是免。逢吉怒,至宝历三月赦书,不言左降官未量移者,以沮绅内徙。处厚复奏:"逢吉缘绅一人而使近岁流斥皆不蒙泽,非所以广恩于天下。"帝悟,追改其条。进翰林承旨学士、兵部侍郎。

方天子荒暗,月视朝才三四,处厚入见,即自陈有罪,愿前死以谢。帝曰:"何哉?"对曰:"臣昔为谏官,不能死争,使先帝因畋与色而至不寿,于法应诛。然所以不死者,陛下在春宫,十有五矣。今皇子方襁褓,臣不敢避死亡之诛。"帝大感悟,赐锦彩以慰其意。王廷凑之乱,帝叹宰相不才,而使奸臣跋扈,处厚曰:"陛下有一裴度不能用,乃当馈而叹,恨无萧、曹,此冯唐所以谓汉文帝有颇、牧不能用也。"

后禁中急变,文宗绥内难,犹豫未即下诏,处厚入,昌言曰:"《春秋》大义灭亲,内恶必书,以明逆顺。正名讨罪,何所避讳哉?"遂奉教班谕。是夕,号令及它仪矩不暇责有司,一出处厚,无违旧章者。进拜中书侍郎、同中书门下平章事,封灵昌郡公。堂史汤钵数招权纳财赂,处厚笑曰:"此半滑涣也。"斥出之,相府肃然。

初,贞元时宰相齐抗奏罢州别驾及当为别驾者引处之朝。元和后,两河用兵,裨将立功得补东宫王府官,朱紫溷并,授受不纲。处厚乃置六雄、十望、十紧等州,悉补别驾,由是流品澄别。帝虽自力机政,然骤信轻改,摇于浮论。处厚尝独对曰:"陛下不以臣不肖,使待罪宰相,凡所奏可,中辄变易。自上心出邪,乃示臣不信。得于横议邪,即臣何名执政?且裴度元勋旧德,辅四朝,窦易直长厚忠实,经事先帝,陛下所宜亲重委信之。臣乃陛下自擢,今言不见纳,宜先罢。"即趋下顿首,帝矍然曰:"何至是?卿之忠力,朕自知之,安可遽辞以重吾不德?"处厚趋出,帝复召问所欲言,对:"近君子,远小人,始可为治。"谆复数百言。又言:"裴度忠,可久任。"帝嘉纳之。自是无复横议者。

时李同捷叛,诏诸军进讨。魏博史宪诚怀向背,裴度待以不疑。宪诚遣吏白事中书,处厚召语曰:"晋公以百口保尔帅于天子,我则不然,正须所为,以邦法从事耳。"宪诚惧,不敢贰,卒有功。李载义数破沧、镇兵,皆刳剔以献,处厚戒之,前后完活数百千人。

大和二年,方奏事,暴疾,仆香案前,帝命中人翼扶之,舆还第。一昔薨,年五十六,赠司空。

处厚姿状如甚懦者,居家亦循易,至廷争,巍然不可回夺。刚于御吏,百僚谒事,畏惕未尝敢及以私。推择官材,往往弃瑕录善,时亦讥其太广。性嗜学,家书仇正至万卷。为拾遗时,撰《德宗实录》。后又与路隋共次《宪宗实录》,诏分日入直,创具凡例,未及成而终。本名淳,避宪宗讳,改今名。(《新唐书》卷一四二)

吕　让

让，潭州刺史渭子。官太子右庶子。（《全唐文》卷七百十六小传）父传见《旧唐书》卷一三七、《新唐书》卷一六〇，有兄温、恭、俭，皆有美才。因其兄曾奏劾李吉甫，故"自后吉甫再入中书，长庆以后，李德裕党盛，吕氏诸子无至达官者"。（《旧唐书》卷一三七《吕渭传》附）

吴武陵

吴武陵，信州人。元和初，擢进士第。淮西吴少阳闻其才，遣客郑平邀之，将待以宾友，武陵不答。俄而少阳子元济叛，武陵遗以书，自称东吴王孙，曰："夫势有不必得，事有不必疑。徒取暴逆之名，而殄物败俗，不可谓智；一日亡破，平生亲爱连头就戮，不可谓仁；支属繁衍，因缘磨灭，先魂伤馁，不可谓孝；数百里之内，拘若槛阱，常疑死于左右手，低回姑息，不可谓明。且三皇以来，数千万载，何有勃理乱常而能自毕者哉？贞元时，德宗以函容御天下，河北诸镇专地不臣，朝廷资以爵号，桀黠者自谓得计，以反为利，于是杨惠琳、刘辟、李锜、卢从史等又乱。皇帝即位，赫然命偏师讨之，尽伏其辜，所谓时也。

日者，张太尉厌垣捍之勤，谢易、定为国老；田尚书知虑绝俗，又以魏博来归。幽、檀、沧、景皆为信臣，然而与足下者，独齐、赵耳。夫齐安可为恃哉？徐压其首，梁薄其翼，魏斫其胫，滑针其腹，淮南承其冲，分兵不足相救，全举则曹、鲁、东平非其有也。彼何苦而自弃哉？若赵则固竖子耳。前日，主以上泽潞为之导，既斥从史，姑赦罪，复爵禄之，天下之人欲讨者十八，无何，残丞相御史，朝廷以足下故，未加斧钺也。然则中山搏藁城之险，太原乘井陉之隘，燕徇乐寿，邢扼临城，清河绝其南，弓高断其北，孤雏腐鼠，求责不暇，又曷以救人哉？二镇不敢动亦明矣，足下何待而穷处邪？

昔仆之师裴道明尝言：'唐家二百载有中兴主，当其时，很傲者尽灭，河、湟之地复矣。'今天子英武任贤，同符太宗，完仁厚物，有玄宗之度，罚无贷罪，赏无遗功。诸侯豢齐、赵以稔其衅，群帅筑室砺兵，进窥房、蔡，屯田继漕，前锋扼喉，后阵抚背，左排右掖，其几何而不蹄邪？

足下勿谓部曲勿我欺，人心与足下一也。足下反天子，人亦欲反足下。易地而论，则婴凶横之命，不若奉大君官守矣。枕戈持矛，死不得地，不若坐兼爵命而保胤嗣矣。足下苟能挺知几之烈，莫若发一介，籍士马土疆，归之有司。上以覆载之仁，必保纳足下，涤垢洗瑕，以倡四海，将校官属不失宠且贵。何哉？为国者不以纤恶盖大善也。且贰而伐，服而舍，宠荣可厚，骨肉可保，何独不为哉？

三州至狭也，万国至广也，力不相侔，判然可知。假使官军百败，而行阵未尝乏，足下一败则成禽矣。夫一壮士不能当十夫者，以其左右前后咸敌也，矧以一卒欲当百人哉！昏迷不返，诸侯之师集城下，环垒刳堑，灌以流潦，主将怨携，士卒崩离，田儋、吕兴发于肘腋。尸不得裹，宗不得祀，臣仆以为诫，子孙所不祖，生为暗愎之人，没为幽忧之鬼，何其痛哉！"

元济得书不悟。

会裴度东讨，而韩愈为司马，武陵劝愈为度谋："取中官常所不快者为监军，归素所快者于内，为吾地以倾诸侯，出帛百万以给士大夫，则孰不为丞相之人？然后分三大将环贼而屯，明斥候，牛酒高会，潜以实期授濒蔡诸将，而以三期绐贼，令辩士持尺书劫元济及将士约降，彼无所窜谋矣。"时度部分已定，故不见用。元济未破数月，武陵自磹石望东南，气如旗鼓矛盾，皆颠倒横斜。少选，黄白气出西北，盘蜿相交。武陵告愈曰："今西北王师所在，气黄白，喜象也。败气为贼，日直木，举其盈数，不阅六十日，贼必亡。夫天见其祥，宜修事应之。且洄曲守将急缓不可使，吴城贼将赵晔诈而轻，若以兵诱之，伏以待，一举可夺其城，则右臂断矣。"武陵之奇谲类如此。

长庆初,窦易直以户部侍郎判度支,表武陵主盐北边。易直以不职,薄其遇。会表置和籴贮备使,择郎中为之。武陵谏曰:"今缘边膏壤,鞠为榛杞,父母妻子不相活。前在朔方,度支米价四十,而无逾月积,皆先取商人,而后求牒还都受钱。脱有寇薄城,不三旬便当饿死,何所取财而云和籴哉?天下不治,病权不归有司也。盐铁、度支一户部郎事,今三分其务,吏万员,财赋日蹙。西北边院官,皆御史、员外郎为之。始命若责可信,今又加使权其务,是御史、员外久于事,返不可信也。今更旬月,又将以郎中之为不可信。即更时岁,明公之为,亦又不可信。上下相阻,一国交疑,谁为可信者?况一使之建,胥徒走卒殆百辈,督责腾呼,数千里为不宁。诚欲边隅完实,独募浮民,徙罪人,发沃土,何必加使而增吏也?"易直不纳。

久之,入为太学博士。大和初,礼部侍郎崔郾试进士东都,公卿咸祖道长乐,武陵最后至,谓郾曰:"君方为天子求奇材,敢献所益。"因出袖中书缙笏,郾读之,乃杜牧所赋《阿房宫》,辞既警拔,而武陵音吐鸿畅,坐客大惊。武陵请曰:"牧方试有司,请以第一人处之。"郾谢已得其人。至第五,郾未对,武陵勃然曰:"不尔,宜以赋见还。"郾曰:"如教。"牧果异等。后出为韶州刺史,以赃贬潘州司户参军。卒。

初,柳宗元谪永州,而武陵亦坐事流永州,宗元贤其人。及为柳州刺史,武陵北还,大为裴度器遇。每言宗元无子,说度曰:"西原蛮未平,柳州与贼犬牙,宜用武人以代宗元,使得优游江湖。"又遗工部侍郎孟简书曰:"古称一世三十年,子厚之斥十二年,殆半世矣。霆砰电射,天怒也,不能终朝。圣人在上,安有毕世而怒人臣邪?且程、刘、二韩皆已拔拭,或处大州剧职,独子厚与猿鸟为伍,诚恐雾露所婴,则柳氏无后矣。"度未及用,而宗元死。始,李愬节度唐、邓,武陵荐李景俭、王湘健智沈敏,可表以自副,时号知人。(《新唐书》卷二〇三)

杜元颖

　　杜元颖，莱公如晦裔孙也。父佐官卑。元颖，贞元末进士登第，再辟使府。元和中为左拾遗、右补阙，召入翰林，充学士。手笔敏速，宪宗称之。吴元济平，以书诏之勤，赐绯鱼袋，转司勋员外郎，知制诰。穆宗即位，召对思政殿，赐金紫，超拜中书舍人。其年冬，拜户部侍郎承旨。长庆元年三月，以本官同平章事，加上柱国、建安男。元颖自穆宗登极，自补阙至侍郎，不周岁居辅相之地。辞臣速达，未有如元颖之比也。

　　三年冬，带平章事出镇蜀川，穆宗御安福门临饯。昭愍即位，童心多僻，务为奢侈，而元颖求蜀中珍异玩好之具，贡奉相继，以固恩宠。以故箕敛刻削，工作无虚日，军民嗟怨，流闻于朝。大和三年，南诏蛮攻陷戎、巂等州，径犯成都。兵及城下，一无备拟，方率左右固牙城而已。蛮兵大掠蜀城玉帛、子女、工巧之具而去。是时蛮三道而来，东道攻梓州，郭钊御之而退。时元颖几陷，赖郭钊击败其众，方还。蛮驱蜀人至大渡河，谓之曰："此南吾境，放尔哭别乡国。"数万士女，一时恸哭，风日为之惨凄。哭已，赴水而死者千馀，怨毒之声，累年不息。蛮首领篯颠遣人上表曰："蛮军比修职贡，遽敢侵边？但杜元颖不恤三军，令入蛮疆作贼，移文报彼，都不见信，故蜀部军人，继为乡导，盖蜀人怨苦之深，祈我此行，诛虐帅也。诛之不遂，无以慰蜀士之心，愿陛下诛之。"监军小使张士谦至，备言元颖之咎，坐贬循州司马，判官崔璜连州司马，纥干皋郢州长史，卢并唐州司马，皆以佐元颖无状也。六年，卒于贬所。临终，上表乞赠官。赠湖州刺史。（《旧唐书》卷一六三）

沈亚之

　　亚之,字下贤。吴兴人。元和十年进士,历殿中丞御史内供奉。大和初为德州行营使判官,谪南康尉。终郢州掾。(《全唐文》卷七百三十四小传)

　　亚之,字下贤,吴兴人。初至长安,与李贺结交。举进士不第,为歌以送归。元和十年,侍郎崔群下进士。泾原李汇辟为掌书记。为秘书省正字。长庆中,补栎阳令。四年,迁福建团练副使,事徐晦。后累迁殿中丞御史内供奉。大和三年,柏耆宣慰德州,取为判官。耆罢,亚之贬南康尉,后终郢州掾。亚之以文词得名,然狂躁贪冒,辅耆为恶,颇凭陵晚达,故及于谪。尝游韩吏部门。杜牧、李商隐俱有拟沈下贤诗,盖甚为当时名辈器重云。有集九卷,传世。(《唐才子传》卷六)

刘宽夫

　　(伯刍)子宽夫,登进士第,历诸府从事。宝历中,入为监察御史。尝上言曰:"近日摄祭多差王府官僚,位望既轻,有乖严敬。伏请今后摄太尉,差尚书省三品已上及保傅宾詹等官;如人少,即令丞郎通摄之。"俄转左补阙。少列陈岵进注《维摩经》,得濠州刺史。宽夫与同列,因对论之,言岵因供奉僧进经以图郡牧。敬宗怒谓宰相曰:"陈岵不因僧得郡,谏官安得此言,须推排头首来。"宽夫奏曰:"昨论陈岵之时,不记发言前后,唯握笔草状,即是微臣。今论事不当,臣合当罪。若寻究推排,恐伤事体。"帝嘉其引过,欣然释之。(《旧唐书》卷一五三《刘乃传》附)

（伯刍）子宽夫，宝历中为监察御史。奏言："以王府官摄祠，位轻，非严恭意，请以尚书省东宫三品若左右丞、侍郎通摄。"俄转左补阙。陈岵注浮屠书，因供奉僧以闻，除濠州刺史。宽夫劾状，敬宗怒谓宰相曰："岵不由僧得州，谏臣安受此言？"宽夫曰："众劾岵，独臣草状，应伏诛。推言所从，恐累国体。"帝说其言，释之。（《新唐书》卷一六〇《刘伯刍传》附）工书。牛僧孺所撰唐相国崔群先庙碑为其所书，在京兆府。（《金石略》）

杜　牧

牧，字牧之，既以进士擢第，又制举登乙第，解褐弘文馆校书郎，试左武卫兵曹参军。沈传师廉察江西宣州，辟牧为从事、试大理评事。又为淮南节度推官、监察御史里行，转掌书记。俄真拜监察御史，分司东都，以弟顗病目弃官。授宣州团练判官、殿中侍御史、内供奉。迁左补阙、史馆修撰，转膳部、比部员外郎，并兼史职。出牧黄、池、睦三郡，复迁司勋员外郎、史馆修撰，转吏部员外郎。又以弟病免归。授湖州刺史，入拜考功郎中、知制诰，岁中迁中书舍人。

牧好读书，工诗为文，尝自负经纬才略。武宗朝诛昆夷、鲜卑，牧上宰相书论兵事，言"胡戎入寇，在秋冬之间，盛夏无备，宜五六月中击胡为便"。李德裕称之。注曹公所定《孙武十三篇》行于代。

牧从兄悰隆盛于时，牧居下位，心常不乐。将及知命，得病，自为墓志、祭文。又尝梦人告曰："尔改名毕。"逾月，奴自家来，告曰："炊将熟而甑裂。"牧曰："皆不祥也。"俄又梦书行纸曰："皎皎白驹，在彼空谷。"寤寝而叹曰："此过隙也。吾生于角，征还于角，为第八宫，吾之其厄也。予自湖守迁舍人，木还角，足矣。"其年，以疾终于安仁里，年五十。有集二十卷，曰《杜氏樊川集》，行于代。子德祥，官至丞郎。（《旧唐书》卷一四七《杜佑传》附）

牧，字牧之，善属文。第进士，复举贤良方正。沈传师表为江西团练府巡官，又为牛僧孺淮南节度府掌书记。擢监察御史，移疾分司东都，以弟顗病弃官。复为宣州团练判官，拜殿中侍御史内供奉。

是时，刘从谏守泽潞，何进滔据魏博，颇骄蹇不循法度。牧追咎长庆以来朝廷措置亡术，复失山东，巨封剧镇，所以系天下轻重，不得承袭轻授，皆国家大事，嫌不当位而言，实有罪，故作《罪言》。其辞曰："生人常病兵，兵祖于山东，羡于天下。不得山东，兵不可去。山东之地，禹画九土曰冀州；舜以其分太大，离为幽州，为并州。程其水土，与河南等，常重十一二，故其人沉鸷多材力，重许可，能辛苦。魏晋以下，工机纤杂，意态百出，俗益卑弊，人益脆弱，唯山东敦五种，本兵矢，他不能荡而自若也。产健马，下者日驰二百里，所以兵常当天下。冀州，以其恃强不循理，冀其必破弱；虽已破，冀其复强大也。并州，力足以并吞也。幽州，幽阴惨杀也。圣人因以为名。

黄帝时，蚩尤为兵阶，自后帝王多居其地。周劣齐霸，不一世，晋大，常佣役诸侯。至秦萃锐三晋，经六世乃能得韩，遂折天下脊；复得赵，因拾取诸国。韩信联齐有之，故蒯通知汉、楚轻重在信。光武始于上谷，成于鄗。魏武举官渡，三分天下有其二。晋乱胡作，至宋武号英雄，得蜀，得关中，尽有河南地，十分天下之八，然不能使一人度河以窥胡。至高齐荒荡，宇文取之，隋文因以灭陈，五百年间，天下乃一家。隋文非宋武敌也，是宋不得山东，隋得山东，故隋为王，宋为霸。由此言之，山东，王者不得不为王，霸者不得不为霸，猾贼得之，足以致天下不安。

天宝末，燕盗起，出入成皋、函、潼间，若涉无人地。郭、李辈兵五十万，不能过邺。自尔百馀城，天下力尽，不得尺寸，人望之若回鹘、吐蕃，义无敢窥者。国家因之畦河修障戍，塞其街蹊。齐、鲁、梁、蔡被其风流，因以为寇。以里拓表，以表撑里，混涵回转，颠倒横邪，未常五年间不战。生人日顿委，四夷日日炽，天子因之幸陕，幸汉中，焦焦然七十馀年。运遭孝武，浣衣一肉，不畋不乐，自卑冗中拔取将相，凡十三年，乃能尽得河南、山西地，洗削更革，罔不能适。唯山东不服，亦再攻之，皆不利。岂天使生人未至于怗泰邪？岂人谋未至邪？何其艰哉！

今日天子圣明，超出古昔，志于平治。若欲悉使生人无事，其要先去兵。不得山东，兵不可去。今者，上策莫如自治。何者？当贞元时，山东有燕、赵、魏叛，河南有齐、蔡叛，梁、徐、陈、汝、白马津、盟津、襄、邓、安、黄、寿春皆戍厚兵十馀所，才足自护治所，实不辍一人以他使，遂使我力解势弛，熟视不轨者无可奈何。阶此，蜀亦叛，吴亦叛，其他未叛者，迎时上下，不可保信。自元和初至今二十九年间，得蜀，得吴，得蔡，得齐，收郡县二百馀城，所未能得，唯山东百城耳。土地人户，财物甲兵，较之往年，岂不绰绰乎？亦足自以为治也。法令制度，品式条章，果自治乎？贤才奸恶，搜选置舍，果自治乎？障戍镇守，干戈车马，果自治乎？井间阡陌，仓廪财赋，果自治乎？如不果自治，是助虏为虏。环土三千里，植根七十年，复有天下阴为之助，则安可以取？故曰：上策莫如自治。

中策莫如取魏。魏于山东最重，于河南亦最重。魏在山东，以其能遮赵也。既不可越魏以取赵，固不可越赵以取燕。是燕、赵常取重于魏，魏常操燕、赵之命。故魏在山东最重。黎阳距白马津三十里，新乡距盟津一百五十里，陴垒相望，朝驾暮战，是二津，虏能溃一，则驰入成皋，不数日间。故魏于河南亦最重。元和中，举天下兵诛蔡，诛齐，顿之五年，无山东忧者，以能得魏也。昨日诛沧，顿之三年，无山东忧，亦以能得魏也。长庆初诛赵，一日五诸侯兵四出溃解，以失魏也。昨日诛赵，罢如长庆时，亦以失魏也。故河南、山东之轻重在魏。非魏强大，地形使然也。故曰：取魏为中策。

最下策为浪战，不计地势，不审攻守是也。兵多粟多，驱人使战者，便于守；兵少粟少，人不驱自战者，便于战。故我常失于战，虏常困于守。山东叛且三五世，后生所见言语举止，无非叛也，以为事理正当如此，沉酣入骨髓，无以为非者，至有围急食尽，啖尸以战。以此为俗，岂可与决一胜一负哉？自十馀年凡三收赵，食尽且下。郗士美败，赵复振；杜叔良败，赵复振；李听败，赵复振。故曰：不计地势，不审攻守，为浪战，最下策也。"

累迁左补阙、史馆修撰，改膳部员外郎。宰相李德裕素奇其才。会昌中，黠戛斯破回鹘，回鹘种落溃入漠南，牧说德裕不如遂取之，以为："两汉伐虏，常以秋冬，当匈奴劲弓折胶，重马免乳，与之相校，故败多胜少。今若以仲夏发幽、并突骑及酒泉兵，出其意外，一举无类矣。"德裕善之。会刘稹拒命，诏诸镇兵讨之，牧复移书于德裕，以"河阳西北去天井关强百里，用万人为垒，窒其口，深壁勿与战。成德军世与昭义为敌，王元逵思一雪以自奋，然不能长驱径擣上党，其必取者在西面。今若以忠武、武宁两军益青州精甲五千、宣润弩手二千，道绛而入，不数月必覆贼巢。昭义之食，尽仰山东，常日节度使率留食邢州，山西兵单少，可乘虚袭取。故兵闻拙速，未睹巧之久也。"俄而泽潞平，略如牧策。历黄、池、睦三州刺史，入为司勋员外郎，常兼史职。改吏部，复乞为湖州刺史。逾年，以考功郎中知制诰，迁中书舍人。

牧刚直有奇节，不为龊龊小谨，敢论列大事，指陈病利尤切至。少与李甘、李中敏、宋邧善，其通古今，善处成败，甘等不及也。牧亦以疏直，时无右援者。从兄悰更历将相，而牧回踬，不自振，颇怏怏不平。卒，年五十。初，牧梦人告曰："尔应名毕。"复梦书"皎皎白驹"字，或曰"过隙也"。俄而炊甑裂，牧曰："不祥也。"乃自为墓志，悉取所为文章焚之。

牧于诗，情致豪迈，人号为"小杜"，以别杜甫云。(《新唐书》卷一六六《杜佑传》附)

牧，字牧之，京兆人也。善属文。大和二年韦筹榜进士，与厉玄同年。初未第，来东都，时主司侍郎为崔郾，太学博士吴武陵策蹇进谒曰："侍郎以峻德伟望，为明君选才，仆敢不薄施尘露。向偶见文士十数辈,扬眉抵掌,共读一卷文书,览之,乃进士杜牧《阿房宫赋》。其人,王佐才也。"因出卷,擂笏朗诵之。郾大加赏。曰:"请公与状头!"郾曰:"已得人矣。"曰:"不得,即请第五人。更否,则请以赋见还!"辞容激厉。郾曰:"诸生多言牧疏旷,不拘细行,然敬依所教,不敢易也。"后又举贤良方正科。沈传师表为江西团练府巡官。又为牛僧孺淮南节度府掌书记。拜侍御史,累迁左补阙,历黄、池、睦三州刺史,以考功郎中知制诰,迁中书舍人。牧刚直有奇节,不为龊龊小谨,敢论列大事,指陈利病尤切。兵法戎机,平昔尽意。尝以从兄悰更历将相,而已困踬不振,怏怏难平。卒年五十,临死自写墓志,多焚所为文章。

诗情豪迈,语率惊人。识者以拟杜甫,故称"大杜""小杜"以别之。后人评牧诗,如铜丸走坂,骏马注坡,谓圆快奋急也。牧美容姿,好歌舞,风情颇张,不能自遏。时淮南称繁盛,不减京华,且多名妓绝色,牧恣心赏,牛相收街吏报杜书记平安帖子至盈箧。后以御史分司洛阳,时李司徒闲居,家妓为当时第一,宴朝士,以牧风宪,不敢邀。牧因遣讽李使召己,既至,曰:"闻有紫云者,妙歌舞,孰是?"即赠诗曰:"华堂今日绮筵开,谁唤分司御史来?忽发狂言惊四座,两行红袖一时回。"意气闲逸,傍若无人,座客莫不称异。大和末,往湖州,目成一女子,方十馀岁,约以十年后吾来典郡,当纳之,结以金币。洎周墀入相,牧上笺乞守湖州,比至,已十四年,前女子从人,两抱雏矣。赋诗曰:"自恨寻芳去较迟,不须惆怅怨芳时。如今风摆花狼藉,绿叶成阴子满枝。"此其大概一二。凡所牵系,情见于辞。别业樊川。有《樊川集》二十卷,及注《孙子》,并传。(《唐才子传》卷六)

丁居晦

居晦,大和中官起居舍人集贤院直学士。擢拾遗,改司勋员外郎。开成中转司封郎中知制诰,迁中书舍人,拜御史中丞,迁户部侍郎。卒赠吏部侍郎。(《全唐文》卷七百五十七小传)两唐书无传。

郑处诲

处诲,字廷美,赠仆射澣子。太和八年进士。累迁工部刑部侍郎,出为浙东观察使检校刑部尚书宣武军节度使。(《全唐文》卷七百六十一小传)两唐书无传。《新唐书》卷五八载处其诲撰有《明皇杂录》二卷。

韦宗卿

韦宗卿,官银青光禄大夫、上柱国、华阴县开国男,食邑三千户。会昌三年(843)武帝下诏灭佛,宗卿以为非,撰进《涅盘经疏》《大圆伊字镜略》,武帝览已,下敕曰:韦宗卿士林望族,不能敷扬孔墨,翻乃溺信浮屠,妄撰胡书,其所进经已焚,其草本委中书门下,追索焚烧。事见释圆仁《入唐求法巡礼行记》。两唐书无传。

蔡词立

词立,咸通十三年官虔州孔目。(《全唐文》卷八〇六小传)两唐书无传。

窦潏

潏,官京兆尹,出为宣歙观察使。(《全唐文》卷八百二十九小传)据《新唐书》卷一八七《王重荣传》,黄巢陷长安时(881)为京兆尹。又据《旧唐书》卷一八二《秦彦传》,知潏中和二年(882)为宣歙观察使。

杨 夔

夔,有隽才,为宣州田頵上客,知頵不足抗吴,著《溺赋》以戒之。頵不用,竟至于败。(《全唐文》卷八百六十六小传)《新唐书》卷六〇载有《杨夔集》五卷。《唐才子传》卷十《唐求传》曰:"江南处士杨夔,亦工诗文,名称杰出如求,今章句多传。"

沈 颜

颜,字可铸,湖州德清人。唐翰林学士传师之孙,天复初举进士,授校书郎。属乱离,奔湖南马氏,未几归吴,为淮南巡官,累迁礼仪使兵部郎中知制诰翰林学士。顺义中卒。(《全唐文》卷八百六十八小传)其祖《沈传师传》见《旧唐书》卷一四九。

薛文美

文美,南唐保大时,官宁国军节度推官知录镇事朝议郎检校尚书主客郎中。(《全唐文》卷八百七十二小传)

刘仁赡

刘仁赡,略通儒术,好兵书,在泽国甚有声望。吴主知之,累迁为伪右监门卫将军,历黄、袁二州刺史,所至称治。洎李景僭袭伪位,俾掌亲军,迁鄂州节度使。居数年,复以兵柄任之,改寿州节度使。及王师渡淮,而仁赡固守甚坚。洎世宗驻跸于其垒北,数道齐攻,填堑陷壁,昼夜不息,如是者累月。世宗临城以谕之,而仁赡但逊词以谢。及车驾还京,命李重进总兵守之,复乘间陷我南寨。自是围之愈急,城中饥死者甚众。三年冬,淮寇复来救援,列寨于紫金山,夹道相属,垒然数十里,垂及寿壁,而重进兵几不能支,世宗患之,遂复议亲征。车驾至寿春,命令上率师破紫金山之众,擒其应援使陈承昭以献。仁赡闻援兵既败,计无所出,但扼腕浩叹而已。会世宗以紫金山之捷,飞诏以谕之,时仁赡卧疾已亟,因翻然纳款,而城内诸军万计,皆屏息以听其命。及见于行在,世宗抚之甚厚,赐与加等,复令入城养病,寻授天平军节度使、兼中书令。制出之日,薨于其家,年五十八。世宗闻之,遣使吊祭,命内臣监护丧事,进封彭城郡王。后以其子崇赞为怀州刺史。仁赡轻财重士,法令严肃,重围之中,其子崇谏犯军禁,即令斩之,故能以一城之众,连年拒守。逮其来降,而其下未敢窃议者,保其后嗣,抑有由焉。(《旧五代史》卷一二九)

  至周世宗时,又有刘仁赡者焉。
  仁赡,字守惠,彭城人也。父金,事杨行密,为濠、滁二州刺史,以骁勇知名。仁赡为将,轻财重士,法令严肃。少略通兵书。事南唐,为左监门卫将军,黄、袁二州刺史,所至称治。李景使掌亲军,以为武昌军节度使。周师征淮,先遣李谷攻自寿春,景遣将刘彦贞拒周兵,以仁赡为清、淮军节度使,镇寿州。李谷退守正阳浮桥,彦贞见周兵之却,意其怯,急追之。仁赡以为不可,彦贞不听,仁赡独按兵城守。彦贞果败于正阳。
  世宗攻寿州,围之数重,以方舟载炮,自淝河中流击其城。又束巨竹数十万竿,上施版屋,号为竹龙,载甲士以攻之。又决其水寨,入于淝河,攻之百端。自正月至于四月,不能下。而岁大暑,霖雨弥旬,周兵营寨水深数尺,淮淝暴涨,炮舟竹龙皆飘南岸,为景兵所焚,周兵多死。世宗东趋濠梁,以李重进为庐寿都招讨使。景亦遣其元帅齐王景达等列寨紫金山,下为夹道,以属城中。而重进与张永德两军相疑不协,仁赡屡请出战,景达不许,由是愤惋成疾。
  明年正月,世宗复至淮上,尽破紫金山寨,坏其夹道,景兵大败,诸将往往见擒。而景之守将广陵冯延鲁、光州张绍、舒州周祚、泰州方讷、泗州范再遇等，或走或降，皆不能守。虽景君臣亦皆震慑，奉表称臣，愿割土地、输贡赋，以效诚款。而仁瞻独坚守，不可下。世宗使景所遣使者孙晟等至城下示之，仁瞻子崇谏幸其父病，谋与诸将出降，仁瞻立命斩之，监军使周廷构哭于中门救之，不得，于是士卒皆感泣，愿以死守。

三月，仁瞻病甚，已不知人。其副使孙羽诈为仁瞻书，以城降，世宗命舁仁瞻至帐前，叹嗟久之，赐以玉带、御马，复使入城养疾，是日卒。制曰："刘仁瞻尽忠所事，抗节无亏，前代名臣，几人可比！予之南伐，得尔为多。"乃拜仁瞻检校太尉兼中书令、天平军节度使。仁瞻不能受命而卒，年五十八。

世宗遣使吊祭，丧事官给，追封彭城郡王，以其子崇赞为怀州刺史，赐庄宅各一区。李景闻仁瞻卒，亦赠太师。寿州故治寿春，世宗以其难克，遂徙城下蔡，而复其军曰忠正军。曰："吾以旌仁瞻之节也。"（《新五代史》卷三十二《王彦章传》附）

按，《旧五代史》作"刘仁赡"，《新五代史》则作"刘仁瞻"，观其事，实为一人。

罗　　隐

隐，字昭谏，馀杭人，屡举不第。光启三年，吴越王钱镠表奏为钱塘令，迁著作郎，辟掌书记，天祐三年充判官。梁开平二年授给事中，迁发运使。是年卒，年八十馀。（《全唐文》卷八百九十四小传）《旧唐书》卷一八一《罗弘信传》所附罗威传载"钱塘人罗隐者，有当世诗名，自号江东生。威遣使赂遗，叙其宗姓，推为叔父。隐亦集其诗寄之。威酷嗜其作，目己所为曰《偷江东集》，凡五卷，今邺中人士讽咏之。"《新唐书》卷二一〇《罗弘信传》载其子则名绍威，记曰"绍威多聚书，至万卷。江东罗隐工为诗，绍威厚币结之，通谱系昭穆，因目己所为诗为《偷江东集》云。"

　　隐，字昭谏，钱塘人也。少英敏，善属文，诗笔尤俊拔，养浩然之气。乾符初举进士，累不第。广明中，遇乱归乡里，时钱尚父镇东南，节钺崇重，隐欲依焉。进谒，投素作，卷首《过夏口》云："一个祢衡容不得，思量黄祖谩英雄。"镠得之大喜遇，以书辟曰："仲宣远托刘荆州，盖因乱世；夫子乐为鲁司寇，只为故乡。"隐曰："是不可去矣。"遂为掌书记。

　　性简傲，高谈阔论，满座风生。好谐谑，感遇辄发。镠爱其才，前后赐予无数，陪从不顷刻相背。表迁节度判官、盐铁发运使。未几，奏授著作郎。镠初授镇，命沈崧草表谢，盛言浙西富庶。隐曰："今浙西焚荡之馀，朝臣方切贿赂，表奏，将鹰犬我矣。"镠请隐为之，有云："天寒而麋鹿曾游，日暮而牛羊不下。"又为贺昭宗改名表云："左则姬昌之半字，右为虞舜之全文。"作者称赏。转司勋郎中。自号"江东生"。魏博节度罗绍威慕其名，推宗人之分，拜为叔父，时亦老矣，尝表荐之。隐恃才忽睨，众颇憎忌。自以当得大用，而一第落落，传食诸侯，因人成事，深怨唐室。诗文凡以讥刺为主，虽荒祠木偶，莫能免者。且介僻寡合，不喜军旅。献酬俎豆间，绰绰有馀也。隐初贫来赴举，过钟陵，见营妓云英有才思。后一纪，下第过之。英曰："罗秀才尚未脱白？"隐赠诗云："钟陵醉别十馀春，重见云英掌上身。我未成名英未嫁，可能俱是不如人。"与顾云同谒淮南高骈，骈不礼。骈后为毕将军所杀，隐有延和阁之讥。又以诗投相国郑畋，畋有女殊丽，喜诗咏，读隐作至"张华谩出如丹语，不及刘侯一纸书"，由是切慕之。精爽飞越，莫知所从。隐忽来谒，女从帘后窥见迂寝之状，不复念矣。

　　隐精法书，喜笔工芟凤，谓曰："笔，文章货也。今助子取高价。"即以雁头笺百幅为赠，士大夫踵门问价，一致千金。率多借重如此。所著《谗书》《谗本》《淮海寓言》《湘南应用集》《甲乙集》《外集》《启事》等，并行于世。

《易》戒毋以小善为无益而弗为，小恶为无伤而弗去也。罗隐以褊急性成，动必嘲讪，率成谩作，顷刻相传。以其事业非不五鼎也，学术非不经史也，夫何齐东野人，猥巷小子，语及讥诮，必以隐为称首。凋丧淳才，揄扬秽德，白日能蔽于浮翳，美玉曾玷于青蝇，虽亦未必尽然，是皆阙慎微之豫。阮嗣宗臧否不挂口，欲免其身。如滑稽玩世东方朔之流，又不相类也。（《唐才子传》卷九）

裴 祎

裴祎，生平不详。

彦 熙

彦熙，晚唐五代时僧人。曾西行去印度取经，归国后系洛阳福先寺的一位讲经师，讲唯识、百法、因明之学，后辗转流落到敦煌。敦煌写卷中保存彦熙的两篇作品：一篇为《敦煌郡羌戎不杂德政序》，一为《常定政事楼厅记》。（参王志鹏《敦煌僧人彦熙生平创作考论》，《敦煌研究》2004年第4期）

壁记相关评论资料

朝廷百司诸厅,皆有壁记,叙官秩创置及迁授始末,原其作意,盖欲著前政履历,而发将来健羡焉。故为记之体,贵其说事详雅,不为苟饰。而近时作记,多措浮辞。褒美人材,抑扬阀阅,殊失记事之本意。韦氏《两京记》云:"郎官盛写壁记,以记当时前后迁除出入,浸以成俗。"然则壁记之出,当是国朝以来始自台省,遂流郡邑耳。(封演《封氏闻见记》卷五)

昔宋昌有言曰:"所言公,公言之;所言私,王者无私。"夫翰林为枢机宥密之地,有所慎者,事之微也。若制置任用,则非王者之私。汉制:尚书郎主作文书起草,更直于建礼门内台,给青缣白绫,或以锦被帷帐毡褥,画通中枕。大官供食,汤官供饼饵五熟果,五日一美食,下天子一等。建礼门内得神仙门,神仙门内得光明殿、神仙殿。自门下省、中书省,盖比今翰林之制略同,而所掌轻也。汉武帝时,严助、朱买臣、吾丘寿王、司马相如、东方朔、枚皋之徒,皆在左右。是时,朝廷多事,中外论难,大臣数诎,亦其事也。唐兴,太宗始于秦王府开文学馆,擢房玄龄、杜如晦一十八人,皆以本官兼学士,给五品珍膳,分为三番,更直宿于阁下,讨论坟典,时人号为"登瀛洲"。贞观初,置弘文馆学士,听朝之隙,引入内殿,讲论文义,商较时政,或夜分而罢。至玄宗朝,置丽正殿学士,名儒大臣,皆在其中,后改为集贤殿,亦草书诏,至翰林置学士,集贤书诏乃罢。初,国朝循梁陈故事,有中书舍人六员,专掌诏诰。虽曰禁省,犹非密切,故温大雅、魏徵、李百药、岑文本、褚遂良、许敬宗、上官仪,时召草制,未有名号。乾封以后,始曰

"北门学士"。刘懿之、刘祎之、周思茂、元万顷、范履冰为之。则天朝,则苏味道、韦承庆,其后上官昭容独掌其事。睿宗朝,则薛稷、贾膺福、崔湜。玄宗朝,初改为翰林待诏,张说、陆坚、张九龄、徐安贞相继为之。又改为翰林供奉。开元二十六年,刘光谦、张垍,乃为学士,始别建学士院于翰林院之南。又有韩翃、阎伯璵、孟匡朝、陈兼、李白、蒋镇,在旧翰林院,虽有其名,不职其事。至德宗以后,翰林始兼学士之名。代宗初,李泌为学士,而今壁记不列名氏,盖以不职事之故也。(李肇《翰林志》)

崔立之,字斯立,在唐不登显仕,他亦无传,而韩文公推奖之备至。其《蓝田丞壁记》云:"种学绩文,以蓄其有,泓涵演迤,日大以肆。"其《赠崔评事》诗云:"崔侯文章苦捷敏,高浪驾天输不尽。顷从关外来上都,随身卷轴车连轸。朝为百赋犹郁怒,暮作千诗转遒紧。才豪气猛易语言,往往蛟螭杂蝼蚓。"其《寄崔二十六》诗云:"西城员外丞,心迹两崛奇。往岁战词赋,不将势力随。傲兀坐试席,深丛见孤羆。文如翻水成,初不用意为。四坐各低面,不敢揳眼窥。佳句喧众口,考官敢瑕疵。连年收科第,若摘颔底髭。"其美之如是。但记云"贞元初,挟其能,战艺于京师,再进再屈于人",而诗以为"连年收科第",何其自为异也。予按杭本韩文,作"再屈千人",蜀本作"再进屈千人",《文苑》亦然。盖它本误以千字为于也。又《登科记》"立之以贞元三年第进士,七年,中宏词科",正与诗合。观韩公所言,崔作诗之多可知矣,而无一篇传于今,岂非蝼蚓之杂,惟敏速而不能工邪?(洪迈《容斋续笔》卷十二)

汉刺史以八月巡行所部,岁尽诣京师奏事,不言所处之地。唐戴叔伦《抚州刺史厅壁记》云:"汉置十三郡刺史,以察举天下非法,通籍殿中,乘传奏事,居靡定处,权不牧人。"其言必有据。又《江西节度观察判官壁记》云:"开元二十年,四方都会之州各置采访使,以总覆囚按察之任。使臣有土,自此始也。"乾元二年,天下聚兵,罢采访而加防御,寻代之以专征,而讨逆伐叛,则以节度主之。其间复置观察,而悉与三使并。唐书载建置领不详,故并记之。(赵彦卫《云麓漫钞》卷八)

苏易简《续翰林志》:凡僽直之数,上自诸将尚书,三十五直;下至白身,一百四十直。必须圆融。其直先五直,旧学士一点;次三直一点;又次二直一点。此三等,随日多少,令其均匀,永为定式(晋开运中,杨昭俭直纶阁,酌其从来僽直之数,等第除减,条为定式。申中书门下,仍刻石在壁。员外郎入旧八十直改为五十直;郎中入旧六十直,今改为四十直;他官入旧一百直,改为八十直。自员外郎知制诰,转正郎,仍旧知,先六十直改为三十直;正拜舍人,旧四十直,今为二十直;自常侍谏议给事拜舍人,旧四十直,今为二十直。应旧官再入,约前任减半,今附于此,贵存旧章)。其内制僽直,及吉凶疾病诸假,则例具翰林旧规(学士起复之制,周朝以前,未闻其例。周世宗时,故内翰王著,今揆相李公昉,俱遭内艰。属世宗北伐,并起复随驾。书诏繁委之际,即不遑叙合僽直与不直。迄皇朝端拱元年,闰五月,苏易简遭家艰,奉诏抑夺,遂与翰林以下商议,依凤阁壁记体例,同旧官再入,约计前直减半,是时复僽直二十五直矣)。至皇朝,今揆相李公独直禁林,奉旨令每双日夜直,只日下直,可以永为通式也。四禁之中,漏泄为最,故草制之夕。迟明必阖门之双扉。当制学士,坐于玉堂上,止吏人之出入者,俟宣制讫,方启户焉。文翰之职,优待之异者。太祖英武圣文神德皇帝,因置酒于紫云楼下,命两制侍宴欢甚,因命中书舍人来晨宜辍(一本作缀),内置起居,今为通式,仍各赐书千卷以备检阅。(《永乐大典》卷之一万一百十五)

《湟川志》:连之郡境,脉络湘湖,襟带交广。隋为熙平郡,犹领九县。封之开建、贺之桂岭、皆属焉。唐改连州,止领三县,疆理始狭于古云。其地在《禹贡》隶荆州,在春秋属楚地,秦置郡桂阳,在长沙郡之南境。两汉为桂阳郡。三国六朝或属始兴,或属广兴,壤制靡定。宋高祖世始析桂阳为小桂郡。梁天监中分置阳山郡。隋大业中改置熙平郡,领桂阳、阳山、连山、宣乐、游乐、熙平、武化、桂岭、开建,为县凡九。唐武德四年平萧铣。改为连州。天宝元年改为连山郡。乾元元年复为连州,领县三:桂阳、阳山、连山。在正观属江南道,在开元天宝属岭南道。乾元复属湖南。大历三年属广左。唐末疆宇割裂,马殷称楚据湖南,刘龑(又名陟)称南汉,据岭表。是时连为南楚所有。后刘晟(陟之子)继立,攻桂馆取连州又隶于广。宋开宝三年,王师平之,仍为连州,属广东。要之,连以山制名,地介楚粤之间。刘宾客《与刺史厅壁记》所谓与番禺相犬牙,与长沙同祖习,是已。按星分与古制当属楚,以湟水东南入于海,遂属粤,今仍之。(《永乐大典》卷之一万一千九百六)

《湟川志》:连,古楚地。当为翼轸之墟。今隶广左,又粤地也,当在牛、女之分。按刘宾客《壁记》,此郡天文与荆州同星分,壤制与番禺相犬牙,今属广,但以境跨番禺,而湟流入于南海耳。此以地理言也。若考之天文,实楚州分野,其星翼轸,夫奚疑?骆金人《怀乡诗》云:"翼轸西南占一星。"(《永乐大典》卷之一万一千九百六)

钱大昕《十驾斋养新录》卷一〇"宜差"云:"《景定建康志》卷首题:'承直郎宜差充江南东路安抚使干办公事周应合修纂。'盖当时诸路帅臣,多有奉敕便宜行事者,以其未奉朝旨,故谓之宜差。……《志》载通判南厅壁记,结衔有称'宜差'者,有称'宜特改差'者,皆在马光祖镇建康日,与应合同时。予又见庆元五年石刻万寿山修观音祠记,后题:'宜差通判军州兼管内劝农营田事刘震书并篆。'盖此又在景定之前,石刻分明,可无疑矣。"于此可见绍熙间周煇引为笑枋者,至庆元后则滔滔者天下皆是矣。(周煇《清波杂志》卷九"军帅起复"注二)

姚氏姬传曰："杂记类者,亦碑文之属。碑主于称颂功德;记则所纪大小事殊,取义各异。故有作序与铭诗全用碑文体者,又有为记事不为刻石者。柳子厚记事小文,或谓之序,然实记之类。"……所谓全用碑文体者,则祠庙、厅壁、亭台之类;记事而不刻石,则山水游记之类。然勘灾、浚渠、筑塘、修祠宇、纪亭台,当为一类;记书画、记古器物,又别为一类;记山水,又别为一类;记琐细奇骇之事,不能入正传者,其名为"书某事",又别为一类;学记则为说理之文,不当归入厅壁;至游宴觞咏之事,又别为一类;综名为记,而体例实非一。(林纾《春觉斋论文》,人民文学出版社,1959年,第70页)

唐代台省盛行写壁记之风,以记叙官秩创置和迁授始末,借以昭著前贤政绩,后来壁记之风也传至郡县。(王彬《古代散文鉴赏辞典》,农村读物出版社,1987年,第363页)

唐、宋以后,还有种称为"厅壁记"或"厅壁题名记"一类的文章,所谓厅壁是指官府的墙壁,其内容一般是记述历任官员的姓名、经历、政绩,以为纪念并供后任官吏的参考。如封演《封氏闻见记》卷五云:"朝廷百司诸厅,皆有壁记,叙官秩创置及迁授始末,原其作意,盖欲著前政履历而发将来健羡焉。故为记之体,贵其说事详雅,不为苟饰。"按理说,这属于一种官样的记事文字,但出自名家之手的某些厅壁记,却也写得有声有色,不落常套,不同凡响。如唐代韩愈的《蓝田县丞厅壁记》就写得别具一格。(褚斌杰《中国古代文体概论》,北京大学出版社,1992年,第357-358页)

唐代从中央到地方的官府内,往往在其处理公务的厅堂壁上写记,一般都是记述政理、政纪、政绩、政风之类。此类作品通称为壁记。(张啸虎《中国政论文学史稿》,武汉出版社,1992年,第363页)

古代官府厅堂题壁之文,以记叙官秩创置和迁授始末,借以昭著前贤政绩,并垂之后世。(王洪《唐代散文精华》分卷,朝华出版社,1992年,第88页)

厅壁之记,虽非古制,却是盛行于唐代的文章。其作者之众,数量之多,为其他朝代所未有。(郭预衡《中国散文史》,上海古籍出版社,1993年,第374页)

壁记指嵌在封建政府各级或各类机构(间或有在学校、道院等)中墙上的碑记。它大约起源于汉代,而在唐朝达兴盛。(黄炳琛《唐代官厅壁记小议》,《文史杂志》1998年第1期,第48页)

"壁记"独领了唐宋题壁文之风骚,它是一种以"壁"载"记"的官厅文,具有内容趋同、范围定向和目的功利三大特性;作为文学与政治、史学的杂交,它又是"春秋之义"与"史官之任"双重文化意蕴的交合体。上层政权的提倡、官吏选任考核的制度化和题壁意识的增强是其在唐宋崛起的三大原因。(马银川《唐宋题壁文学研究》,南京师范大学硕士论文,2005年)

"厅壁记"的产生是在开元末,或是天宝初。……李华、元结以前的厅壁记纯属朝廷上的官方文字,或是谄媚之语,谈不上文学价值来,而李华与元结的厅壁记则不同凡响,另开了新的样式出来,他们虽然未完全脱离前人的窠臼,也写了官府的由来与现况,以及历任(或现任)官员的姓名、经历、政绩等文字,但不同于前人的厅壁记,他们在文中提出了社会问题。([韩]赵殷尚《"厅壁记"的源流以及李华、元结的革新》,《文献》2006年第4期,第33、34页)

完整的厅壁记有两个部分,即职官授受年月表和记文,如于邵

《汉源县令厅壁记》就是如此。封演所说的壁记,包括了记体文,而独孤及等人所说的壁记,则只指简单记事的职官授受表,即所谓"但用名氏岁月,书于公堂"。

  厅壁记主要有史记和劝惩两方面的功能。其辞尚"体要",多数结构可作三段分析。强烈的感情、鲜明的人物形象、优美的景物描写体现了优秀厅壁记的文学性。唐代厅壁记的发展可分前后两期:初盛唐为前期,以李华为代表,以颂美为主;中晚唐为后期,以沈亚之为代表,多反映社会现实。(刘兴超《论唐代厅壁记》,《四川大学学报》2008年第3期,第133页)

附:唐人厅壁记考论

"厅壁记"是古人题壁的一种特殊形式,产生于唐开元年间,盛行于中晚唐时期,后来逐渐定型为中国古代记录某一官厅场所的职事功能、历史沿革及当前状况的一种实用型文字,属于记体文中的一个类型。

"厅壁记"有着自身的体例,记文往往先述本厅起源及职能,再谈沿革与现状,或辅以叙事与议论,是我们了解古代机构职能与官制的重要资料。褚斌杰先生在《中国古代文体概论》中曾谈到"厅壁记"这种记体文,但文字极简①。从已有相关研究论文来看②,对于厅壁记的考察尚欠深入。诸如厅壁记产生的原因?其为何惟独盛行于唐开、天以后的百年之内?厅壁记的文学得失等关键性的问题,也缺乏确实的论述。有鉴于此,本文不揣浅陋,试加阐述,以就教于方家。

一、"厅壁记"的产生及其与题名记的关系

唐代的封演曾有关于"壁记"的记载:"朝廷百司诸厅皆有壁记,

---

① 褚斌杰《中国古代文体概论》,北京大学出版社,1992年,第358页。
② 目前有关"壁记"的论文主要有黄炳琛《唐代官厅壁记小议》(《文史杂志》1998年第1期)、[韩]赵殷尚《"厅壁记"的源流以及李华、元结的革新》(《文献》2006年第4期)、刘兴超《论唐代壁记》(《四川大学学报》2008年第3期)、胡燕《唐代壁记研究》(《唐都学刊》2009年第1期)等。此外,还有硕士论文一篇(郑永霞《唐代壁记研究》,河南大学,2009年)。马银川的硕士论文《唐宋题壁文学研究》(南京师范大学,2005年)亦有涉及,然非专论。

叙官秩创置及迁授始末。原其作意,盖欲著前政履历,而发将来健羡焉。……韦氏《两京记》云:'郎官盛写壁记以纪当厅前后迁除出入,寖以成俗。'然则壁记之由,当是国朝以来,始自台省,遂流郡邑耳。"①唐人吕温也说:"壁记非古也。"②封演为天宝十五年的进士,吕温生卒年在771—811年之间,这些记载虽可视为壁记出于唐代的佐证,但仍然不能据以确知壁记的产生时间。

厅壁记究竟产生于何时呢?黄炳琛认为"它大约起源于汉代,而在唐朝达兴盛"③,但他的"源于汉代"说却未提供任何证据。韩国学者赵殷尚根据《文苑英华》的记载,认为官厅"壁记"最早产生时间在开元末、天宝初,并认为李华、元结是"厅壁记"这种文体的主要创作者与革新者④。刘兴超认为"厅壁记"起源于秦朝,但在唐初才成为一种文体学意义上的记体文字⑤。郑永霞的硕士论文是考察唐代"壁记"的一篇专论,也将"壁记"起源归于秦汉时期的石刻之文⑥。郑文将"壁记"与题壁等同对待,盖因马银川《唐宋题壁文学研究》将题壁文学的起源归于石刻之故⑦。但殊不知"厅壁记"与题壁并非完全一致,"壁记"文字尚可记于壁板之上,从其功能与性质看,未必与石刻之文有必然联系。

据以上观点,可归为两类:一类认为"壁记"起源于秦汉之际;一类认为其最早产生在唐开元末、天宝初。持"源于秦汉"之论者,依据

---

① 封演撰,赵贞信校注《封氏闻见记校注》,中华书局,2005年,第41页。
② 董诰等编《全唐文》,中华书局,1987年,第6339页。
③ 黄炳琛《唐代官厅壁记小议》,《文史杂志》1998年第1期,第48-49页。
④ [韩]赵殷尚《"厅壁记"的源流以及李华、元结的革新》,《文献》2006年第4期,第31-35页。
⑤ 刘兴超《论唐代厅壁记》,《四川大学学报》2008年第3期,第133-137页。
⑥ 郑永霞《唐代壁记研究》,河南大学2009年硕士论文,第5页。
⑦ 马银川《唐宋题壁文学研究》,南京师范大学2005年硕士论文,第6页。

是唐代独孤及《江州刺史厅壁记》的记载:"秦以来国化为郡,史官废职,策牍之制寖灭,记事者但用名氏岁月书于公堂,而《春秋》《梼杌》,存乎屋壁,其来旧矣。"①虽渊源有自,但没有实证。有的仅从"壁"字着眼,想当然地将壁记与摩崖、石刻等联系在一起。这都是难以令人信服的,因为若说秦汉的摩崖、石刻为其源头,为何由秦汉至唐代中间数百年的时间却未见到一篇正式的厅壁记文章呢?持源于开、天之论者,虽有实文可证,却又未据史料予以深究,细绎其理。所以,对于"厅壁记"的真正渊源,仍让人难以明了。

考厅壁记出现之由,当从最早的壁记文说起。据《文苑英华》《全唐文》等书收录情况看,孙逖、李华、元结等人的壁记是现存最早的厅壁记,此前的《昭明文选》及清人严可均所辑《全上古三代秦汉三国六朝文》未见此体。但孙、李、元等人的壁记却已经是较为成熟的文字。李华《御史大夫厅壁记》云:"初,厅壁列先政之名,记而不叙。"②可见,在孙逖、李华、元结等人的带叙文之前,厅壁记便已出现,只是因为其纯记名的形式,不可能被《文苑英华》《唐文粹》等文章总集所收录。

唐吴兢《贞观政要》卷三"择官第七"有这样一条记载:

> 贞观二年,太宗谓侍臣曰:"朕每夜恒思百姓间事,或夜半不寐。惟恐都督、刺史堪养百姓以否。故于屏风上录其姓名,坐卧恒看,在官如有善事,亦具列名。"③

"屏风记名"与"壁记"是否存在联系?因为据李华的说法,"壁记"最初原本就是只记任职者姓名的一种存录行为。但要将"屏风记名"视

---

① 董诰等编《全唐文》,第3951页。
② 董诰等编《全唐文》,第3203页。
③ 吴兢《贞观政要》,上海古籍出版社,1978年,第89页。

为"厅壁记"的起源,还需要其他材料的论证。

近人岑仲勉在《翰林学士壁记注补序》中说:

> 唐碑记题名之要者,传于今凡三:曰《御史台精舍碑》,曰《尚书省郎官石记》,曰《重修翰林学士壁记》。①

他提到了今天所能见到的唐代题名的三种主要载体:石碑、石柱、壁记。其实,题名的情况,还出现在改官、贬谪、游历途中,往往刻于寺庙石碑之上,如颜真卿就有《华岳庙题名》《东林寺题名》《西林寺题名》《靖居寺题名》等文字②,韩愈也有《长安慈恩塔题名》《洛北惠林寺题名》《谒少室李渤题名》《福先塔寺题名》《嵩山天封官题名》《迈杜兼题名》等③。

可见,唐代记名的行为方式,并非只见于官府机构的"厅壁记"。我们今天所能见到的"登科记""题名记""石柱记"等,与其应为同种性质的记载行为。这些题名,虽记载于不同的器物之上,但产生时间不会相差太远。考察"壁记"的渊源,从"登科记""石柱题名记"等的起始来探源,不失为一种视角。那么,有关石柱题名的时间在何时呢?

唐人赵煜《东都留台石柱记》云:

> 日者天子在镐,庶官分守,于是乎有留台。……至若密网峻威,微文深诋,众所严惮,愈于京师。盖由临之者专也,奉之者一也。专则权有独断,一则政无多门。前达以之,立名于此。……

---

① 岑仲勉《郎官石柱题名新考订》(外三种),上海古籍出版社,1984年,第196页。
② 董诰等编《全唐文》,第3433、3434页。
③ 同上,第5658、5659页。

> 始自乾元岁,掌留务者,次而书之,以垂于后。①

此文先述留台源起,再述当前任者,其中有"前达以之,立名于此"之语,并说留台石柱之题名始于乾元年间(肃宗年号,时在758—760年)。其他的郎官石柱题名,一般认为记录了唐代自开元至大中约150年间的郎官姓名及任免情况。但据岑仲勉《郎官石柱题名新考订》,大部分的题名第一人均在武后朝。

那么,"登科记"的起始时间呢?据清人徐松《登科记考》卷一,唐代科举始于高祖武德五年(622),是年始登科进士四人:孙伏伽、李义琛、李义琰、李上德②。封演《封氏闻见记》卷三"贡举"条记载,当时以进士登科为登龙门,于是有好事者记登第进士之名,从中宗神龙(705—707)时起,逐年记载,名曰《进士登科记》③。考历代经籍志、艺文志,"登科记"最早存目见《新唐书》卷五十八《艺文志》,书载"崔氏《唐显庆登科记》5卷、姚康《科第录》16卷、李弈《唐登科记》2卷",诸书均不见于当世,傅璇琮先生据《文苑英华》与《全唐文》中所收赵参序考证,崔氏书所录为唐高祖武德至德宗贞元时的进士登第者④,则登科记当从唐代科举开始时便已有人在记载,否则崔氏亦无凭据。

关于翰林院壁记的时间,岑仲勉先生考证云:

> 据李肇《翰林志》(元和十四年作)云:"北厅五间,东一间是承旨阁子,并学士杂处之,题记名氏存于壁者自吕向始,建中已后,年月迁换,用为周悉。"然依贞元二祀,韦执谊撰《翰林院故事》,则贞元前学士名姓,乃执谊所追叙也。洎李肇作志之明年,

---

① 董诰等编《全唐文》,第3349页。
② 徐松《登科记考》,中华书局,1984年,第3页。
③ 岑仲勉《郎官石柱题各新考订》(外三种),第17页。
④ 傅璇琮《唐代科举与文学》,陕西人民出版社,1986年,第6页。

修葺院署，北阁学士旧记遂移于前厅。（见韦处厚《翰林院厅壁记》及杜元颖《翰林院使壁记》）①

翰林院学士壁记第一位是吕向，后注云"中书舍人充供奉"。岑先生据《庆唐观铭碑》碑阴文字考订吕向供奉翰林在擢官中书舍人之前，壁记中之所以称"中书舍人充供奉"，乃是因为翰林院开元二十六年（738）建成后题名的缘故②。也就是说，翰林院壁记也是从其建成起开始有题名。

所以，这种题名的兴起当在初唐百馀年的时间内。确切的产生时间，还待有关材料的发现。作为"厅壁记"萌发阶段的"题名厅壁记"当亦产生于此时。

二、唐代"厅壁记"百年兴盛之缘由

从现存"厅壁记"的情况来看，唐代"壁记"数量最多，参与的著名文人最多，是"壁记"文体最兴盛的时期。郭预衡《中国散文史》云："厅壁之记，虽非古制，却是盛行于唐代的文章。其作者之众，数量之多，为其他朝代所未有。"③从各朝文收录情况看，诚非虚言④。

从孙逖的《中书政事堂记》算起，至南唐刘仁赡的《袁州厅壁记》

---

① 岑仲勉《郎官石柱题名新考订》（外三种），第197页。
② 同上，第205页。
③ 郭预衡《中国散文史》，上海古籍出版社，1993年，第374页。
④ 据郑永霞统计《全唐文》《唐文拾遗》《唐文续拾》以及《全唐文补编》，现存的唐代壁记共116篇，作者除阙名外凡55位。而据刘兴超统计，在唐宋八大家的文章中，韩、柳二人有壁记7篇，而宋代六家则仅有4篇。

止,唐代的壁记史共有220年左右的时间①。若从壁记文的品质、作者的地位及影响来看,盛、中唐的百年间(722—824),壁记文言辞典雅、内容博赡,是这一文体最兴盛的时期。细究其原,盖由四端:

其一,与文章复古风气相关联。

文学史一般将穆宗长庆四年(824)以后,视为晚唐。这是因为中唐文人的突出代表韩愈于是年去世,而在此前不久,孟郊、李贺、柳宗元也分别于元和九年(814)、元和十一年(816)、元和十四年(819)辞世,其他如白居易、元稹、刘禹锡诸人虽仍活跃在文坛,但创作倾向已经发生转向。随着宝历初年杜牧、许浑、张祜、李商隐、温庭筠、段成式等人的登上文坛,唐代文学进入晚唐时期②。在这个时期,文章教化与讽谕之风已悄然隐遁,重事功、求明道的思想也逐渐消退,自李华、萧颖士等人至韩愈发起并倡导的复古思潮出现低潮。厅壁记虽非古制,但在李华、元结、韩愈诸人手中,却是打算归复春秋之旨的。所以,壁记文在他们的手中得以兴盛,而当复古之风渐渐退去之时,壁记文的衰落也是势所必然。

其二,与官员考核制度紧密联系。

据《唐会要》卷三十九"定格令"条记载,武则天"文明元年四月十四日敕:律令格式,为政之本,内外官人,退食之暇,各宜寻览。仍以当司格令,书于厅事之壁,俯仰观瞻,使免遗忘"。又德宗贞元二年敕:"宜委诸曹司,各以本司杂钱,置所要律令格式,其中要节,仍旧例

---

① 按,孙逖乃开元十年(722)登科,其作《中书政事堂记》不应早于此年;刘仁赡,据《旧五代史》卷一二九《周书》,卒于周世宗显德三、四年冬春之际(957),本传又云:"刘仁赡,略通儒术,好兵书,在泽国甚有声望。吴知之,累迁为伪右监门卫将军,历黄、袁二州刺史,所至称治。洎李景僭袭伪位,俾掌亲军,迁鄂州节度使。"(《旧五代史》,中华书局,1976年,第1707-1708页)知其初仕于吴,历任黄州、袁州刺史,后因杨溥逊位李昇(937),继仕南唐,李璟袭位后(943),迁鄂州节度。则其《袁州厅壁记》当作于942年左右。

② 罗宗强《隋唐五代文学思想史》,中华书局,2003年,第222页。

录在官厅壁。"①从武则天与德宗时期的这两条敕令来看,官厅壁上,除介绍本厅沿革的壁记外,还记录有与本厅相关的一些重要的"律令格式"。而制订这些"律令格式",让官员们观瞻记诵的目的,正是为了通过这些律令格式,对所任职位进行相应的考核。

其三,与唐人题壁之风相终始。

唐人题壁之风甚盛。这种风气的兴起,有人认为是纸张缺乏的原因②,有人以为是出行频繁与雕版印刷受限的缘故。应该说,这些因素均可能成为题壁兴起的客观因素。但唐人在国力日强的形势下,日益增长的自觉的声名传播意识,同样是不容忽视的一个主观原因。

萧颖士《赠韦司业书》云:

> 窃观今之文人,雅操大缺,内不能自强于己,外有以求誉于时……今朝野之际,文场至广,扢藻飞声,森然林植。必也扣精微于赏鉴之府,稽折中于序述之科。③

萧氏虽然是在批评"求誉于时""扢藻飞声"的弊端,但也从反面窥出了盛中唐时期文人对于声名追求的主观意识。

唐代文人在题壁的行为中,能很好地得到众人称羡的心理满足,从"脱帽露顶王公前,挥毫落纸如云烟"(杜甫《饮中八仙歌》)的癫狂,到"每到驿亭先下马,循墙绕柱觅君诗"(白居易《蓝桥驿见元九诗》)的痴迷,以及"旗亭画壁"的唱诗争胜,均反映出唐人从书法与文学的炫耀中,得到的极大满足感。厅壁记由题名录演变为带有故实与辞采的壁记文,正是这种题壁炫文风气下的产物。

---

① 王溥《唐会要》,中华书局,1955年,第705页。
② 李德辉《唐代交通与文学》,湖南人民出版社,2003年,第221页。
③ 董诰等编《全唐文》,第3273页。

其四,著名文人之参与。

有唐一代,参与壁记写作的著名文人有孙逖、李华、李白、元结、独孤及、梁肃、吕温、权德舆、韩愈、柳宗元、元稹、白居易、沈亚之、皇甫湜、杜牧等,若从文章发展角度看,这些人已经涵盖盛、中唐以后古文创作的重要成员。可见,当时壁记的撰写者,并非随意的个人行为,而是众人推选的结果。

吕温曾批评一些壁记作者,"居其官而自记者则媚己,不居其官而代人记者则媚人"(《道州刺史厅后记》)①,春秋之旨尽失。可他对元结的《道州刺史厅壁记》却青眼有加,其《后记》有云:

> 河南元结,字次山,自作《道州刺史厅壁记》,既彰善而不党,亦指恶而不诬,直举胸臆,用为鉴戒。昭昭吏师,长在屋壁,后之彼贪虐放肆以生人为戏者,独不愧于心乎?②

即指出了元氏厅壁记具讽谕之旨。韩愈的《蓝田县丞厅壁记》,写人、记事皆为大手笔,更是壁记中的名篇,也是中国古代散文史上的经典之作。这些著名文人的参与与创作,丰富了厅壁记的书写内容,提升了壁记的文学价值,是壁记文体兴盛的重要保证。

三、"厅壁记"的发展及其与文学之渊源

最初作为题名簿的"厅壁记",经由文人之手,便可以敷史实、演风雅,成为一种具有记事、写人与文辞观赏功能的文学作品。这种演变的过程如何?其文学性质何在呢?

李华《御史大夫厅壁记》云:

---

① 董诰等编《全唐文》,第 6339 页。
② 同上,第 6339 页。

> 初,厅壁列先政之名,记而不叙。公以为艰难之选,将俟后人,谓华尝备属僚,或知故实。授简之恩至,属词之艺寡,无以允副非常之待,所报者直质而少文。①

李华所云"艰难之选""非常之待",皆指"厅壁记"之文前代所未曾见之故。从"或知故实"来看,文中所指的御史大夫定是让李华在人名录后补上本官的历史沿革,无非出于一种存史的思想。而李华该文也确实中规中矩,并未加以太多的文学渲染,自己也称之"直质而少文"。

封演《封氏闻见记》卷五"壁记"条又云:"为记之体,贵其说事详雅,不为苟饰。而近时作记,多措浮辞,褒美人材,抑扬阀阅,殊失记事之本意。"②他认为记体文字,应该"说事详雅,不为苟饰",壁记文也应如此,偏偏时人"多措浮辞",失去记体之本意。封演乃天宝年间的进士,其所云正是壁记转入兴盛期的状况,其所云"多措浮辞"固然是记体之失,却正是壁记具备文学性的起点。众所周知,铺陈藻饰历来是文学性得以突出的一个重要特征,厅壁记也正是在典故的铺陈与文采的增饰上,开始变成一种可供人观赏的记体文字的。所以,壁记中"浮辞"的出现,固然不利于考官,但却成就了其文学上的发展。

壁记粉饰性的增强,有时还会引导民众对于官员的态度。《旧唐书》卷一七〇《裴度传》记有一段田兴借壁记以扬己的史事:

> (元和)七年,魏博节度使田季安卒,其子怀谏幼年不任军政,牙军立小将田兴为留后。兴布心腹于朝廷,请守国法,除吏输常赋,宪宗遣度使魏州宣谕。兴承僭侈之后,车服垣屋,有逾制度,视事斋阁,尤加宏敞。兴恶之,不于其间视事,乃除旧采访

---

① 董诰等编《全唐文》,第3203页。
② 封演撰,赵贞信校注《封氏闻见论校注》,第41页。

> 使厅居之,请度为壁记,述兴谦降奉法,魏人深德之。兴又请度遍至属郡,宣述诏旨,魏人郊迎感悦。①

田兴有感于前任魏博节度使田季安僭侈过度,于是不在节度使厅办理公事,而于旧采访使厅居住,并请裴度撰写壁记,宣扬自己"谦降奉法",并让裴度四处宣扬,因而得到了魏博人的拥戴。这里,厅壁记成为宣扬名声的工具,易为沽名钓誉者所利用。

壁记文学性的增强,也并非仅有不利的一面,它也能起到针砭时弊、批判现实的作用。在壁记文发展的第二阶段,便表现出批判性的增强。如韩愈《蓝田县丞厅壁记》、元结《道州刺史厅壁记》、杜牧《同州澄城县户工仓尉厅壁记》等都表现出这一点。前引吕温评元结《道州刺史厅壁记》,就谈到壁记可以"善而不党,恶而不诬,直举胸臆,用为鉴戒"。

在批判性出现的同时,有些壁记还表现出一定的抒情性。如白居易的《江州司马厅记》、韦纾的《栝郡厅壁记》,前者表达了作者识时知命、独善其身的"吏隐"心志,后者则表现出作者关心民瘼、欲求邦治的弘阔襟怀。此外,随着壁记的发展,有些作者在撰写中,还增入一些地志、风物的内容,不乏写景的佳构。如薛文美的《泾县小厅记》即堪称绝妙的写景小品:

> 县署之后,池塘迂折,半里有馀。虽水涠草侵,波澜不见,而斜湾曲岸,景致宛然。别有亭基五所古木修篁,交荫若盖。②

壁记文还具有存史的性质。壁记存史的目的是一以贯之的,但在内容上由一般的记录沿革发展到传记人物与叙述事件。如韩愈的《蓝

---

① 刘昫等撰《旧唐书》,中华书局,1975年,第4413页。
② 董诰等编《全唐文》,第9122页。

田县丞厅壁记》,通过行动、语言的表现,将蓝田县丞崔斯立的形象完整地凸显出来,颇有为其立传之意。沈亚之的壁记也能以小见大,描写了一些战乱的情况,如其《寿州团练副使厅壁记》记蔡州叛乱时,寿州团练副使在其中所起之作用[①],俨然以史家之笔为之矣!

一部唐人壁记史,就是一部浓缩的唐代古文发展史,我们从中可以窥见"质文代变"的深刻内涵,也可以感受到那个时代文人们的胸襟与性情。

---

① 董诰等编《全唐文》,第 7602 页。

后　记

　　2009年秋天,我还在武汉大学攻读博士研究生,当时正处撰写毕业论文的关键阶段。作为重要的研究资料,《全唐文》是我每日必读的文献,我很幸运地能从宿舍不远处的工学部图书馆借出这部十一大本一千卷的"巨著",在浓荫蔽日的武大校园静静地思接古人。

　　在收集唐代文学传播资料的时候,我发现不少重要的古文家名下都会有一种叫"壁记"的文类,觉得很特别,便在研究之馀找了几篇看着玩。通过封演《封氏闻见记》等史料的记载,我知道了这是唐代比较独特的一种文体,并发现关于"壁记"的研究论文虽有几篇,但尚无专门收集这种"壁记"的文集汇编,而且感觉到"壁记"不仅有文学上的价值,还能在职官、方志、部分人物生平的考证中起到一定的作用。于是撰写博士论文之馀,我将这些篇目录出,汇集成一个简编,准备留待日后进一步研究。

　　光阴荏苒。毕业后,忙于教学工作及各类科研项目,简编书稿,尘封八年,但始终牵挂在心。2018年9月,所在学校科研处通知我申报湖北省"七个一百"人才出版项目,时间较紧,要求是未出版的著作,如果获批,可获得一定的出版经费。我思虑再三,决定将这个壁记简编稿适当扩充,以《唐代壁记汇编》进行申报。于是,在接下来的两周内,我摒弃一切杂务,除了教学,便是核校书稿,并为每位作者补上"小传"与两唐书史传资料。非常幸运,书稿申报后,于当年11月获得湖北省社科联的批准,予以资助。嗣后,又与凤凰出版社樊昕先生联系,蒙慨允刊行,因得以潜心修订文稿。

　　2018年岁杪,书稿修订工作如火如荼地进行,与室外的寒风恰成鲜明的对比。由于当时手中还有一项课题的书稿也在修订中,我想充分利用寒假宝贵的时间将两项任务尽快完成,颇有时不我待之感。一日,本院钟小红老师经过我的办公室,得知我的研究状况后,毅然决定与我一起参与壁记书稿的编纂修订工作。此后数月的时间里,她以女性特有的细腻,仔细校对了壁记原文,并将作者史传资料与《旧唐书》《新唐书》也进行了比对核校,许多不易发现的错误文字一一校出,使得原本较为粗略的书稿变得精密,令人铭感。今聊借简端,署芳名如次,以致谢忱。

我最初编纂壁记的目的是拟对所集百馀篇文字做个笺证,即以壁记文为基础材料,证以史传、职官志、方志、风物考等,既希望借此以进一步熟悉唐史,又希望能在已日趋完备的唐代研究领域补进"壁记"一门,进而予以拓展。构想虽早,但实施却要机缘。今得湖北省"七个一百"丛书资金之襄助,先成壁记汇编,为今后的笺证工作奠定坚实基础,冥冥中如有天助。古诗云"南风知我意,吹梦到西洲",本来写的是一种美好的愿望,不意竟偶然得之,何其幸哉!考虑到"壁记"作为专集,前此未见,故拟先以简体刊行,其中讳字、异体亦采用今通行字,以便于更多读者阅读。

本书的出版还得到荆楚理工学院学科建设经费资助,在此一并致谢!

黄俊杰

2019 年初夏于荆门龙山东麓